LEGISLAÇÃO DE TRÂNSITO

COLEÇÃO
sinopses
PARA CONCURSOS

48

Coordenação
Leonardo Garcia

Paulo André da Silva Cirino

LEGISLAÇÃO DE TRÂNSITO

3ª edição
Revista, atualizada e ampliada

2021

EDITORA JusPODIVM
www.editorajuspodivm.com.br

EDITORA
*Jus*PODIVM
www.editorajuspodivm.com.br

Rua Território Rio Branco, 87 – Pituba – CEP: 41830-530 – Salvador – Bahia
Tel: (71) 3045.9051
• Contato: https://www.editorajuspodivm.com.br/sac

Diagramação: Luiz Fernando Romeu *(lfnando_38@hotmail.com)*

Capa: Ana Caquetti

L514 Legislação de trânsito/ Paulo André da Silva Cirino – 3. ed. rev., atual. e ampl. – Salvador: Editora JusPodivm, 2021.
288 p. (Sinopses para Concursos/ coordenador Leonardo Garcia)

Inclui bibliografia.
ISBN 978-65-5680-306-7.

1. Regulamentação do Tráfego e Trânsito. 2. Código de Trânsito. I. Cirino, Paulo André da Silva. II. Garcia, Leonardo. III. Título.

CDD 341.376

Coleção Sinopses para Concursos

A *Coleção Sinopses para Concursos* tem por finalidade a preparação para concursos públicos de modo prático, sistematizado e objetivo.

Foram separadas as principais matérias constantes nos editais e chamados professores especializados em preparação de concursos a fim de elaborarem, de forma didática, o material necessário para a aprovação em concursos.

Diferentemente de outras sinopses/resumos, preocupamos em apresentar ao leitor o entendimento do STF e do STJ sobre os principais pontos, além de abordar temas tratados em manuais e livros mais densos. Assim, ao mesmo tempo em que o leitor encontrará um livro sistematizado e objetivo, também terá acesso a temas atuais e entendimentos jurisprudenciais.

Dentro da metodologia que entendemos ser a mais apropriada para a preparação nas provas, demos destaques (em outra cor) às palavras-chaves, de modo a facilitar não somente a visualização, mas, sobretudo, a compreensão do que é mais importante dentro de cada matéria.

Quadros sinóticos, tabelas comparativas, esquemas e gráficos são uma constante da coleção, aumentando a compreensão e a memorização do leitor.

Contemplamos também questões das principais organizadoras de concursos do país, como forma de mostrar ao leitor como o assunto foi cobrado em provas. Atualmente, essa "casadinha" é fundamental: conhecimento sistematizado da matéria e como foi a sua abordagem nos concursos.

Esperamos que goste de mais esta inovação que a Editora Juspodivm apresenta.

Nosso objetivo é sempre o mesmo: otimizar o estudo para que você consiga a aprovação desejada.

Bons estudos!

Leonardo Garcia

leonardo@leonardogarcia.com.br

www.leonardogarcia.com.br

@professorleonardogarcia

Guia de leitura da Coleção

A Coleção foi elaborada com a metodologia que entendemos ser a mais apropriada para a preparação de concursos.

Neste contexto, a Coleção contempla:

• DOUTRINA OTIMIZADA PARA CONCURSOS

Além de cada autor abordar, de maneira sistematizada, os assuntos triviais sobre cada matéria, são contemplados temas atuais, de suma importância para uma boa preparação para as provas.

> Ora, se em nenhum caso poderão invocar-se circunstâncias excepcionais como justificação para a tortura, aparenta que a tortura é uma prática vedada em toda e qualquer situação, havendo sim de se lhe reconhecer um caráter absoluto.
>
> Agora, ***atenção***, o caráter absoluto desse direito é uma ***exceção à regra da relativização dos direitos humanos*** e, de maneira geral, ***não costuma ser explorada em provas objetivas de concurso***, que costumam afirmar a relatividade como característica dos direitos humanos.

• ENTENDIMENTOS DO STF E STJ SOBRE OS PRINCIPAIS PONTOS

> No Brasil, um dos mais importantes julgados do STF sobre o tema, talvez o primeiro em que realmente se deu um destaque ao debate da eficácia horizontal é o ***Recurso Extraordinário 201.819***, no qual a Corte firmou posição que a exclusão de um sócio de uma entidade associativa deve observar o devido processo legal.

• PALAVRAS-CHAVES EM OUTRA COR

As palavras mais importantes (palavras-chaves) são colocadas em outra cor para que o leitor consiga visualizá-las e memorizá-las mais facilmente.

O procedimento para adoção de uma medida não convencional é disciplinado pela **Resolução 1503 do Conselho Econômico e Social da ONU**, e se inicia por uma petição, apresentada por qualquer indivíduo, à **Comissão de Direitos Humanos da ONU**, denunciando a violação sistemática de direitos.

• QUADROS, TABELAS COMPARATIVAS, ESQUEMAS E DESENHOS

Com esta técnica, o leitor sintetiza e memoriza mais facilmente os principais assuntos tratados no livro.

Eixo orientador → Diretrizes → Objetivos estratégicos → Ações programáticas

• QUESTÕES DE CONCURSOS NO DECORRER DO TEXTO

Através da seção *"Como esse assunto foi cobrado em concurso?"* é apresentado ao leitor como as principais organizadoras de concurso do país cobram o assunto nas provas.

▸ Como esse assunto foi cobrado em concurso?

A prova do 16º concurso do Ministério Público do Trabalho trouxe a seguinte proposição: *"O sistema interamericano de proteção dos direitos humanos tem como principal instrumento a Convenção Americana de Direitos Humanos, que estabelece a Comissão Interamericana de Direitos Humanos e a Corte Interamericana"*. Está correto!

Sumário

Capítulo I

Legislação de Trânsito

1.1. ESTUDO PARA CONCURSOS

O tema *Legislação* de Trânsito sob a ótica dos **concursos públicos** representa o estudo sistemático de três pilares básicos:

1. A legislação que engloba principalmente o Código de Trânsito Brasileiro (Lei nº 9.503/97) e suas alterações, sendo as nº 13.495/17, 13.546/17, 13.614/18, 13.804/19, 13.840/19, 13.855/19 e 14.071/20 as mais recentes.
2. As resoluções do CONTRAN (Conselho Nacional de Trânsito) e portarias do DENATRAN;
3. Os posicionamentos jurisprudenciais.

Este livro foi escrito baseado nestes dados, tendo como ponto central o CTB, tanto a parte **administrativa quanto a penal**.

1.2. COMPETÊNCIA LEGISLATIVA

A Constituição Federal fixa no **inciso XI do art. 22** que compete à **União** legislar **privativamente** sobre **trânsito e transporte**.

Através deste comando Constitucional foi elaborada a Lei nº **9.503/97** que institui o **Código de Trânsito Brasileiro (CTB)**.

Capítulo II

Disposições Preliminares

2.1. DIREITO AO TRÂNSITO EM CONDIÇÕES SEGURAS

O CTB previu no § 2º do art. 1º, que o **trânsito em condições seguras** é um **direito** de todos e **dever** dos órgãos e entidades componentes do Sistema Nacional de Trânsito, a estes cabendo no âmbito das respectivas competências adotar as medidas destinadas a assegurá-lo.

O direito ao trânsito seguro vem da Emenda Constitucional nº 82 de 2014, que dentre outros temas importantes incluiu o parágrafo 10º ao artigo 144, instituindo assim o **direito à segurança viária**, que foi elevado ao ***status*** de direito constitucional com o **objetivo** de preservar a **ordem pública**, a **incolumidade das pessoas e do seu patrimônio nas vias públicas.**

Sobre o tema, aliado à **responsabilidade** de todos no trânsito, o parágrafo 2º do art. 29 do CTB estabeleceu uma escala de cuidados a serem observados pelos usuários das vias.

Esta **responsabilidade** é sintetizada no quadro abaixo.

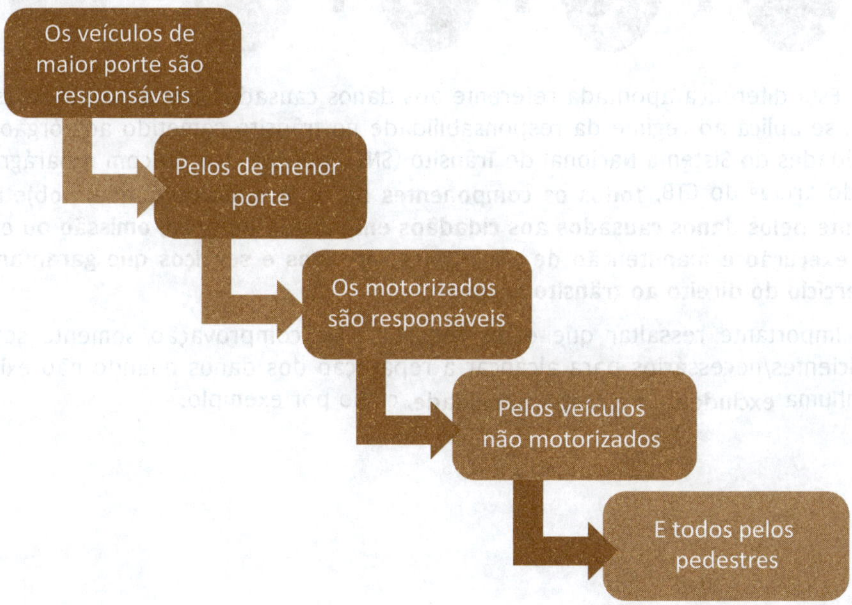

2.2. TIPO DE RESPONSABILIDADE DO SISTEMA NACIONAL DE TRÂNSITO

De acordo com a Constituição, a **responsabilidade civil da Administração Pública é objetiva quando os danos forem praticados por ação**, e **subjetiva** quando por **omissão genérica** (parágrafo 6º do art. 37). Em linhas gerais, os **terceiros (particulares)** que sofrerem ofensa por ações cometidas pelos agentes da Administração poderão solicitar a **reparação dos danos**, devendo comprovar somente três elementos caracterizadores da **teoria do risco administrativo (ou teoria da responsabilidade objetiva)**, quais sejam:

Por outro lado, quando os danos forem gerados por **omissão administrativa** (à exceção por exemplo de malefícios causados em relação à guarda de pessoas ou coisas), **o prejudicado deve comprovar o elemento dolo ou culpa**, ponto fundamental da teoria da **responsabilidade subjetiva**:

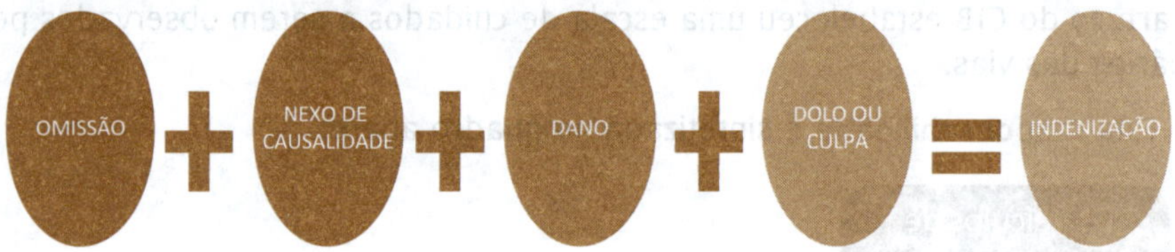

Esta diferença apontada referente aos danos causados por ação ou omissão **não** se aplica ao regime da responsabilidade no trânsito cometido aos órgãos e entidades do Sistema Nacional de Trânsito (SNT), pois de acordo com o parágrafo 3º do art. 1º do CTB, **todos os componentes deste Sistema respondem objetivamente pelos danos causados aos cidadãos em virtude de ação, omissão ou erro na execução e manutenção de programas, projetos e serviços que garantam o exercício do direito ao trânsito seguro**.

Importante ressaltar que estes requisitos de comprovação somente serão suficientes/necessários para alcançar a reparação dos danos quando não existir nenhuma **excludente de responsabilidade**, como por exemplo:

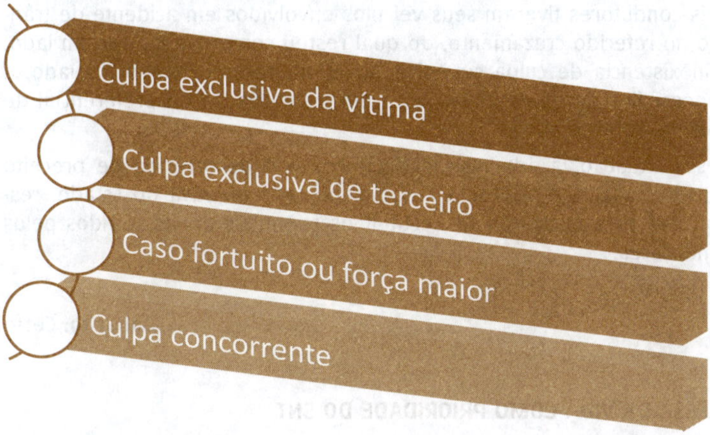

▸ **Como esse assunto foi cobrado em concurso?**

(FGV – 2010 – DETRAN-RN – Assessor Técnico – Administração de Rede) De acordo com a Lei nº. 9503, de 23 de setembro de 1997 (Código de Trânsito Brasileiro), "os órgãos e entidades componentes do Sistema Nacional de Trânsito respondem, no âmbito de suas respectivas competências, por danos causados aos cidadãos em virtude de ação, omissão ou erro na execução e manutenção de programas, projetos e serviços que garantam o exercício do direito do trânsito seguro". Esta responsabilidade é:

a) Objetiva
b) Subjetiva
c) Objetiva-subjetiva
d) Complementar
e) Suplementar.

Gabarito: Alternativa A

Quanto aos danos causados pela **sinalização insuficiente ou incorreta**, o art. 90 informa que o órgão de trânsito com circunscrição sobre a via será o responsável não apenas pela sua implantação, mas também pela sua falta ou incorreta colocação.

▸ **Como esse assunto foi cobrado em concurso?**

(CESPE – 2004 – DPRF – Policial Rodoviário Federal – Curso de Formação – Considere a seguinte situação hipotética) Em duas vias que, em determinado ponto, formam um cruzamento, a sinalização encontrava-se totalmente encoberta por vegetação densa e alta às suas margens. Por isso, dois condutores tiveram seus veículos envolvidos em acidente de trânsito no referido cruzamento, do qual restou comprovada, por um lado, a inexistência de culpa subjetiva dos condutores e, por outro lado, a impossibilidade de esses visualizarem a sinalização de preferencial de uma via sobre a outra.

Nessa situação, a administração pública, em decorrência de preceito constitucional que adotou a responsabilidade objetiva do Estado, responderá pela obrigação de restituir os eventuais danos sofridos pelos condutores.

( ) Certo ( ) Errado

Gabarito: Certo

2.3. A DEFESA DA VIDA COMO PRIORIDADE DO SNT

O CTB elencou como **prioridade** nas ações do Sistema Nacional de Trânsito (SNT), a **defesa da vida**, nela incluída a preservação da saúde e do meio ambiente.

Quanto a **proteção do meio ambiente**, por exemplo, caracteriza **infração de trânsito** de natureza média **atirar** do veículo ou abandonar na via **objetos ou substâncias** (art. 172)

2.4. OBJETO DO CTB

O Código de Trânsito Brasileiro estabeleceu no *caput* do art. 1º, que tem por **objetivo** reger o **trânsito (seja ele de que tipo for), nas vias terrestres abertas à circulação**.

Depreende-se deste contexto que o Código **não** é destinado a tutelar o tráfego **marítimo ou aéreo.**

▸ **Como esse assunto foi cobrado em concurso?**

(Detran DF - CESPE - 2009 - Auxiliar de trânsito) Acerca do que dispõe o CTB, julgue os itens subsequentes.

O referido código aplica-se aos transportes marítimo e aéreo.

( ) Certo ( ) Errado

Gabarito: Errado.

2.4.1. Vias abertas à circulação

O Código regula o trânsito nas **vias terrestres abertas à circulação**. Desta maneira ao menos sua parte administrativa **não** pode ser aplicada em terrenos de imóveis particulares que não estejam efetivamente abertos à circulação.

É o caso por exemplo de um menor de idade que esteja dirigindo uma moto dentro de uma fazenda particular. **Neste caso não existe infração de trânsito sendo cometida.**

2.4.2. Vias particulares – Lei nº 13.146/15

Ainda neste contexto, é necessário analisar o parágrafo único do art. 2º do CTB com a redação dada pela Lei nº 13.146/15, que elasteceu o **âmbito de atuação do código** para além de um entendimento literal, quando ao conceituar "**vias terrestres**", entendeu como tais as **praias abertas à circulação pública, as vias internas pertencentes aos condomínios constituídos por unidades autônomas e as vias e áreas de estacionamento de estabelecimentos privados de uso coletivo.**

▸ Como esse assunto foi cobrado em concurso?

(NUCEPE – PREFEITURA DE TERESINA/PI 2019) Em relação às disposições preliminares do Código de Trânsito Brasileiro, marque a alternativa **INCORRETA.**

a) Para os efeitos do referido Código, não são consideradas vias terrestres as praias abertas à circulação pública, as vias internas pertencentes aos condomínios constituídos por unidades autônomas e as vias e áreas de estacionamento de estabelecimentos privados de uso coletivo.

b) Os órgãos e entidades de trânsito pertencentes ao Sistema Nacional de Trânsito darão prioridade em suas ações à defesa da vida, nela incluída a preservação da saúde e do meio ambiente.

c) O trânsito, em condições seguras, é um direito de todos e dever dos órgãos e entidades componentes do Sistema Nacional de Trânsito, a estes cabendo, no âmbito das respectivas competências, adotar as medidas destinadas a assegurar esse direito.

d) Os órgãos e entidades componentes do Sistema Nacional de Trânsito respondem, no âmbito das respectivas competências, objetivamente, por danos causados aos cidadãos em virtude de ação, omissão ou erro na execução e manutenção de programas, projetos e serviços que garantam o exercício do direito do trânsito seguro.

e) As disposições do Código são aplicáveis a qualquer veículo, bem como aos proprietários, condutores dos veículos nacionais ou estrangeiros e às pessoas nele expressamente mencionadas.

Gabarito: A.

▸ Como esse assunto foi cobrado em concurso?

(FCC – Assistente – Detran - MA/2018) O trânsito de qualquer natureza nas vias terrestres do território nacional é regido pelo Código de Trânsito Brasileiro – CTB. Nesse sentido, considere:

I. Ruas e avenidas sem pavimentação.

II. Caminhos e passagens.

III. Estradas e rodovias com sinalização horizontal.

IV. Praias abertas à circulação pública.

V. Vias e áreas de estacionamento de estabelecimentos privados de uso coletivo.

VI. Vias internas pertencentes aos condomínios constituídos por unidades autônomas.

São classificadas como vias terrestres as que constam em

a) I, II e VI, apenas.

b) I, III, IV e V, apenas.

c) II, III e IV, apenas.

d) V e VI, apenas.

*e) I, II, III, IV, V e VI.

Gabarito: Alternativa E

2.5. TRÂNSITO

O parágrafo 1º do art. 1º do Código, define o **trânsito** como sendo a utilização das vias por **pessoas, veículos e animais, isolados ou em grupos, conduzidos ou não, para fins de circulação, parada, estacionamento e operação de carga ou descarga**.

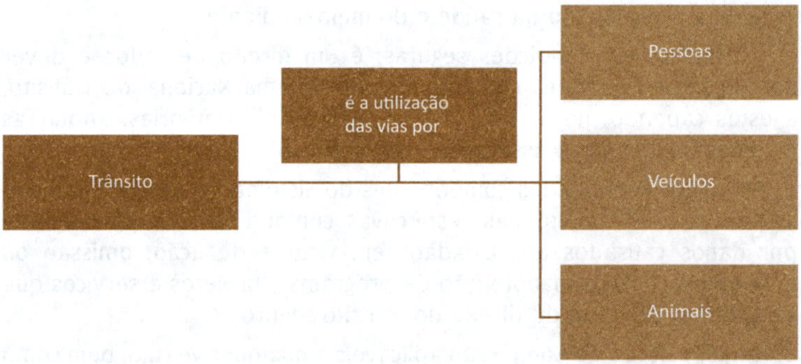

Quanto aos **veículos**, estão inseridos neste contexto uma série de categorias.

Dentre elas temos o rol previsto no art. 96 do CTB que trata da sua **classificação**, e os veículos de outros países que esporadicamente entram no território nacional (arts. 118 e 119).

No que toca às **pessoas**, o código se destina aos **pedestres, ciclistas, proprietários de veículo, condutores, embarcadores e transportadores.**

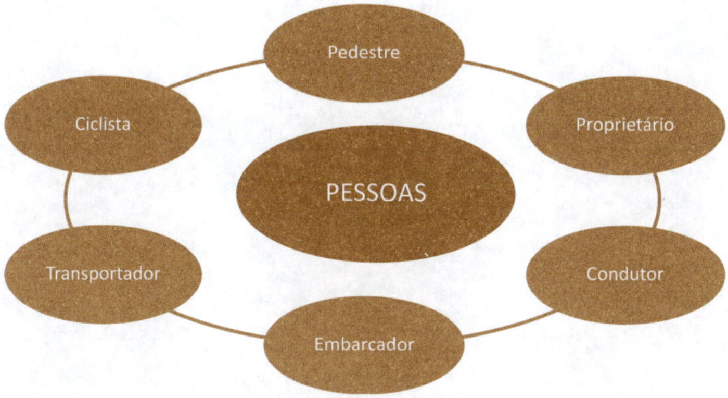

Os **animais** estando eles **isolados ou em grupos, só** poderão circular nas vias quando conduzidos por um guia, devendo ser observado que para facilitar os deslocamentos, os rebanhos deverão ser divididos em grupos de tamanho moderado e separados uns dos outros por espaços suficientes para não obstruir o trânsito. Além disso, os **animais que circularem pela pista de rolamento deverão ser mantidos junto ao bordo da pista.**

Como visto, as vias serão utilizadas para **circulação, parada, estacionamento e operação de carga e descarga.**

Os institutos da **parada e estacionamento** não se confundem.

O que caracteriza o **estacionamento** é a **imobilização** de veículos por **tempo superior ao necessário para embarque ou desembarque de passageiros.**

Já a **parada** representa a **imobilização** do veículo com a finalidade e pelo **tempo estritamente necessário para efetuar embarque ou desembarque de passageiros.**

Não existe um tempo máximo que diferencie as duas operações. O que vai determinar uma ou outra é exatamente o período necessário para a sua realização.

Quanto à **operação de carga e descarga**, o anexo I do CTB a define como a **imobilização do veículo pelo tempo estritamente necessário ao carregamento ou descarregamento de animais ou carga, na forma disciplinada pelo órgão ou entidade executivo de trânsito competente com circunscrição sobre a via**. A citada operação ainda é considerada **estacionamento** pelo parágrafo único do art. 47 do CTB.

Capítulo III

Vias

3.1. VIAS

De acordo com o anexo I do CTB, **via** é a ***"superfície por onde transitam veículos, pessoas e animais, compreendendo a pista, a calçada, o acostamento, ilha e canteiro central."***

Fonte: https://pxhere.com/pt/photo/1173324

O mesmo anexo traz as **definições** dos elementos da via:

PISTA – *parte da via normalmente utilizada para a circulação de veículos, identificada por elementos separadores ou por diferença de nível em relação às calçadas, ilhas ou aos canteiros centrais.*

CALÇADA – *parte da via, normalmente segregada e em nível diferente, não destinada à circulação de veículos, reservada ao trânsito de pedestres e, quando possível, à implantação de mobiliário urbano, sinalização, vegetação e outros fins.*

ACOSTAMENTO – *parte da via diferenciada da pista de rolamento destinada à parada ou estacionamento de veículos, em caso de emergência, e à circulação de pedestres e bicicletas, quando não houver local apropriado para esse fim.*

ILHA – *obstáculo físico, colocado na pista de rolamento, destinado à ordenação dos fluxos de trânsito em uma interseção.*

CANTEIRO CENTRAL – *obstáculo físico construído como separador de duas pistas de rolamento, eventualmente substituído por marcas viárias (canteiro fictício).*

Como esse assunto foi cobrado em concurso?

(CESPE - 2004 - DPRF - Policial Rodoviário Federal - Curso de Formação) Entre os principais conceitos adotados para efeito da legislação e para a atividade de fiscalização e policiamento de trânsito, os termos via e pista se equivalem: representam a superfície por onde transitam veículos, pessoas e animais, incluindo ilhas e canteiros centrais.

( ) Certo ( ) Errado

Gabarito: Errado, pois a pista por fazer parte da via com ela não se confunde.

3.1.1. Classificação das vias

As vias se classificam em dois grupos: **vias urbanas e vias rurais.**

O art. 60 do CTB define serem urbanas as seguintes vias: **de trânsito rápido, arterial, coletora e via local.**

Já as rurais são as **rodovias e estradas.**

Conceitualmente, o anexo I do código nos dá as seguintes características:

> ***Vias urbanas:*** *ruas, avenidas, vielas, ou caminhos e similares* ***abertos à circulação pública*** *situados na área* ***urbana*** *caracterizados principalmente por possuírem* ***imóveis edificados ao longo de sua extensão***
>
> ***Via de trânsito rápido*** *-aquela caracterizada por* ***acessos especiais com trânsito livre,*** *sem interseções em nível, sem acessibilidade direta aos lotes lindeiros e sem travessia de pedestres em nível.*
>
> ***Via arterial*** *-aquela caracterizada por* ***interseções em nível*** *geralmente controlada por* ***semáforo*** *com acessibilidade aos lotes lindeiros e às vias secundárias e locais, possibilitando o trânsito entre as regiões da cidade.*
>
> ***Via coletora*** *- aquela destinada a coletar e* ***distribuir o trânsito que tenha necessidade de entrar ou sair das vias de trânsito rápido ou arteriais*** *possibilitando o trânsito dentro das regiões da cidade.*
>
> ***Via local****- aquela caracterizada por* ***interseções em nível não semaforizadas, destinada apenas ao acesso local*** *ou a áreas restritas.*

Como esse assunto foi cobrado em concurso?

(SELECON - PREFEITURA DE BOA VISTA -) De acordo com o Código de Trânsito Brasileiro, **NÃO** é uma subdivisão de via urbana a:

a) Via Preferencial

b) Via de Trânsito Rápido

c) Via Arterial

d) Via Coletora

Gabarito: Alternativa A

Depreende-se das definições que os fatores determinantes para a **diferença** entre as vias, é a presença ou não de **interseções em nível e o controle por semáforo.**

Por **interseção** entende-se todo **cruzamento em nível, entroncamento ou bifurcação**, incluindo as áreas formadas por tais cruzamentos, entroncamentos ou bifurcações. É o conhecido **cruzamento.**

Veja o quadro abaixo para auxiliar os seus estudos:

VIA URBANA	Possui semáforo?	Possui cruzamento?	Finalidade/características
Trânsito rápido	NÃO	NÃO	Trânsito sem restrições
Arterial	SIM	SIM	Vias ligando bairros
Coletora	SIM	SIM	Vias internas do bairro
Local	NÃO	SIM	Vias localizados em bairros residenciais

Vias rurais

As vias rurais comportam apenas duas classificações: **Rodovia e Estrada**, sendo aquela uma via rural **pavimentada**, e esta uma via rural **não pavimentada.**

Como esse assunto foi cobrado em concurso?

(FCC 2012 – TRT da 6ª Região – Técnico Judiciário – Segurança e Transporte) Via caracterizado por acessos especiais com trânsito livre, sem interseções em nível, sem acessibilidade direta aos lotes lindeiros e sem travessia de pedestres em nível é caracterizada como:

a) via arterial.

b) via de trânsito rápido.

c) estrada.

d) via local.

e) passarela.

Gabarito: Alternativa B.

Como esse assunto foi cobrado em concurso?

(Prefeitura do Rio de Janeiro – 2016) De acordo com o Código de Trânsito Brasileiro, uma via de trânsito rápido é aquela que possui:

a) acessos especiais com trânsito livre, sem interseções em nível.

b) interseções em nível não semaforizadas com volume de tráfego abaixo da capacidade.

c) acessos em nível visando a concentrar e a distribuir o trânsito proveniente de vias de menor capacidade.

d) interseções em dois níveis controladas por semáforo.

Gabarito: Alternativa A

3.2. VELOCIDADE NAS VIAS

A velocidade máxima permitida para a via será indicada por meio de sinalização, obedecidas as suas características técnicas e as condições de trânsito.

R-19 — Velocidade máxima permitida

Entretanto nem todas as vias apresentam sinalização regulamentadora, e nestes casos a velocidade máxima será de acordo com o art. 61 do Código, nas **vias urbanas**:

a) oitenta quilômetros por hora, nas vias de ***trânsito rápido****:*

b) sessenta quilômetros por hora, nas ***vias arteriais****;*

c) quarenta quilômetros por hora, nas ***vias coletoras****;*

d) trinta quilômetros por hora, nas ***vias locais****;*

> **Como esse assunto foi cobrado em concurso?**
>
> **(Prefeitura de Tanguá/RJ - 2016)** Caso não haja sinalização indicativa, a velocidade máxima em vias arteriais será de:
>
> a) 80 km/h
>
> b) 60 km/h
>
> c) 40 km/h
>
> d) 30 km/h
>
> **Gabarito:** Alternativa B

> **Como esse assunto foi cobrado em concurso?**
>
> **(AOCP - Técnico Judiciário - Segurança - TRT 1/2018)** Durante a condução do veículo do Tribunal Regional do Trabalho por uma avenida, desenvolvendo a velocidade máxima permitida de 60km/h, o Desembargador, que está como passageiro, de forma inesperada determina que você vire à direita e tome uma via coletora para que cortem caminho até o TRT, e assim você o faz. Em seguida, ele solicita que acelere para que não cheguem atrasados. Diante dessa situação, qual será a sua orientação ao desembargador, de acordo com as leis de Trânsito, que poderá fazê-lo retirar o pedido?
>
> a) Por ser um veículo do Tribunal, tal conduta será errada.

b) Em razão da via não indicar sinalização de velocidade, você poderá desenvolver até 30km/h apenas.

c) Por não existir sinalização de velocidade máxima permitida para aquela via, a velocidade poderá ser até 40km/h apenas.

d) Por ser uma via coletora, a velocidade máxima permitida é até 50km/h.

e) Por ser uma via coletora, a velocidade máxima permitida é até 30km/h.

Gabarito: Alternativa C

Já nas **vias rurais**, as regras de velocidades máximas para vias não sinalizadas serão (art. 61):

a) ***nas rodovias de pista dupla***:

1. 110 km/h (cento e dez quilômetros por hora) para automóveis, camionetas e motocicletas;

2. 90 km/h (noventa quilômetros por hora) para os demais veículos;

b) ***nas rodovias de pista simples***:

1. 100 km/h (cem quilômetros por hora) para automóveis, camionetas e motocicletas;

2. 90 km/h (noventa quilômetros por hora) para os demais veículos;

c) ***nas estradas***: *60 km/h (sessenta quilômetros por hora).*

Os parâmetros de velocidades estabelecidos pelo código, não impedem que o órgão ou entidade de trânsito ou rodoviário com circunscrição sobre a via, regularmente por meio de sinalização **velocidades superiores ou inferiores** àquelas estabelecidas acima.

O CTB além de tratar da velocidade máxima permitida nas vias, também dispôs sobre a **velocidade mínima** ao tratar no artigo 62 que esta **não** poderá ser **inferior à metade da velocidade máxima estabelecida**, **respeitadas as condições operacionais de trânsito e da via.**

Por fim, ainda tratando do tema "velocidade", existem certas situações em que mesmo dentro dos limites estabelecidos pela sinalização, o condutor deverá manter uma **velocidade compatível** com as situações da via, como por exemplo na ocorrência de: **passeatas, aglomerações, cortejos, préstitos e desfiles, nos locais onde o trânsito esteja sendo controlado pelo agente da autoridade de trânsito, mediante sinais sonoros ou gestos, nos trechos em curva de pequeno raio, sob chuva, neblina, cerração ou ventos fortes, etc.**

A infringência a esta regra inclusive caracteriza infração de trânsito prevista no art. 220 do CTB.

Art. 220. Deixar de reduzir a velocidade do veículo de forma **compatível** *com a segurança do trânsito:*

I - quando se aproximar de passeatas, aglomerações, cortejos, préstitos e desfiles:

Infração - gravíssima;

Penalidade - multa;

II - nos locais onde o trânsito esteja sendo controlado pelo agente da autoridade de trânsito, mediante sinais sonoros ou gestos;

III - ao aproximar-se da guia da calçada (meio-fio) ou acostamento;

IV - ao aproximar-se de ou passar por interseção não sinalizada;

V - nas vias rurais cuja faixa de domínio não esteja cercada;

VI - nos trechos em curva de pequeno raio;

VII - ao aproximar-se de locais sinalizados com advertência de obras ou trabalhadores na pista;

VIII - sob chuva, neblina, cerração ou ventos fortes;

IX - quando houver má visibilidade;

X - quando o pavimento se apresentar escorregadio, defeituoso ou avariado;

XI - à aproximação de animais na pista;

XII - em declive;

Infração - grave;

Penalidade - multa;

XIII - ao ultrapassar ciclista:

Infração - gravíssima

Penalidade - multa;

XIV - nas proximidades de escolas, hospitais, estações de embarque e desembarque de passageiros ou onde haja intensa movimentação de pedestres:

Infração - gravíssima;

Penalidade - multa.

▸ Como esse assunto foi cobrado em concurso?

(CEBRASPE - PF - 2019) Com base na legislação da PRF, julgue os itens que se seguem.

Comete infração de trânsito gravíssima, punível com multa, o condutor que não reduz a velocidade do veículo de forma compatível com a segurança do trânsito, quando se aproxima de passeatas, manifestações populares e aglomerações.

Certo

Errado

Gabarito: Certo de acordo com o artigo 220, I do CTB.

Capítulo IV

Sistema Nacional de Trânsito

O Sistema nacional de trânsito (**SNT**) é o **conjunto de órgãos e entidades da União, dos Estados, do Distrito Federal e dos Municípios**, que tem por **finalidades precípuas**: exercício das atividades de planejamento, administração, normatização, pesquisa, registro e licenciamento de veículos, formação, habilitação e reciclagem de condutores, educação, engenharia, operação do sistema viário, policiamento, fiscalização, julgamento de infrações e de recursos e aplicação de penalidades.

Com efeito, não são poucas as engrenagens que devem estar em perfeita conexão para que haja segurança jurídica na aplicação do CTB em todas as suas vertentes.

Ora, de nada adiantaria um órgão/entidade Executivo Rodoviário de Trânsito realizar toda a fiscalização em uma via extensa, flagrando por exemplo os abusos de velocidade, ultrapassagens proibidas etc, se o órgão/entidade Executivo de Trânsito responsável pela fiscalização e expedição da carteira nacional de habilitação e aplicação de penalidade sobre a mesma, não realizar a sua parte, seja pela inércia, pela incapacidade de execução do trabalho ou mesmo pela burocracia desmedida.

O SNT é **composto** por uma estrutura complexa com vários membros e competências específicas que devem ser analisadas e consideradas.

> **Como esse assunto foi cobrado em concurso?**
>
> **(DETRAN/MT – 2015)** Sobre o Sistema Nacional de Trânsito, é correto afirmar:
>
> a) Não se incluem entre os objetivos do Sistema Nacional de Trânsito fixar, mediante normas e procedimentos, a padronização de critérios técnicos, financeiros e administrativos para a execução das atividades de trânsito.
>
> b) É o conjunto de órgãos e entidades da União, dos Estados, do Distrito Federal e dos Municípios que tem por finalidade o exercício das atividades de planejamento, administração, normatização, pesquisa, registro e licenciamento de veículos, formação, habilitação e reciclagem de condutores, educação, engenharia, operação do sistema viário, policiamento, fiscalização, julgamento de infrações e de recursos e aplicação de penalidades.

c) Os órgãos e entidades componentes do Sistema Nacional de Trânsito respondem, no âmbito das respectivas competências, subjetivamente, por danos causados aos cidadãos em virtude de ação, omissão ou erro na execução e manutenção de programas, projetos e serviços que garantam o exercício do direito do trânsito seguro.

d) Considera-se trânsito a utilização das vias somente por veículos, para fins de circulação, parada, estacionamento e operação de carga ou descarga.

Gabarito: Alternativa B

4.1. FINALIDADES DO SNT

O Sistema Nacional de Trânsito tem **treze finalidades** primordiais que podem ser divididas em 5 grupos:

1) **Administrativa** – exercício das atividades de planejamento, administração, normatização, pesquisa;
2) **Regularização dos veículos** – registro e licenciamento de veículos;
3) **Educação e formação de condutores** – formação, habilitação e reciclagem de condutores, educação;
4) **Engenharia de trânsito** – engenharia, operação do sistema viário;
5) **Fiscalização** – policiamento, fiscalização, julgamento de infrações e de recursos e aplicação de penalidades.

4.2. OBJETIVOS BÁSICOS DO SNT

O art. 6º do CTB apresenta 3 **objetivos** que devem ser observados:

> *I – **Estabelecer diretrizes da Política Nacional de Trânsito**, com vistas à segurança, à fluidez, ao conforto, à defesa ambiental e à educação para o trânsito, e fiscalizar seu cumprimento;*
>
> *II – fixar, mediante normas e procedimentos, a **padronização** de critérios técnicos, financeiros e administrativos para a execução das atividades de trânsito;*
>
> *III – estabelecer a sistemática de **fluxos permanentes de informações** entre os seus diversos órgãos e entidades, a fim de facilitar o processo decisório e a integração do Sistema.*

Os objetivos a serem perseguidos pelos membros do SNT são determinantes para o atendimento das finalidades acima elencadas.

Não há como falar em eficiência se em cada estado existir um tipo diferente de procedimento.

Por este motivo a busca por estes objetivos é tão importante.

4.3. COMPONENTES DO SNT

O Sistema Nacional de Trânsito é composto pelos seguintes órgãos e entidades com previsão no art. 7º do CTB:

1 – Conselho Nacional de Trânsito – **CONTRAN**

2 – Os Conselhos Estaduais de Trânsito – **CETRAN** e o Conselho de Trânsito do Distrito Federal – **CONTRANDIFE**

3 – Os órgãos e entidades executivos de trânsito da União, dos Estados, do Distrito Federal e dos Municípios;

4 – Os órgãos e entidades executivos rodoviários da União, dos Estados, do Distrito Federal e dos Municípios;

5 – A polícia Rodoviária Federal;

6 – As polícias Militares dos Estados e do Distrito Federal; e

7 – As Juntas administrativas de recursos de infrações – JARI.

O Código dividiu os membros acima citados levando em consideração suas **atribuições predominantes.**

Neste caso temos **órgãos e entidades** normativos/consultivos, executivos de trânsito, executivos rodoviários de trânsito, de fiscalização e de julgamento de recursos.

Veja o quadro abaixo.

INSTÂNCIA	ÓRGÃO NORMATIVO	ÓRGÃO EXECUTIVO	ÓRGÃO EXECUTIVO RODOVIÁRIO	ÓRGÃO DE FISCALIZAÇÃO	ÓRGÃO RECURSAL
FEDERAL	CONTRAN	DENATRAN	DNIT	PRF	JARI
ESTADUAL	CETRAN CONTRANDIFE	DETRAN	DER	PM	JARI
MUNICIPAL	-	-	*Órgão municipal de trânsito*	-	*JARI*

O tema já foi explorado mais de uma vez em provas e concursos.

▸ Como esse assunto foi cobrado em concurso?

(FUNRIO – 2009 – PRF) O Sistema Nacional de Trânsito é o conjunto de órgãos e entidades da União, dos Estados, do Distrito Federal e dos Municípios que tem por finalidade o exercício das atividades de planejamento, administração, normatização, pesquisa, registro e licenciamento de veículos, formação, habilitação e reciclagem de condutores, educação, engenharia, operação do sistema viário, policiamento, fiscalização, julgamento de infrações e de recursos e aplicação de penalidades.

NÃO compõem o Sistema Nacional de Trânsito os seguintes órgãos e entidades:

A) Os órgãos e entidades executivos de trânsito da União, dos Estados, do Distrito Federal e dos Municípios; os órgãos e entidades executivos rodoviários da União, dos Estados, do Distrito Federal e dos Municípios; e a Polícia Rodoviária Federal.

B) O Conselho Nacional de Trânsito – CONTRAN, coordenador do Sistema e órgão máximo normativo e consultivo; os Conselhos Estaduais de Trânsito – CETRAN e o Conselho de Trânsito do Distrito Federal – CONTRANDIFE, órgãos normativos, consultivos e coordenadores; e a Polícia Federal.

C) A Polícia Rodoviária Federal; as Polícias Militares dos Estados e do Distrito Federal; e as Juntas Administrativas de Recursos de Infrações – JARI.

D) O Conselho Nacional de Trânsito – CONTRAN, coordenador do Sistema e órgão máximo normativo e consultivo; os Conselhos Estaduais de Trânsito – CETRAN e o Conselho de Trânsito do Distrito Federal – CONTRANDIFE, órgãos normativos, consultivos e coordenadores.

E) A Polícia Rodoviária Federal; as Polícias Militares dos Estados e do Distrito Federal; as Juntas Administrativas de Recursos de Infrações – JARI; os órgãos e entidades executivos de trânsito da União, dos Estados, do Distrito Federal e dos Municípios; e os órgãos e entidades executivos rodoviários da União, dos Estados, do Distrito Federal e dos Municípios.

Gabarito: Alternativa B, uma vez que a **Polícia Federal** não faz parte do sistema, mas sim a Polícia Rodoviária Federal.

▸ **Como esse assunto foi cobrado em concurso?**

(FCC – Assistente – Detran - MA/2018) Considere:

I. Conselho Nacional de Trânsito – CONTRAN.

II. Juntas Administrativas de Recursos de Infrações – JARI.

III. Departamento Nacional de Trânsito – DENATRAN.

IV. Conselho Estadual de Trânsito – CETRAN.

V. Departamento Estadual de Trânsito – DETRAN.

VI. Departamento Nacional de Infraestrutura de Transportes – DNIT.

VII. Departamento de Estradas de Rodagem – DER.

São órgãos normativos e consultivos pertencentes ao Sistema Nacional de Trânsito os que constam APENAS em

a) II, III e V.

b) VI e VII.

c) I, II, IV e V.

d) III, VI e VII.

e) I e IV.

Gabarito: Alternativa E

4.3.1. Conselho Nacional de Trânsito – CONTRAN

O **Conselho Nacional de trânsito (CONTRAN)** é o **órgão normativo e consultivo do SNT, sendo deste o coordenador.**

Muito embora o CONTRAN seja o **coordenador** do sistema, o Presidente da República designará o **ministério ou órgão da Presidência** responsável pela coordenação máxima do SNT, ao qual o CONTRAN estará vinculado, e subordinado o órgão máximo executivo de trânsito da União (**DENATRAN**).

Atualmente em virtude do Decreto federal n. 9.676/19, de 02 de janeiro de 2019, o Ministério da Infraestrutura ocupa esta posição.

4.3.1.1. Composição do CONTRAN

A composição do CONTRAN sofreu forte alteração com a edição da Lei nº 14.071/20.

Antes sua composição era feita por representantes de alguns Ministérios. Com a alteração legislativa temos a presença dos próprios **Ministros de Estado**.

Além desta importante alteração, outra que ganha destaque é a substituição do **presidente do órgão**. Antes o dirigente do órgão máximo do órgão. Agora, o **Ministro da Infraestrutura**.

Veja a composição completa na redação do artigo 10º do código:

> "Art. 10. O Conselho Nacional de Trânsito (Contran), com sede no Distrito Federal, tem a seguinte composição:
>
> I – (VETADO)
>
> II – (VETADO)
>
> II-A - **Ministro de Estado da Infraestrutura, que o presidirá;**
>
> III - Ministro de Estado da Ciência, Tecnologia e Inovações;
>
> IV - Ministro de Estado da Educação;
>
> V - Ministro de Estado da Defesa;
>
> VI - Ministro de Estado do Meio Ambiente;
>
> VII - (revogado);
>
> VIII – (VETADO)
>
> IX – (VETADO)
>
> X – (VETADO)
>
> XI – (VETADO)
>
> XII – (VETADO)

XIII – (VETADO)

XIV – (VETADO)

XV – (VETADO)

XVI – (VETADO)

XVII – (VETADO)

XVIII – (VETADO)

XIX – (VETADO)

XX - (revogado);

XXI – (VETADO)

XXII - Ministro de Estado da Saúde;

XXIII - Ministro de Estado da Justiça e Segurança Pública;

XXIV - Ministro de Estado das Relações Exteriores;

XXV - (revogado);

XXVI - Ministro de Estado da Economia; e

XXVII - Ministro de Estado da Agricultura, Pecuária e Abastecimento.

Embora os Ministros de Estado sejam doravante os titulares das respectivas cadeiras no CONTRAN, dada a aparente impossibilidade de dedicação integral às atribuições do cargo, eles **DEVERÃO**, na forma o §4 do artigo 10 do CTB, indicar suplente, sendo este necessariamente servidor de nível hierárquico igual ou superior ao nível 6 do Grupo-Direção e Assessoramento Superiores - DAS ou, no caso do Ministério da Defesa, alternativamente, Oficial-General.

Como dito acima, antes da inovação legislativa proporcionada pela Lei nº 14.071/20, o CONTRAN era dirigido pelo dirigente do DENATRAN (órgão máximo executivo de trânsito da União).

Com a alteração ele passa a ser o **Secretário-Executivo do Conselho**.

Por ser um órgão Colegiado, várias de suas manifestações dependem do voto de seus membros.

Neste contexto, é importante anotar que o **quórum de votação e aprovação é de maioria absoluta**.

Os temas tratados e decididos pelo CONTRAN são sempre de muita repercussão social, e por isto, o art. 10-A do código passou a prever que em certas situações será possível a **participação** de representantes de órgãos e entidades que sejam responsáveis ou mesmo que possam ser impactados pelos temas em debate.

Nestes casos os convidados **não terão direito a voto**.

4.3.1.2. Competências do CONTRAN

Doravante irei listar as competências presentes no art. 12 do CTB, e em seguida comentários sobre aquelas se mostram as mais importantes para concursos públicos.

*I – estabelecer as **normas regulamentares** referidas neste Código e as diretrizes da Política Nacional de Trânsito;*

*II – **coordenar** os órgãos do Sistema Nacional de Trânsito, objetivando a **integração** de suas atividades;*

III – (VETADO)

*IV – **criar Câmaras Temáticas**;*

*V – estabelecer seu **regimento interno** e as **diretrizes** para o funcionamento dos CETRAN e CONTRANDIFE;*

*VI – estabelecer as diretrizes do **regimento das JARI;***

*VII – zelar pela **uniformidade** e cumprimento das normas contidas neste Código e nas resoluções complementares;*

VIII - estabelecer e normatizar os procedimentos para o enquadramento das condutas expressamente referidas neste Código, para a fiscalização e a aplicação das medidas administrativas e das penalidades por infrações e para a arrecadação das multas aplicadas e o repasse dos valores arrecadados; (alterado pela lei nº 14.071/20)

*IX – **responder** às consultas que lhe forem formuladas, relativas à aplicação da legislação de trânsito;*

*X – **normatizar os procedimentos** sobre a aprendizagem, habilitação, expedição de documentos de condutores, e registro e licenciamento de veículos;*

XI – aprovar, complementar ou alterar os dispositivos de sinalização e os dispositivos e equipamentos de trânsito;

XII - (revogado);

*XIII – **avocar**, para análise e soluções, processos sobre conflitos de competência ou circunscrição, ou, quando necessário, unificar as decisões administrativas; e*

*XIV – **dirimir conflitos sobre circunscrição e competência de trânsito** no âmbito da **União**, dos **Estados e do Distrito Federal.***

*XV – **normatizar o processo de formação do candidato à obtenção da Carteira Nacional de Habilitação,** estabelecendo seu conteúdo didático-pedagógico, carga horária, avaliações, exames, execução e fiscalização.*

Por ser órgão normativo, o CONTRAN é o responsável por regulamentar o CTB editando, dentre outros atos, resoluções.

De modo a prestigiar a participação popular, trazendo mais transparência às decisões, quando se tratar de edição de norma regulamentar (inciso I), as respectivas propostas deverão ser submetidas a **prévia consulta pública** de forma online pelo **período mínimo de 30 dias**, antes do exame da matéria pelo CONTRAN, sendo que as consequentes contribuições recebidas deverão ficar **à disposição do público por 2 anos** a partir do encerramento da consulta pública.

Inovação interessante trazida pela lei nº 14.071/20 é a possibilidade de deliberação pelo Presidente do CONTRAN, em uma regra instituída que muito se assemelha à Medida Provisória que pode ser editada pelo Presidente da República conforme previsto no artigo 62 da CF/88.

Na citada regra da deliberação, temos o seguinte quadro:

Pressuposto legal para utilização: urgência e relevante interesse público.

Prazo de validade: 90 dias

Objetivo: Estabelecer norma regulamentar

Consequência da falta de referendo do conselho: Perda da eficácia e manutenção dos efeitos até então praticados.

Quanto às diretrizes da Política Nacional de Trânsito que também deverão ser estabelecidas pelo CONTRAN, estas atualmente estão dispostas na Resolução nº 514/14 trazendo os **objetivos** de:

1) Promover a melhoria da segurança viária;

2) Aprimorar a educação para a cidadania no trânsito;

3) Garantir a melhoria das condições de mobilidade urbana e viária, a acessibilidade e a qualidade ambiental;

4) Fortalecer o Sistema Nacional de Trânsito – SNT;

5) Incrementar o planejamento e a gestão do trânsito.

As **Câmaras Temáticas** são órgãos técnicos **vinculados** ao CONTRAN integradas por especialistas, e têm como objetivo estudar e oferecer sugestões e embasamento técnico sobre assuntos específicos para decisões daquele colegiado.

Cada Câmara é constituída por **especialistas** representantes de órgãos e entidades executivos da União, dos Estados, ou do Distrito Federal e dos Municípios, em igual número pertencentes ao Sistema Nacional de Trânsito, além de especialistas representantes dos diversos segmentos da sociedade relacionados com o trânsito, todos indicados segundo regimento específico definido pelo CONTRAN e designados pelo ministro ou dirigente coordenador máximo do Sistema Nacional de Trânsito.

A **coordenação** das Câmaras Temáticas **será exercida** por representantes do órgão máximo executivo de trânsito da União ou dos Ministérios representados no Contran, conforme definido no ato de criação de cada Câmara Temática.

Quanto às **JARI's (Juntas Administrativas de Recursos de infrações)**, as diretrizes de seus regimentos internos estão estabelecidas na Resolução nº 357/10 do CONTRAN.

Sendo o CONTRAN o responsável pela coordenação do sistema, é consectário lógico desta atribuição a competência de **zelar pela uniformidade e cumprimento de todas as normas de trânsito.**

Também é do CONTRAN a competência e responsabilidade de organizar um procedimento unificado e interligado tratando sobre a arrecadação e a compensação de multas impostas em diferentes estados da Federação.

Por este motivo este órgão editou a Resolução nº 637/16 que dispõe sobre a organização e o funcionamento do Registro Nacional de Infrações de Trânsito – **RENAINF**, integrado ao sistema de Registro Nacional de Veículos Automotores – **RENAVAM** e ao Registro Nacional de Condutores Habilitados – **RENACH**.

O **RENAINF** tem a finalidade de criar a base nacional de infrações de trânsito, e proporcionar condições operacionais para o registro das mesmas, viabilizando o processamento dos autos de infrações, das ocorrências e o intercâmbio de informações.

Outro ponto importante é a incumbência de responder às questões suscitadas por outros membros do SNT.

A legislação de trânsito não é de fácil compreensão, e por muitas vezes apresenta questões que necessitam de interpretação para que não cause insegurança jurídica.

O CONTRAN além de **normatizar**, deve agir principalmente através das **câmaras temáticas respondendo as consultas** que os demais órgãos do SNT apresentem.

Importante mencionar que os CETRANs e o CONTRANDIFE também têm esta competência **consultiva**, sendo restritos ao âmbito local.

▸ **Como esse assunto foi cobrado em concurso?**

(Prefeitura de Salvador/BA – 2003) Compete ao CONTRAN

A) criar Câmaras Temáticas.

B) criar a JARI.

C) criar o CETRAN.

D) criar a FEDERATRAN.

Gabarito: Alternativa A

▸ Como esse assunto foi cobrado em concurso?

(IDIB - PREFEITURA DE PETROLINA/PE -) Sobre as competências do Conselho Nacional de Trânsito (Contran), analise os itens a seguir:

I. O Contran tem competência para alterar os dispositivos de sinalização e os dispositivos e equipamentos de trânsito, mas não para aprová-los.

II. Compete ao Contran estabelecer as diretrizes do regimento das JARI.

III. O Contran tem competência para dirimir conflitos sobre circunscrição e competência de trânsito no âmbito da União, dos Estados e do Distrito Federal.

Analisados os itens, pode-se afirmar corretamente que:

a) Apenas o item III está correto.

b) Apenas os itens I e II estão corretos.

c) Apenas os itens II e III estão corretos.

d) Apenas o item I está correto.

e) Apenas o item II está correto.

Gabarito: C

Por fim, destaque-se também que a lei nº 14.071/20 revogou o inciso XII do artigo 12 do CTB que conferia ao CONTRAN a competência de julgar recursos nas hipóteses do inciso I do art. 289.

Desta forma, **o CONTRAN não tem mais competência de julgar recursos nos processos administrativos punitivos de trânsito.**

4.3.2. Conselho Estadual de Trânsito – CETRAN – e Conselho de Trânsito do Distrito Federal – CONTRANDIFE

Os Conselhos Estaduais de Trânsito – CETRAN e o Conselho de Trânsito do Distrito Federal – CONTRANDIFE, **são órgãos normativos e consultivos do SNT tendo sua área de atuação restrita aos limites do respectivo estado ou Distrito Federal**.

As normas fixadas pelos conselhos não podem em hipótese alguma contrariar a normatização exarada pelo CONTRAN, órgão coordenador do sistema.

Dentre suas **competências** mais relevantes estão as de julgar os recursos interpostos contra as penalidades aplicadas por órgãos e entidades executivos de trânsito, rodoviários dos estados, do Distrito Federal e dos Municípios quando for o caso.

De acordo com a Resolução nº 723/18, o CETRAN deve ser **composto** por um presidente e, no mínimo quatorze **membros** com seus respectivos suplentes, sendo obrigatória a representação em igual número de representantes da esfera do poder executivo estadual, dos órgãos ou entidades executivos e rodoviários municipais integrados ao SNT e de entidades representativas da sociedade ligadas à área de trânsito.

Completando o quadro, devem constar ainda um integrante com **notório saber na área de trânsito com nível superior**, e três membros, um de cada área específica: medicina, psicologia e meio ambiente, todos com conhecimento na área de trânsito e um representante da Polícia Rodoviária Federal.

Quanto aos representantes do Poder executivo estadual, estes devem pertencer ao órgão ou entidade executivo de trânsito, executivo rodoviário e de policiamento ostensivo de trânsito.

Por incompatibilidade lógica, os integrantes do CETRAN **não** poderão integrar JARI.

Quanto ao **CONTRANDIFE**, o mesmo também será composto por um presidente e no **mínimo onze membros**, sendo obrigatória a representação em igual número de representantes da esfera do poder executivo distrital e de entidades representativas da sociedade ligadas à área de trânsito.

Além dos membros citados, deve constar também um integrante com notório saber na área de trânsito com nível superior, e três membros, um de cada área específica: medicina, psicologia e meio ambiente com conhecimento na área e trânsito e de um representante da Polícia Rodoviária Federal.

Os representantes da esfera do poder executivo distrital devem pertencer ao órgão ou entidade executivo de trânsito, ao órgão ou entidade executivo rodoviário, de policiamento ostensivo de trânsito.

O **mandato** dos integrantes será de **dois anos permitida a recondução**, sendo seu presidente e os membros nomeados pelo **Governador do Estado ou do Distrito Federal**.

4.3.2.1. Competências do CETRAN e do CONTRANDIFE

As competências do CETRAN e do CONTRANDIFE estão dispostas no art. 14 do CTB, sendo:

> *I – **cumprir e fazer cumprir a legislação** e as normas de trânsito, no âmbito das respectivas atribuições;*
>
> *II – **elaborar normas no âmbito das respectivas competências**;*
>
> *III – **responder a consultas** relativas à aplicação da legislação e dos procedimentos normativos de trânsito;*
>
> *IV – **estimular e orientar a execução de campanhas educativas de trânsito**;*
>
> *V – **julgar os recursos** interpostos contra decisões:*
>
> *a) das JARI;*

> *b) dos órgãos e entidades executivos estaduais, nos casos de inaptidão permanente constatados nos exames de aptidão física, mental ou psicológica;*
>
> *VI – indicar um representante para compor a comissão examinadora de candidatos portadores de deficiência física à habilitação para conduzir veículos automotores;*
>
> *VII – VETADO*
>
> *VIII – **acompanhar e coordenar as atividades de administração, educação, engenharia, fiscalização, policiamento ostensivo de trânsito, formação de condutores, registro e licenciamento de veículos, articulando os órgãos do Sistema no Estado,** reportando-se ao CONTRAN;*
>
> *IX – **dirimir conflitos sobre circunscrição** e competência de trânsito no âmbito dos Municípios; e*
>
> *X – informar o CONTRAN sobre o cumprimento das exigências definidas nos §§ 1º e 2º do art. 333.*

Como visto, o CETRAN e o CONTRANDIFE têm **muitas competências** importantes no âmbito estadual, mesmo que na maioria dos casos, infelizmente, limitem-se a apenas exercer a incumbência de julgar recursos, que embora importante, não é a única.

> **▸ Como esse assunto foi cobrado em concurso?**
>
> **(IBFC – PREFEITURA DE CRUZEIRO DO SUL / AC - 2019)** O Artigo 14 do Código de Trânsito Brasileiro indica as competências a serem exercidas pelos Conselhos Estaduais de Trânsito (CETRAN) e ao Conselho de Trânsito do Distrito Federal (CONTRANDIFE). Dentre essas competências listadas, uma delas não faz parte das atribuições desses conselhos. Assinale a alternativa incorreta.
>
> a) julgar os recursos interpostos pelos infratores
>
> b) elaborar normas no âmbito das respectivas competências
>
> c) responder a consultas relativas à aplicação da legislação e dos procedimentos normativos de trânsito
>
> d) estimular e orientar a execução de campanhas educativas de trânsito
>
> **GABARITO:** A. A banca considerou a alternativa A como incorreta pois textualmente "julgar os recursos interpostos pelos infratores" é competência da JARI prevista no inciso I do art. 17 do CTB.

4.3.3. Órgãos e entidades executivos de trânsito dos Estados e do Distrito Federal e competências

Os **órgãos e entidades executivos de trânsito dos Estados e do Distrito Federal** são comumente conhecidos como **DETRAN** (Departamento Estadual de Trânsito), muito embora esta denominação não exista no CTB.

Suas competências estão previstas no art. 22 do Código:

I – ***cumprir e fazer cumprir a legislação e as normas de trânsito, no âmbito das respectivas atribuições;***

II – realizar, fiscalizar e controlar o processo de formação, de aperfeiçoamento, de reciclagem e de suspensão de condutores e expedir e cassar Licença de Aprendizagem, Permissão para Dirigir e Carteira Nacional de Habilitação, mediante delegação do órgão máximo executivo de trânsito da União;

III – vistoriar, inspecionar as condições de segurança veicular, registrar, emplacar e licenciar veículos, com a expedição dos Certificados de Registro de Veículo e de Licenciamento Anual, mediante delegação do órgão máximo executivo de trânsito da União;

IV – ***estabelecer, em conjunto com as Polícias Militares, as diretrizes para o policiamento ostensivo de trânsito****;*

V – ***executar a fiscalização de trânsito, autuar e aplicar as medidas administrativas cabíveis*** *pelas infrações previstas neste Código, excetuadas aquelas relacionadas nos incisos VI e VIII do art. 24, no exercício regular do Poder de Polícia de Trânsito;*

VI – ***aplicar as penalidades por infrações previstas neste Código****, com exceção daquelas relacionadas nos incisos VII e VIII do art. 24, notificando os infratores e arrecadando as multas que aplicar;*

VII – ***arrecadar valores provenientes*** *de estada e remoção de veículos e objetos;*

VIII – ***comunicar ao órgão executivo de trânsito da União a suspensão e a cassação do direito de dirigir e o recolhimento da Carteira Nacional de Habilitação;***

IX – ***coletar*** *dados estatísticos e elaborar estudos sobre acidentes de trânsito e suas causas;*

X – ***credenciar*** *órgãos ou entidades para a execução de* ***atividades*** *previstas na legislação de trânsito, na forma estabelecida em norma do CONTRAN;*

XI – ***implementar as medidas da Política Nacional de Trânsito e do Programa Nacional de Trânsito;***

XII – ***promover e participar de projetos e programas de educação e segurança de trânsito*** *de acordo com as diretrizes estabelecidas pelo CONTRAN;*

XIII – ***integrar-se*** *a outros órgãos e entidades do Sistema Nacional de Trânsito para fins de arrecadação e compensação de multas impostas na área de sua competência, com vistas à unificação do licenciamento, à simplificação e à celeridade das transferências de veículos e de prontuários de condutores de uma para outra unidade da Federação;*

XIV – ***fornecer****, aos órgãos e entidades executivos de trânsito e executivos rodoviários municipais, os dados cadastrais dos veículos registrados e dos* *condutores habilitados, para fins de imposição e notificação de penalidades e de arrecadação de multas nas áreas de suas competências;*

*XV – **fiscalizar** o nível de emissão de poluentes e ruído produzidos pelos veículos automotores ou pela sua carga, de acordo com o estabelecido no art. 66, além de dar apoio, quando solicitado, às ações específicas dos órgãos ambientais locais;*

*XVI – **articular-se com os demais órgãos** do Sistema Nacional de Trânsito no Estado, sob coordenação do respectivo CETRAN.*

XVII – criar, implantar e manter escolas públicas de trânsito, destinadas à educação de crianças e adolescentes, por meio de aulas teóricas e práticas sobre legislação, sinalização e comportamento no trânsito.

Parágrafo único. As competências descritas no inciso II do **caput** deste artigo relativas ao processo de suspensão de condutores serão exercidas quando:

I – o condutor atingir o limite de pontos estabelecido no inciso I do art. 261 deste Código;

II – a infração previr a penalidade de suspensão do direito de dirigir de forma específica e a autuação tiver sido efetuada pelo próprio órgão executivo estadual de trânsito." (NR)

Como esse assunto foi cobrado em concurso?

(FCC – Analista de Trânsito – Detran – MA/2018) Atenção: A questão está alicerçada na Lei nº 9.503, de 23 de setembro de 1997, que institui o Código de Trânsito Brasileiro, consideradas as alterações posteriores e principais Resoluções.

Entre outras atribuições, compete aos órgãos ou entidades executivos de trânsito dos Estados e do Distrito Federal, no âmbito de sua circunscrição,

a) implantar, manter e operar sistema de estacionamento rotativo pago nas vias.

b) credenciar os serviços de escolta, fiscalizar e adotar medidas de segurança relativas aos serviços de remoção de veículos, escolta e transporte de carga indivisível.

c) planejar e implantar medidas para redução de circulação de veículos e reorientação do tráfego, com o objetivo de diminuir a emissão global de poluentes.

d) conceder autorização para conduzir veículos de propulsão humana e de tração animal.

e) comunicar ao órgão executivo de trânsito da União a suspensão e a cassação do direito de dirigir e o recolhimento da Carteira Nacional de Habilitação.

Gabarito: Alternativa E

Destas competências, é importante pontuar o seguinte:

Como órgãos do SNT eles tem a obrigação de não apenas zelar pelo cumprimento das leis de trânsito, mas principalmente **cumpri-las** em virtude dos princípios que regem a atuação da Administração Pública.

Assim como ocorre com o **processo de habilitação**, o CTB define ser competência do DETRAN (órgão ou entidade executiva estadual de trânsito), mais uma vez através de **delegação** do **DENATRAN**, os atos ligados ao veículo, tanto na parte de inspeção quanto na parte de registro e licenciamento.

Sobre o tema é importante mencionar a **Resolução nº 466/13**, alterada pela Resolução nº 737/18 que estabelece os procedimentos para o exercício da atividade de vistoria de identificação veicular a ser realizada pelos órgãos e entidades executivos de trânsito dos Estados e do Distrito Federal, ou por pessoa jurídica de direito público ou privado habilitada para a prestação dos serviços de vistoria veicular que terá como finalidade verificar a autenticidade da identificação do veículo e da sua documentação; a legitimidade da propriedade; se os veículos dispõem dos equipamentos obrigatórios, e se estes estão funcionais; se as características originais dos veículos e seus agregados foram modificados e, caso constatada alguma alteração, se esta foi autorizada, regularizada e se consta no prontuário do veículo na repartição de trânsito.

A **Polícia Militar** é um importante órgão de fiscalização de trânsito atuando através de convênio.

Para ampliar os impactos desta competência e o resultado de suas atuações, os órgãos devem estabelecer planos e diretrizes com a Polícia Militar para potencializar os resultados da polícia administrativa de trânsito.

A **fiscalização de trânsito** é uma das competências mais exigidas dos órgãos e entidades do Sistema, pois é a partir dela que se torna possível a autuação e eventual punição dos infratores.

O DETRAN obviamente detém esta competência que, no entanto, **não é absoluta**, pois algumas infrações como por exemplo as referentes à circulação, parada e estacionamento, excesso de peso e dimensões e lotação dos veículos, conforme previsto acima são dos órgãos municipais.

A autuação registrada através do auto de infração de trânsito é o primeiro passo lógico/necessário para uma eventual punição.

Veja que a penalidade de trânsito, seja ela uma advertência por escrito, multa, suspensão do direito de dirigir, cassação da CNH etc., somente poderá ser aplicada após regular processo administrativo de trânsito, sendo que após esta fase será possível a efetiva aplicação das penas de sua competência, bem como a arrecadação dos valores advindos das multas.

Estes dados servirão para a análise no - **RENAEST** - Registro Nacional de acidentes e estatísticas de trânsito.

O sistema é responsável pelo registro, gestão e controle de dados estatísticos sobre acidentalidade no trânsito, integrado ao sistema de Registro Nacional de Veículos Automotores - **RENAVAM**, ao Registro Nacional de Condutores Habilitados - **RENACH** e ao Registro Nacional de Infrações - **RENAINF**, tendo por objetivo estabelecer a metodologia de registro e análise de variáveis relativas à segurança viária e indicadores sobre a evolução da acidentalidade, com vistas a elaboração de estudos e pesquisas que possibilitem a tomada de decisões e a correta orientação e aplicação de diferentes medidas e ações a serem adotadas pelos órgãos e entidades do Sistema Nacional de Trânsito - SNT.

O credenciamento de entidades particulares e públicas para o processo de capacitação, qualificação e atualização de profissionais, e de formação, qualificação, atualização e reciclagem de candidatos e condutores são regulados pela Resolução nº 358/10.

A resolução além dos temas acima especificados também trata das infrações e penalidades a que estão sujeitos os CFCS, os seus diretores e instrutores que porventura descumpram os ditames da referida normatização.

As diretrizes da política nacional de trânsito estão dispostas na Resolução nº 514/14, cabendo aos órgãos e entidades do SNT implementá-las.

Quanto à educação de trânsito, ela é apontada como a mais viável saída para o desrespeito às normas legais e a melhoria da segurança viária e do fluxo.

Assim esta atividade deve ser incentivada pelo DETRAN.

O CETRAN é o órgão coordenador do Sistema estadual, por este motivo todos os órgãos do SNT que sejam de âmbito estadual e municipal devem estar sob constante coordenação do CETRAN, evitando assim insegurança na aplicação e interpretação das leis de trânsito.

Por fim, a lei nª 14.071/20 modificou o artigo 22 para incluir o parágrafo único, principalmente para reforçar que o **DETRAN não tem mais a competência exclusiva para instaurar o processo de suspensão do direito de dirigir, cabendo doravante a cada órgão autuador abrir o processo quando for lavrado o auto de infração referente à conduta que gere suspensão.**

Esta questão será mais aprofundada no capítulo XV, quando tratarmos da suspensão.

4.3.4. Órgão máximo executivo de trânsito da união - DENATRAN

Assim como o DETRAN é o órgão ou entidade executivo de trânsito estadual, o **DENATRAN (Departamento Nacional de Trânsito)** é o órgão máximo executivo de trânsito da União, guardando uma série de competências relevantes previstas no artigo 19 do CTB:

> *I – **cumprir e fazer cumprir a legislação de trânsito e a execução das normas e diretrizes estabelecidas pelo CONTRAN, no âmbito de suas atribuições;***
>
> *II – **proceder à supervisão, à coordenação, à correição dos órgãos delegados, ao controle e à fiscalização da execução da Política Nacional de Trânsito e do Programa Nacional de Trânsito;***
>
> *III – **articular-se** com os órgãos dos Sistemas Nacionais de Trânsito, de Transporte e de Segurança Pública, objetivando o combate à violência no trânsito, promovendo, coordenando e executando o controle de ações para a preservação do ordenamento e da segurança do trânsito;*
>
> *IV – **apurar, prevenir e reprimir a prática de atos de improbidade contra a fé pública, o patrimônio, ou a administração pública ou privada, referentes à segurança do trânsito;***
>
> *V – **supervisionar a implantação** de projetos e programas relacionados com a engenharia, educação, administração, policiamento e fiscalização do trânsito e outros, visando à uniformidade de procedimento;*
>
> *VI – estabelecer procedimentos sobre a **aprendizagem** e **habilitação** de condutores de veículos, a expedição de documentos de condutores, de registro e licenciamento de veículos;*
>
> *VII – **expedir a Permissão para Dirigir, a Carteira Nacional de Habilitação, os Certificados de Registro e o de Licenciamento Anual mediante delegação aos órgãos executivos dos Estados e do Distrito Federal**;*
>
> *VIII – organizar e manter o Registro Nacional de Carteiras de Habilitação – **RENACH**;*
>
> *IX – organizar e manter o Registro Nacional de Veículos Automotores – **RENAVAM**;*
>
> *X – **organizar a estatística geral de trânsito** no território nacional, definindo os dados a serem fornecidos pelos demais órgãos e promover sua divulgação;*
>
> *XI – estabelecer modelo padrão de **coleta de informações sobre as ocorrências de acidentes de trânsito e as estatísticas do trânsito;***
>
> *XII – **administrar fundo de âmbito nacional destinado à segurança e à educação de trânsito;***
>
> *XIII – coordenar a administração do registro das infrações de trânsito, da pontuação e das penalidades aplicadas no prontuário do infrator, da arrecadação de multas e do repasse de que trata o § 1º do art. 320;*
>
> *XIV – fornecer aos órgãos e entidades do Sistema Nacional de Trânsito informações sobre registros de veículos e de condutores, mantendo o fluxo permanente de informações com os demais órgãos do Sistema;*
>
> *XV – **promover, em conjunto com os órgãos competentes do Ministério da Educação e do Desporto, de acordo com as diretrizes do CONTRAN, a elaboração***

e a implementação de programas de educação de trânsito nos estabelecimentos de ensino;

XVI – elaborar e distribuir conteúdos programáticos para a educação de trânsito;

XVII – promover a divulgação de trabalhos técnicos sobre o trânsito;

XVIII – elaborar, juntamente com os demais órgãos e entidades do Sistema Nacional de Trânsito, e submeter à aprovação do CONTRAN, a complementação ou alteração da sinalização e dos dispositivos e equipamentos de trânsito;

XIX – organizar, elaborar, complementar e alterar os manuais e normas de projetos de implementação da sinalização, dos dispositivos e equipamentos de trânsito aprovados pelo CONTRAN;

XX – expedir a permissão internacional para conduzir veículo e o certificado de passagem nas alfândegas mediante delegação aos órgãos executivos dos Estados e do Distrito Federal ou a entidade habilitada para esse fim pelo poder público federal;

*XXI – **promover a realização periódica de reuniões regionais e congressos nacionais de trânsito**, bem como propor a representação do Brasil em congressos ou reuniões internacionais;*

*XXII – **propor acordos de cooperação com organismos internacionais, com vistas ao aperfeiçoamento das ações inerentes à segurança e educação de trânsito**;*

XXIII – elaborar projetos e programas de formação, treinamento e especialização do pessoal encarregado da execução das atividades de engenharia, educação, policiamento ostensivo, fiscalização, operação e administração de trânsito, propondo medidas que estimulem a pesquisa científica e o ensino técnico-profissional de interesse do trânsito, e promovendo a sua realização;

*XXIV – **opinar sobre assuntos relacionados ao trânsito interestadual e internacional;***

XXV – elaborar e submeter à aprovação do CONTRAN as normas e requisitos de segurança veicular para fabricação e montagem de veículos, consoante sua destinação;

XXVI – estabelecer procedimentos para a concessão do código marca-modelo dos veículos para efeito de registro, emplacamento e licenciamento;

XXVII – instruir os recursos interpostos das decisões do CONTRAN, ao ministro ou dirigente coordenador máximo do Sistema Nacional de Trânsito;

XXVIII – estudar os casos omissos na legislação de trânsito e submetê-los, com proposta de solução, ao Ministério ou órgão coordenador máximo do Sistema Nacional de Trânsito;

XXIX – prestar suporte técnico, jurídico, administrativo e financeiro ao CONTRAN.

*XXX – organizar e manter o Registro Nacional de Infrações de Trânsito (**Renainf**).*

XXXI - organizar, manter e atualizar o Registro Nacional Positivo de Condutores (RNPC). *(Adicionado pela lei nº 14.071/20)*

§ 1º Comprovada, por meio de sindicância, a ***deficiência técnica ou administrativa ou a prática constante de atos de improbidade contra a fé pública, contra o patrimônio ou contra a administração pública, o órgão executivo de trânsito da União, mediante aprovação do CONTRAN, assumirá diretamente ou por delegação, a execução total ou parcial das atividades do órgão executivo de trânsito estadual que tenha motivado a investigação, até que as irregularidades sejam sanadas.***

§ 2º O regimento interno do órgão executivo de trânsito da União disporá sobre sua estrutura organizacional e seu funcionamento.

§ 3º Os órgãos e entidades executivos de trânsito e executivos rodoviários da União, dos Estados, do Distrito Federal e dos Municípios fornecerão, obrigatoriamente, mês a mês, os dados estatísticos para os fins previstos no inciso X.

O **DENATRAN**, assim como todos os demais órgãos/entidades do SNT tem como competência precípua cumprir a legislação de trânsito antes de exigir seu cumprimento.

Ele tem a incumbência de conferir aplicabilidade às resoluções do CONTRAN, e o faz através de suas portarias *v.g.*

Como exemplo podemos citar a **Portaria** 219/14 (já revogada) que regulamentou a autuação por parte dos agentes da autoridade de trânsito no caso de recusa dos condutores aos procedimentos previstos na lei, como por exemplo o teste do etilômetro (bafômetro), situação extremamente tormentosa até então.

Uma das competências mais importantes do DENATRAN é a apuração e repressão da prática de atos de i**mprobidade administrativa.**

A apuração compete ao DENATRAN, e caso seja constatada a irregularidade por meio de sindicância, seja aquela consistente em: deficiência técnica, administrativa ou a prática constante de atos de improbidade contra a fé pública, contra o patrimônio ou contra a administração pública, o mesmo DENATRAN mediante aprovação do CONTRAN assumirá diretamente ou por delegação a execução total ou parcial das atividades do órgão executivo de trânsito estadual que tenha motivado a investigação até que as irregularidades sejam sanadas.

Tendo sempre em mente que o caráter do trânsito é nacional, tem o DENATRAN a incumbência de uniformizar a atuação de todos os órgãos/entidades de modo a não ocorrer qualquer insegurança jurídica e disparidade de tratamento nos diferentes estados da Federação.

Sobre o **documento de habilitação**, vimos que atualmente o mesmo é **expedido** pelo **DETRAN**, mas não por uma competência originária e sim **delegada** pelo DENATRAN.

No que tange à educação de trânsito, esta deve ser uma das prioridades dos órgãos e entidades do Sistema Nacional de Trânsito, pois a educação para o trânsito é direito de todos e constitui dever prioritário para os componentes do Sistema Nacional de Trânsito (art. 74 do CTB), devendo a educação ser promovida na pré-escola e nas escolas de 1º, 2º e 3º graus, por meio de planejamento e ações coordenadas entre os órgãos e entidades do Sistema Nacional de Trânsito e de Educação, da União, dos Estados, do Distrito Federal e dos Municípios, nas respectivas áreas de atuação. (art. 76 do CTB)

Cumpre destacar por fim a criação do **Registro Nacional Positivo de condutores (RNPC).**

O objetivo deste Registro é ter um cadastro dos condutores que nos últimos 12 meses não tenham cometido infrações de trânsito de modo a premiá-los eventualmente com **benefícios fiscais ou tarifários.**

Como visto, a organização, manutenção e atualização do RNPC será do **DENATRAN.**

Conheça a previsão completa no artigo 268-A do CTB:

> Art. 268-A. Fica criado o Registro Nacional Positivo de Condutores (RNPC), administrado pelo órgão máximo executivo de trânsito da União, com a finalidade de cadastrar os condutores que não cometeram infração de trânsito sujeita à pontuação prevista no art. 259 deste Código, nos últimos 12 (doze) meses, conforme regulamentação do Contran.
>
> § 1º O RNPC deverá ser atualizado mensalmente.
>
> § 2º A abertura de cadastro requer autorização prévia e expressa do potencial cadastrado.
>
> § 3º Após a abertura do cadastro, a anotação de informação no RNPC independe de autorização e de comunicação ao cadastrado.
>
> § 4º A exclusão do RNPC dar-se-á:
>
> I – por solicitação do cadastrado;
>
> II – quando for atribuída ao cadastrado pontuação por infração;
>
> III – quando o cadastrado tiver o direito de dirigir suspenso;
>
> IV – quando a Carteira Nacional de Habilitação do cadastrado estiver cassada ou com validade vencida há mais de 30 (trinta) dias;
>
> V – quando o cadastrado estiver cumprindo pena privativa de liberdade.
>
> § 5º A consulta ao RNPC é garantida a todos os cidadãos, nos termos da regulamentação do Contran.
>
> § 6º A União, os Estados, o Distrito Federal e os Municípios poderão utilizar o RNPC para conceder benefícios fiscais ou tarifários aos condutores cadastrados, na forma da legislação específica de cada ente da Federação."

4.3.5. Órgãos e entidades executivos rodoviários da União, dos Estados, do Distrito Federal e dos municípios e competências

O artigo 21 do CTB ao tratar dos **órgãos e entidades executivos rodoviários**, instituiu a competência conjunta tanto dos órgãos da União, quanto dos Estados, do Distrito Federal e dos Municípios.

Veja que estes órgãos não se confundem com o **DETRAN** e nem com o **DENATRAN**.

Os órgãos e entidades referidos no art. 21 são: (muito embora sua nomenclatura não conste no CTB, podendo apresentar outras denominações em locais diferentes) DNIT, DER e Secretarias Municipais.

A análise de suas atuações deve ser feita sob o viés da **competência comum**, isto é, todos tem as mesmas competências a serem exercidas nos limites de sua circunscrição.

> *I – **cumprir e fazer cumprir a legislação e as normas de trânsito, no âmbito de suas atribuições;***
>
> *II – **planejar, projetar, regulamentar e operar o trânsito de veículos, de pedestres e de animais, e promover o desenvolvimento da circulação e da segurança de ciclistas;***
>
> *III – implantar, manter e operar o **sistema de sinalização, os dispositivos e os equipamentos de controle viário;***
>
> *IV – **coletar dados** e elaborar estudos sobre os acidentes de trânsito e suas causas;*
>
> *V – estabelecer, em conjunto com os órgãos de policiamento ostensivo de trânsito, as respectivas diretrizes para o policiamento ostensivo de trânsito;*
>
> *VI – executar a fiscalização de trânsito, autuar, aplicar as penalidades de advertência, por escrito, e ainda as multas e medidas administrativas cabíveis, notificando os infratores e arrecadando as multas que aplicar;*
>
> *VII – **arrecadar valores provenientes de estada e remoção de veículos e objetos, e escolta de veículos de cargas superdimensionadas ou perigosas;***
>
> *VIII – **fiscalizar, autuar, aplicar as penalidades e medidas administrativas cabíveis, relativas a infrações por excesso de peso, dimensões e lotação dos veículos, bem como notificar e arrecadar as multas que aplicar;***
>
> *IX – fiscalizar o cumprimento da norma contida no art. 95, aplicando as penalidades e arrecadando as multas nele previstas;*
>
> *X – implementar as medidas da Política Nacional de Trânsito e do Programa Nacional de Trânsito;*
>
> *XI – **promover e participar de projetos e programas de educação e segurança, de acordo com as diretrizes estabelecidas pelo CONTRAN;***

XII – integrar-se a outros órgãos e entidades do Sistema Nacional de Trânsito para fins de arrecadação e compensação de multas impostas na área de sua competência, com vistas à unificação do licenciamento, à simplificação e à celeridade das transferências de veículos e de prontuários de condutores de uma para outra unidade da Federação;

*XIII – **fiscalizar o nível de emissão de poluentes e ruído produzidos pelos veículos automotores ou pela sua carga**, de acordo com o estabelecido no art. 66, além de dar apoio às ações específicas dos órgãos ambientais locais, quando solicitado;*

*XIV – **vistoriar veículos que necessitem de autorização especial para transitar e estabelecer os requisitos técnicos a serem observados para a circulação desses veículos.***

XV – **aplicar a penalidade de suspensão do direito de dirigir**, quando prevista de forma específica para a infração cometida, e comunicar a aplicação da penalidade ao órgão máximo executivo de trânsito da União.

4.3.6. Órgãos e entidades executivos de trânsito dos municípios

Os órgãos e entidades executivos (não rodoviários) de trânsito municipais guardam importantes competências no CTB como membros do SNT.

Os Municípios somente poderão ser representados no SNT **quando seus órgãos estiverem integrados no Sistema**.

Para desempenhar suas atividades, estes devem realizar o que comumente se denomina de "**municipalização**" na forma do §2º do art. 24 do CTB. Ou seja, a simples existência de um Município não lhe confere o direito inato de possuir órgãos ou entidades próprios no Sistema Nacional de Trânsito. **Sendo que esta integração pode se dar tanto por meio de órgão ou entidade executivos de trânsito ou diretamente por meio da prefeitura municipal na forma do art. 333 do CTB.**

O art. 24 do codex apresenta o seguinte rol de competências:

*I – **cumprir e fazer cumprir a legislação e as normas de trânsito, no âmbito de suas atribuições;***

II – planejar, projetar, regulamentar e operar o trânsito de veículos, de pedestres e de animais e promover o desenvolvimento, temporário ou definitivo, da circulação, da segurança e das áreas de proteção de ciclistas;

*III – **implantar, manter e operar o sistema de sinalização, os dispositivos e os equipamentos de controle viário;***

IV – coletar dados estatísticos e elaborar estudos sobre os acidentes de trânsito e suas causas;

*V – **estabelecer, em conjunto com os órgãos de polícia ostensiva de trânsito, as diretrizes para o policiamento ostensivo de trânsito;***

> VI – ***executar a fiscalização de trânsito em vias terrestres, edificações de uso público e edificações privadas de uso coletivo, autuar e aplicar as medidas administrativas cabíveis e as penalidades de advertência por escrito e multa, por infrações de circulação, estacionamento e parada previstas neste Código, no exercício regular do poder de polícia de trânsito, notificando os infratores e arrecadando as multas que aplicar, exercendo iguais atribuições no âmbito de edificações privadas de uso coletivo, somente para infrações de uso de vagas reservadas em estacionamentos;***

Mais uma vez o código adverte que a competência para a fiscalização, autuação e penalização de infratores que violem as leis de trânsito por infrações de **circulação, estacionamento e parada** é privativa dos órgãos municipais, e ainda adiciona a informação que tal fiscalização quando ocorrida em locais privados **mas** de uso coletivo, **somente** pode se dar em virtude da verificação da utilização correta das **vagas reservadas em estacionamentos**.

> *VII – aplicar as penalidades de advertência por escrito e multa, por infrações de circulação, estacionamento e parada previstas neste Código, notificando os infratores e arrecadando as multas que aplicar;*

> *VIII –* ***fiscalizar, autuar e aplicar as penalidades e medidas administrativas cabíveis relativas a infrações por excesso de peso, dimensões e lotação dos veículos, bem como notificar e arrecadar as multas que aplicar;***

> *IX – fiscalizar o cumprimento da norma contida no art. 95, aplicando as penalidades e arrecadando as multas nele previstas;*

> X – ***implantar, manter e operar sistema de estacionamento rotativo pago nas vias;***

O **estacionamento rotativo** é uma deliberação dos Municípios que, após analisar a realidade local poderá optar pela implementação do sistema de modo a melhorar o acesso e o fluxo de veículos, impedindo que a via se transforme em estacionamento particular.

A Resolução nº 302/08 que define e regulamenta as áreas de segurança e de estacionamentos específicos de veículos, fixa no inciso VI do art. 2º **o conceito de estacionamento rotativo, sendo este a parte da via sinalizada para o estacionamento de veículos, gratuito ou pago, regulamentado para um período determinado pelo órgão ou entidade com circunscrição sobre a via**.

A utilização errônea do estacionamento rotativo caracteriza a infração de trânsito prevista no inciso XVII do art. 181 do CTB: ***"Estacionar o veículo em desacordo com as condições regulamentadas especificamente pela sinalização (placa – Estacionamento Regulamentado)".***

> XI – ***arrecadar valores provenientes de estada e remoção de veículos e objetos, e escolta de veículos de cargas superdimensionadas ou perigosas;***

> *XII – credenciar os serviços de escolta, fiscalizar e adotar medidas de segurança relativas aos serviços de remoção de veículos, escolta e transporte de carga indivisível;*
>
> *XIII – integrar-se a outros órgãos e entidades do Sistema Nacional de Trânsito para fins de arrecadação e compensação de multas impostas na área de sua competência, com vistas à unificação do licenciamento, à simplificação e à celeridade das transferências de veículos e de prontuários dos condutores de uma para outra unidade da Federação;*
>
> *XIV –* **implantar as medidas da Política Nacional de Trânsito e do Programa Nacional de Trânsito;**
>
> *XV – promover e participar de projetos e programas de educação e segurança de trânsito de acordo com as diretrizes estabelecidas pelo CONTRAN;*
>
> *XVI – planejar e implantar medidas para redução da circulação de veículos e reorientação do tráfego, com o objetivo de diminuir a emissão global de poluentes;*
>
> *XVII – registrar e licenciar, na forma da legislação, veículos de tração e propulsão humana e de tração animal, fiscalizando, autuando, aplicando penalidades e arrecadando multas decorrentes de infrações;*
>
> *XVIII – conceder autorização para conduzir veículos de propulsão humana e de tração animal;*

O órgão ou entidade executiva de trânsito municipal, e não o DETRAN, irá expedir autorização para **conduzir estes veículos**!

Só que aqui a **autorização** irá abarcar apenas dois tipos de veículos: os de propulsão humana e de tração animal.

> *XIX – articular-se com os demais órgãos do Sistema Nacional de Trânsito no Estado, sob coordenação do respectivo CETRAN;*

Como órgão local, o órgão municipal estará sob a coordenação do órgão máximo estadual, no caso o CETRAN.

> *XX – fiscalizar o nível de emissão de poluentes e ruído produzidos pelos veículos automotores ou pela sua carga, de acordo com o estabelecido no art. 66, além de dar apoio às ações específicas de órgão ambiental local, quando solicitado;*
>
> *XXI – vistoriar veículos que necessitem de autorização especial para transitar e estabelecer os requisitos técnicos a serem observados para a circulação desses veículos.*
>
> *XXII – aplicar a penalidade de suspensão do direito de dirigir, quando prevista de forma específica para a infração cometida, e comunicar a aplicação da penalidade ao órgão máximo executivo de trânsito da União;*
>
> *XXIII – criar, implantar e manter escolas públicas de trânsito, destinadas à educação de crianças e adolescentes, por meio de aulas teóricas e práticas sobre legislação, sinalização e comportamento no trânsito.*

> **Como esse assunto foi cobrado em concurso?**
>
> **(CESPE – 2009 – DETRAN/DF)** Analista de Trânsito – Os municípios integram automaticamente o SNT.
>
> ( ) Certo ( ) Errado
>
> **Gabarito:** Errado. Eles somente irão integrar o SNT após se submeterem à municipalização nos termos do parágrafo 2º do art. 24 do CTB.

> **Como esse assunto foi cobrado em concurso?**
>
> **(IBFC – PREFEITURA DE CABO DE SANTO AGOSTINHO/PE - 2019)** O Código de Trânsito Brasileiro, em seu Artigo 24, publica que compete aos órgãos e entidades executivos de trânsito dos Municípios, cumprir e fazer cumprir a legislação e as normas de trânsito, no âmbito de suas atribuições. Acerca da competência dos órgãos de trânsito do Município, analise as afirmativas abaixo.
>
> I. Implantar, manter e operar o sistema de sinalização, os dispositivos e os equipamentos de controle viário.
>
> II. Implantar as medidas da Política Nacional de Trânsito junto ao Poder Legislativo para minimizar problemas de acidentes nas vias.
>
> III. Coletar dados estatísticos e elaborar estudos sobre os acidentes de trânsito e suas causas.
>
> **Assinale a alternativa correta.**
>
> a) Apenas as afirmativas I e III estão corretas
>
> b) Apenas as afirmativas I e II estão corretas
>
> c) Apenas a afirmativa I está correta
>
> d) Apenas a afirmativa III está correta
>
> **Gabarito:** Alternativa A

4.3.7. Polícia Militar dos Estados e do Distrito Federal

A Polícia Militar dos Estados e do Distrito Federal tem **apenas uma competência específica no CTB prevista no art. 23, sendo ela a de executar a fiscalização de trânsito quando e conforme convênio firmado como agente dos órgãos ou entidades executivos de trânsito ou executivos rodoviários, concomitantemente com os demais agentes credenciados.**

É válido lembrar que a **Polícia Militar é órgão do SNT.**

Sua competência é "**contida**" até o momento em que realiza o **convênio** com algum outro órgão ou entidade do sistema para só então exercer com legalidade a fiscalização de trânsito.

De outro modo, ante a ausência do convênio toda atuação da Polícia Militar caracterizaria ato nulo por **vício de competência.**

Muito embora haja certa confusão com os termos, é bom lembrar que o policial militar **não é autoridade de trânsito.**

O PM quando atua na função de fiscal do trânsito se torna agente da autoridade de trânsito.

O anexo I do CTB nos traz a diferença conceitual:

> ***Agente da autoridade de trânsito*** *- pessoa, civil ou policial militar, credenciada pela autoridade de trânsito para o exercício das atividades de fiscalização, operação, policiamento ostensivo de trânsito ou patrulhamento.*
>
> ***Autoridade de trânsito*** *- dirigente máximo de órgão ou entidade executivo integrante do Sistema Nacional de Trânsito ou pessoa por ele expressamente credenciada.*

Tendo em vista que **somente a autoridade de trânsito pode aplicar penalidades**, e sendo a multa uma penalidade de trânsito, resta claro que o **policial militar não pode multar, mas sim autuar.**

Quando o PM lavra o auto de infração ele está **AUTUANDO** e não **MULTANDO**!

O auto de infração lavrado será remetido à apreciação da **autoridade de trânsito**, que após o regular processo administrativo de trânsito irá aplicar a multa se for o caso.

▸ **Como esse assunto foi cobrado em concurso?**

(CESPE - 2011 - CBM/DF) Conforme o CTB, a Polícia Militar do Distrito Federal e o Corpo de Bombeiros Militares do Distrito Federal integram o SNT.

( ) Certo ( ) Errado

Gabarito: Errado. Os bombeiros não integram o SNT.

4.3.8. Polícia Rodoviária Federal

A Polícia **Rodoviária** Federal é membro do SNT, não devendo ser confundida com a Polícia Federal.

O campo de atuação da PRF é composto pelas **rodovias e estradas federais**, tendo suas competências fixadas no art. 20 do CTB, sendo:

> *I -* ***cumprir e fazer cumprir a legislação e as normas de trânsito, no âmbito de suas atribuições;***

A PRF antes de exigir o cumprimento das leis de trânsito tem que dedicar especial atenção a sua atuação, respeitando por exemplo as normas de circulação e conduta fora os casos excepcionais previstos na lei.

> *II -* ***realizar o patrulhamento ostensivo, executando operações relacionadas com a segurança pública, com o objetivo de preservar a ordem, incolumidade das pessoas, o patrimônio da União e o de terceiros;***

O patrulhamento é definido no CTB da seguinte forma: "função exercida pela Polícia Rodoviária Federal com o objetivo de garantir obediência às normas de trânsito, assegurando a livre circulação e evitando acidentes".

> III – executar a fiscalização de trânsito, aplicar as penalidades de **advertência por escrito e multa** e as medidas administrativas cabíveis, com a notificação dos infratores e a arrecadação das multas aplicadas e dos valores provenientes de estadia e remoção de veículos, objetos e animais e de escolta de veículos de cargas superdimensionadas ou perigosas;

Diferentemente da Polícia Militar, a PRF pode **aplicar MULTAS!**

Por este motivo na PRF sempre haverá uma autoridade de trânsito competente para a aplicação desta penalidade e também da advertência por escrito.

> *IV – efetuar levantamento dos locais de acidentes de trânsito e dos serviços de atendimento, socorro e salvamento de vítimas;*
>
> *V – credenciar os serviços de escolta, fiscalizar e adotar medidas de segurança relativas aos serviços de remoção de veículos, escolta e transporte de carga indivisível;*
>
> *VI –* ***assegurar a livre circulação nas rodovias federais, podendo solicitar ao órgão rodoviário a adoção de medidas emergenciais, e zelar pelo cumprimento das normas legais relativas ao direito de vizinhança, promovendo a interdição de construções e instalações não autorizadas;***
>
> *VII – coletar dados estatísticos e elaborar estudos sobre acidentes de trânsito e suas causas, adotando ou indicando medidas operacionais preventivas e encaminhando-os ao órgão rodoviário federal;*
>
> *VIII –* ***implementar as medidas da Política Nacional de Segurança e Educação de Trânsito****;*
>
> *IX – promover e participar de projetos e programas de educação e segurança, de acordo com as diretrizes estabelecidas pelo CONTRAN;*
>
> *X –* ***integrar-se*** *a outros órgãos e entidades do Sistema Nacional de Trânsito para fins de arrecadação e compensação de multas impostas na área de sua competência, com vistas à unificação do licenciamento, à simplificação e à celeridade das transferências de veículos e de prontuários de condutores de uma para outra unidade da Federação;*
>
> *XI –* ***fiscalizar o nível de emissão de poluentes e ruído produzidos pelos veículos automotores ou pela sua carga, de acordo com o estabelecido no art. 66, além de dar apoio, quando solicitado, às ações específicas dos órgãos ambientais.***

▸ Como esse assunto foi cobrado em concurso?

(CESPE – 2019 – PRF) A Polícia Rodoviária Federal integra o Sistema Nacional de Trânsito, competindo-lhe, no âmbito das rodovias e estradas federais, implementar as medidas da Política Nacional de Segurança e Educação de Trânsito.

( ) Certo ( ) Errado

Gabarito: Certo.

▸ **Como esse assunto foi cobrado em concurso?**

(CESPE – 1998 – PRF) As competências da PRF, no âmbito das rodovias e estradas federais, **não** incluem:

A) realizar o patrulhamento ostensivo, mediante a execução de operações relacionadas com a segurança pública, com o objetivo de preservar a ordem, a incolumidade das pessoas, o patrimônio da União e o de terceiros.

B) aplicar e arrecadar as multas impostas por infrações de trânsito, as medidas administrativas decorrentes e os valores provenientes de estada e remoção de veículos, objetos, animais e escolta de veículos de cargas superdimensionadas ou perigosas.

C) realizar o patrulhamento ostensivo das ferrovias federais que margeiam as rodovias federais.

D) integrar-se a outros órgãos e entidades do SNT para fins de arrecadação e compensação de multas impostas na área de sua competência, com vistas à unificação do licenciamento, à simplificação e à celeridade das transferências de veículos e de prontuários de condutores de uma para outra unidade da Federação.

E) coletar dados estatísticos e elaborar estudos sobre acidentes de trânsito e suas causas, adotando ou indicando medidas operacionais preventivas e encaminhando-os ao órgão rodoviário federal.

Gabarito: Alternativa C. O órgão competente pelo patrulhamento das ferrovias federais é a Polícia Ferroviária Federal.

▸ **Como esse assunto foi cobrado em concurso?**

(Prefeitura de Salvador/BA – 2003 – SENASP – Agente de Fiscalização de Trânsito e Transporte) Compete à Polícia Rodoviária Federal promover e participar de projetos e programas de educação e segurança, de acordo com as diretrizes estabelecidas:

A) pelas JARIs.

B) pelo CETRAN.

C) pelo CONTRANDIFE.

D) pelo CONTRAN.

E) N.R.A.

Gabarito: Alternativa D.

XII – **aplicar a penalidade de suspensão do direito de dirigir**, quando prevista de forma específica para a infração cometida, e comunicar a aplicação da penalidade ao órgão máximo executivo de trânsito da União." (NR)

Novidade interessante apresentada pela lei nª 14.071/20 é a descentralização de competência ocorrida no que se refere à aplicação da penalidade de **suspensão do direito de dirigir**.

A partir de agora não apenas os DETRANS poderão instaurar o processo e aplicar a pena de suspensão.

Quando determinado órgão (como a PRF) estiver realizando a fiscalização e registrar uma infração que por si só tenha também a previsão da penalidade de suspensão, **estes mesmos órgãos** deverão abrir os processos de suspensão e aplicar a penalidade.

4.3.9. Junta Administrativa de Recursos de Infrações – JARI

A Junta Administrativa de Recursos de Infrações **não** é a primeira hipótese de "defesa" em um processo punitivo.

Em verdade o primeiro contato que a legislação oferta para a defesa contra a ilegalidade/inconsistência do auto infração é a chamada **Defesa Prévia**, que determina a análise do referido auto pela autoridade de trânsito para somente em seguida, caso reafirmada a formalidade do ato administrativo, abrir-se a possibilidade de ingresso na JARI mediante recurso.

Assim, a JARI representa a **segunda** oportunidade de defesa, mas a **primeira** instância **recursal**, pois a mesma só poderá ser provocada após a **notificação de penalidade**.

O CONTRAN através da Resolução nº 357/10 estabeleceu diretrizes para a elaboração do **Regimento Interno das JARIs.**

Junto a cada órgão ou entidade executivos de trânsito ou rodoviário existirão quantas JARIs forem necessárias para a apreciação dos recursos dentro do prazo legal.

No entanto, caso exista **mais de uma JARI** junto ao órgão, será necessária a nomeação de um **coordenador**.

Muito embora o artigo 16 do CTB diga que a JARI existirá somente junto aos órgãos e entidades executivos de trânsito ou rodoviário, a Resolução nº 357 afirma que **também existirá este órgão junto à Polícia Rodoviária Federal**, afinal de contas se ela pode aplicar multas como vimos acima, nada mais legítimo do que a presença deste órgão recursal junto à sua estrutura.

A **composição** da JARI é formada por **pelo menos três integrantes**, sendo um com conhecimento na área de trânsito com no mínimo, **nível médio** de escolaridade.

Também deverá **integrar** a JARI um representante servidor do órgão ou entidade que impôs a penalidade, e um representante de entidade representativa da sociedade ligada à área de trânsito.

A **nomeação** dos membros da JARI será feita pelo:

I - **Secretário Executivo do Ministério ao qual o órgão ou entidade estiver subordinado** (facultada a delegação), quando forem órgãos ou entidades executivos rodoviários da União e junto à Polícia Rodoviária Federal.

II - **Pelo chefe do Poder executivo** (facultada a delegação) dos integrantes das JARI que funcionam junto aos órgãos e entidades executivos de trânsito ou rodoviários estaduais e municipais.

Os membros da JARI terão **mandato** de no **mínimo um ano** e no máximo de **dois anos**, sendo possível o Regimento Interno prever a recondução dos integrantes da JARI por períodos sucessivos.

O CTB instituiu no artigo 17 três **competências** para as Juntas Administrativas de Recursos de infrações, sendo elas:

*I - **julgar os recursos** interpostos pelos infratores;*

II - solicitar aos órgãos e entidades executivos de trânsito e executivos rodoviários informações complementares relativas aos recursos, objetivando uma melhor análise da situação recorrida;

III - encaminhar aos órgãos e entidades executivos de trânsito e executivos rodoviários informações sobre problemas observados nas autuações e apontados em recursos, e que se repitam sistematicamente.

▸ **Como esse assunto foi cobrado em concurso?**

(UECE - Agente de Trânsito - Detran - CE/2018) Atente ao que dispõe o artigo 16 do Código de Trânsito Brasileiro - CTB:

"Junto a cada órgão ou entidade executivos de trânsito ou rodoviário funcionarão Juntas Administrativas de Recursos de Infrações - JARI, órgãos colegiados responsáveis pelo julgamento dos recursos interpostos contra penalidades por eles impostas".

Considerando a competência legal das JARI, observe os seguintes itens:

I. julgar os recursos interpostos pelos infratores;

II. solicitar aos órgãos e entidades executivos de trânsito e executivos rodoviários informações complementares relativas aos recursos, objetivando uma melhor análise da situação recorrida;

III. instruir os recursos interpostos das decisões do CONTRAN, ao ministro ou dirigente coordenador máximo do Sistema Nacional de Trânsito.

Faz parte da competência legal das JARI o que consta em

a) I, II e III.

b) II e III apenas.

c) I e II apenas.

d) I e III apenas.

Gabarito: Alternativa C

4.4. DELEGAÇÃO DE COMPETÊNCIA

Definidas as competências dos membros do SNT, vale ressaltar a possibilidade legal em algumas hipóteses de sua **delegação**.

O art. 25 do CTB assevera que os órgãos e entidades executivos do Sistema Nacional de Trânsito poderão celebrar **convênio delegando** as atividades previstas no código, com vistas à maior **eficiência** e à segurança para os usuários da via.

Desta forma é possível através de **convênios, que algumas competências sejam exercidas por outros órgãos que a *priori* não as tinham.**

O objetivo desta possibilidade é buscar uma maior eficiência e segurança para os usuários da via.

> **Como esse assunto foi cobrado em concurso?**
>
> **(Prefeitura de Salvador/BA – 2003 – SENASP – Agente de Fiscalização de Trânsito e Transporte)** Os órgãos e entidades executivos do Sistema Nacional de Trânsito poderão, com vistas à melhor eficiência e à segurança para os usuários da via, celebrar:
>
> A) acordos.
>
> B) convênios.
>
> C) tratados.
>
> D) contratos.
>
> E) N.R.A.
>
> **Gabarito: Alternativa B**

A lei nº 14.071/20 inovou e acrescentou o artigo 25-A ao CTB trazendo **mais uma hipótese de convênio.**

Veja:

> "Art. 25-A. Os **agentes dos órgãos policiais da Câmara dos Deputados e do Senado Federal**, a que se referem o inciso IV do **caput** do art. 51 e o inciso XIII do **caput** do art. 52 da Constituição Federal, respectivamente, mediante **convênio** com o órgão ou entidade de trânsito com circunscrição sobre a via, poderão lavrar auto de infração de trânsito e remetê-lo ao órgão competente, nos casos em que a infração cometida nas **adjacências do Congresso Nacional ou nos locais sob sua responsabilidade** comprometer objetivamente os serviços ou colocar em risco a incolumidade das pessoas ou o patrimônio das respectivas Casas Legislativas.
>
> Parágrafo único. Para atuarem na fiscalização de trânsito, os agentes mencionados no **caput** deste artigo deverão receber treinamento específico para o exercício das atividades, conforme regulamentação do Contran."

Note que diante desta possibilidade legislativa, os agentes do Congresso Nacional poderão desempenhar funções de agentes da autoridade de trânsito.

Com isso, a fiscalização desempenhada pelo agentes do Congresso irá culminar na abertura dos processos de multa junto ao órgão conveniado, uma vez que não caberá às Casas legislativas a tramitação destes feitos.

4.5. PORTOS

Atualmente pelo permissivo da Lei nº 12.058/09, também **a autoridade portuária ou entidade concessionária de porto organizado poderá celebrar convênios com os órgãos do SNT com a interveniência dos Municípios e Estados juridicamente interessados, para o fim específico de facilitar a autuação por descumprimento da legislação de trânsito.**

Lembre-se que no rol de integrantes do SNT **não** consta o porto ou a unidade concessionária de porto organizado.

Este convênio irá possibilitar a fiscalização maior dentro da área do porto tendo ampla abrangência, **inclusive nas áreas dos terminais alfandegados, nas estações de transbordo, nas instalações portuárias públicas de pequeno porte e nos respectivos estacionamentos ou vias de trânsito internas.**

Capítulo V

Normas de Circulação e Conduta e Infrações de Trânsito

O trânsito nas vias abertas à circulação deve ser desenvolvido através do atendimento das regras de convívio de observância obrigatória por todos os usuários da via, sob pena de praticarem infrações específicas que acarretem penalidades como forma de coerção, corolário lógico da imperatividade das normas.

Por tal motivo, o presente capítulo será estudado em conjunto com algumas infrações de trânsito específicas atreladas ao descumprimento das normas de observância obrigatória.

Estas regras estão no capítulo III do CTB.

5.1. NORMAS INICIAIS DE CIRCULAÇÃO E CONDUTA

As regras iniciais tratam do **comportamento seguro de forma genérica** que deve ser observado pelos **usuários** das vias, como por exemplo abster-se de todo ato que possa constituir **perigo ou obstáculo para o trânsito de veículos, de pessoas ou de animais,** ou ainda causar danos a propriedades públicas ou privadas e de obstruir o trânsito ou torná-lo perigoso, atirando, depositando ou abandonando na via objetos ou substâncias, ou nela criando qualquer outro obstáculo.

Lembrando que a **prioridade** dos órgãos do SNT é a **proteção da vida**, nela incluída a **preservação** da **saúde e o meio ambiente**, o CTB busca o auxílio de todos os usuários das vias regidos por ele para que as prioridades secundárias sejam salvaguardadas.

Ao tutelar as normas de conduta, o Código exige que todos aqueles que estejam na via não a tornem **suja ou perigosa**, caso contrário estarão incursos nos termos dos artigos **172, 245 e 246**, referentes à:

> Art. 172. ***Atirar do veículo ou abandonar na via objetos ou substâncias:***
>
> *Infração – média;*
>
> *Penalidade – multa.*
>
> Art. 245. ***Utilizar a via para depósito de mercadorias, materiais ou equipamentos, sem autorização do órgão ou entidade de trânsito com circunscrição sobre a via:***

Infração – grave;

Penalidade – multa;

Medida administrativa – remoção da mercadoria ou do material.

Parágrafo único. A penalidade e a medida administrativa incidirão sobre a pessoa física ou jurídica responsável.

Art. 246. ***Deixar de sinalizar qualquer obstáculo à livre circulação, à segurança de veículo e pedestres, tanto no leito da via terrestre como na calçada, ou obstaculizar a via indevidamente:***

Infração – gravíssima;

Penalidade – multa, agravada em até cinco vezes, a critério da autoridade de trânsito, conforme o risco à segurança.

Parágrafo único. A penalidade será aplicada à pessoa física ou jurídica responsável pela obstrução, devendo a autoridade com circunscrição sobre a via providenciar a sinalização de emergência, às expensas do responsável, ou, se possível, promover a desobstrução.

O cuidado do CTB com a segurança e fluidez do trânsito é tão intensa que ele exige que **antes** mesmo que o condutor adentre as vias por ele regidas, verifique os **equipamentos obrigatórios** do veículo, bem como a quantidade de **combustível** necessário para chegar ao destino.

Art. 27. Antes de colocar o veículo em circulação nas vias públicas, o condutor deverá verificar a existência e as boas condições de funcionamento dos equipamentos de uso obrigatório, bem como assegurar-se da existência de combustível suficiente para chegar ao local de destino.

Os diferentes tipos de veículos previstos no CTB apresentam um rol extenso de **equipamentos de presença e funcionamento obrigatórios, por exemplo:**

Espelhos retrovisores, interno e externo; limpador de pára-brisa; lavador de pára-brisa; pala interna de proteção contra o sol (pára-sol) para o condutor;

Faróis principais dianteiros de cor branca ou amarela; luzes de posição dianteiras (faroletes) de cor branca ou amarela; lanternas de posição traseiras de cor vermelha; lanternas de freio de cor vermelha; lanternas indicadoras de direção: dianteiras de cor âmbar e traseiras de cor âmbar ou vermelha;

Lanterna de marcha à ré, de cor branca; retrorefletores (catadióptrico) traseiros, de cor vermelha; lanterna de iluminação da placa traseira, de cor branca; velocímetro, buzina; freios de estacionamento e de serviço, com comandos independentes; pneus que ofereçam condições mínimas de segurança; dispositivo de sinalização luminosa ou refletora de emergência, independente do sistema de iluminação do veículo; extintor de incêndio; registrador instantâneo e inalterável de velocidade e tempo, nos veículos de transporte e condução de escolares, nos de transporte de passageiros com mais de dez lugares e nos de carga com capacidade máxima de tração superior a 19t; cinto de segurança para todos os ocupantes do veículo;

> *Dispositivo destinado ao controle de ruído do motor, naqueles dotados de motor a combustão; roda sobressalente, compreendendo o aro e o pneu, com ou sem câmara de ar, conforme o caso; macaco, compatível com o peso e carga do veículo; chave de roda; chave de fenda ou outra ferramenta apropriada para a remoção de calotas; lanternas delimitadoras e lanternas laterais nos veículos de carga, quando suas dimensões assim o exigirem; cinto de segurança para a árvore de transmissão em veículos de transporte coletivo e carga;*

O CTB em seu artigo 105 traz um rol básico de **equipamentos obrigatórios**. Veja:

> Art. 105. São equipamentos obrigatórios dos veículos, entre outros a serem estabelecidos pelo CONTRAN:
>
> I – cinto de segurança, conforme regulamentação específica do CONTRAN, com exceção dos veículos destinados ao transporte de passageiros em percursos em que seja permitido viajar em pé;
>
> II – para os veículos de transporte e de condução escolar, os de transporte de passageiros com mais de dez lugares e os de carga com peso bruto total superior a quatro mil, quinhentos e trinta e seis quilogramas, equipamento registrador instantâneo inalterável de velocidade e tempo;
>
> III – encosto de cabeça, para todos os tipos de veículos automotores, segundo normas estabelecidas pelo CONTRAN;
>
> IV – (VETADO)
>
> V – dispositivo destinado ao controle de emissão de gases poluentes e de ruído, segundo normas estabelecidas pelo CONTRAN.
>
> VI – para as bicicletas, a campainha, sinalização noturna dianteira, traseira, lateral e nos pedais, e espelho retrovisor do lado esquerdo.
>
> VII – equipamento suplementar de retenção - air bag frontal para o condutor e o passageiro do banco dianteiro.
>
> VIII – luzes de rodagem diurna. (Adicionado pela lei nª 14.071/20)

A lista completa dos equipamentos obrigatórios de todos os veículos encontra-se na **Resolução nº 14/98 do CONTRAN**, que foi alterada pela última vez pela Resolução nº 592/16.

> ▸ **Como esse assunto foi cobrado em concurso?**
>
> **(Prefeitura de Tanguá/RJ – 2016)** Um equipamento obrigatório em veículos automotores é:
>
> a) buzina
>
> b) farol de neblina
>
> c) ar-condicionado
>
> d) direção hidráulica
>
> **Gabarito:** Alternativa A

A inobservância deste dispositivo gera as infrações previstas nos incisos IX e X do art. 230 do CTB:

> *Art. 230. Conduzir o veículo:*
>
> *[...]*
>
> *IX – **sem equipamento obrigatório ou estando este ineficiente ou inoperante;***
>
> *X – **com equipamento obrigatório em desacordo com o estabelecido pelo CONTRAN;***
>
> *Infração – grave;*
>
> *Penalidade – multa;*
>
> *Medida administrativa – retenção do veículo para regularização;*

5.2. PRINCÍPIO DO DOMÍNIO VEICULAR

Ter o **pleno domínio do veículo** é fundamental para a segurança do trânsito evitando acidentes e todo tipo.

Cuidados básicos são indispensáveis, como por exemplo: dirigir com as duas mãos no volante, respeitando os pedestres atravessando as faixas, atenção com animais na pista, sempre verificar os retrovisores etc., desta forma estará atendido o disposto no art. 28: *"O condutor deverá, a todo momento, ter domínio de seu veículo, dirigindo-o com atenção e cuidados indispensáveis à segurança do trânsito"*, o que evitará a infração prevista no art. 169:

> *Dirigir sem atenção ou sem os cuidados indispensáveis à segurança:*
>
> *Infração – leve;*
>
> *Penalidade – multa.*

5.3. PRINCIPAIS NORMAS PARA O TRÂNSITO DE VEÍCULOS NAS VIAS TERRESTRES ABERTAS À CIRCULAÇÃO

O objetivo do código ao estabelecer as principais normas para o trânsito nas vias terrestres abertas à circulação é melhorar a **mobilidade urbana, a segurança e a fiscalização.**

A partir de agora analisaremos as principais normas cobradas em provas de concursos.

A regra geral nas vias brasileiras é que a **circulação** seja feita pelo **lado direito da via.**

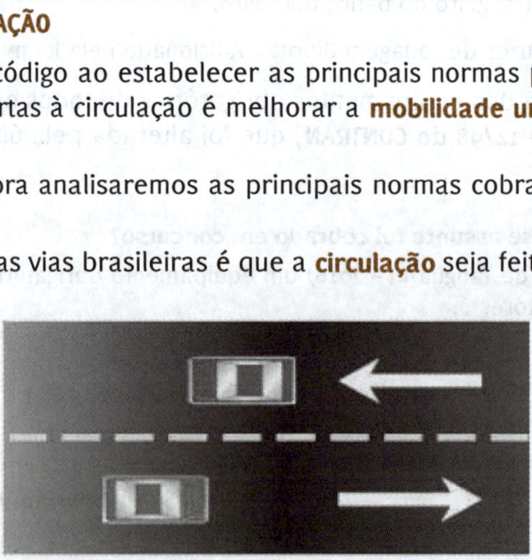

Contudo podem existir **exceções** desde que devidamente sinalizadas.

Quanto à **distância** de segurança lateral e frontal entre os veículos e ao **bordo da pista**, (margem da pista, podendo ser demarcada por linhas longitudinais de bordo que delineiam a parte da via destinada à circulação de veículos), esta deve ser considerada em cada momento a partir da análise de fatores como a **velocidade, condições do local, circulação, condições do veículo e do clima.**

Infração relacionada:

> Art. 192. ***Deixar de guardar distância de segurança lateral e frontal entre o seu veículo e os demais, bem como em relação ao bordo da pista, considerando-se, no momento, a velocidade, as condições climáticas do local da circulação e do veículo:***
>
> *Infração – grave;*
>
> *Penalidade – multa.*

Em que pese a falta de previsão específica de uma metragem relacionada à distância entre veículos em geral, quando o código tratou da **ultrapassagem de bicicletas**, foi enfático ao fixar a distância de **um metro e cinquenta centímetros**:

> Art. 201. ***Deixar de guardar a distância lateral de um metro e cinquenta centímetros ao passar ou ultrapassar bicicleta:***
>
> *Infração – média;*
>
> *Penalidade – multa.*

▸ Como esse assunto foi cobrado em concurso?

(Prefeitura de Tanguá/RJ – 2016) De acordo com a Lei Federal 9.503/1997, é considerada uma infração média esta conduta:

a) transpor linha férrea sem parar antes o veículo

b) avançar sinal vermelho ou de parada obrigatória

c) estacionar o veículo a mais de 1 m afastado do meio-fio

d) ultrapassar bicicletas sem manter distância lateral de 1,5 m em relação a elas

Gabarito: Alternativa D

5.4. REGRAS DE PREFERÊNCIA DE PASSAGEM

A regra é uma das mais importantes no dia a dia.

Saber quem tem a preferência em certas situações é crucial para evitar acidentes.

O código trata de três hipóteses específicas dizendo que terá preferência de passagem:

1 – No caso de apenas um fluxo ser proveniente de rodovia, aquele que estiver circulando por ela;

Fonte: https://www.flickr.com/photos/anaperugini/8021079016

2 – no caso de rotatória, aquele que estiver circulando por ela;

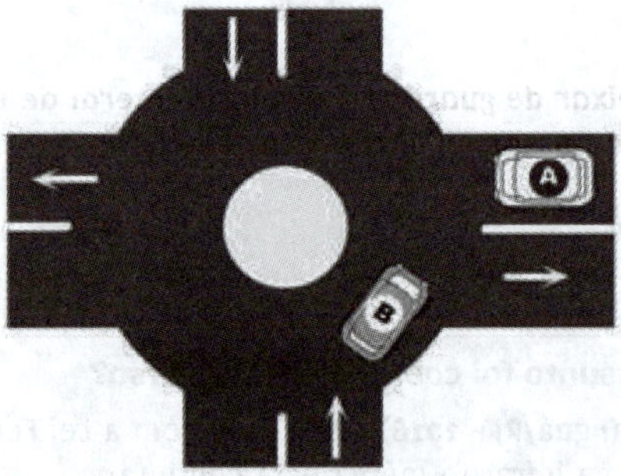

3 – nos demais casos, o que vier pela direita do condutor;

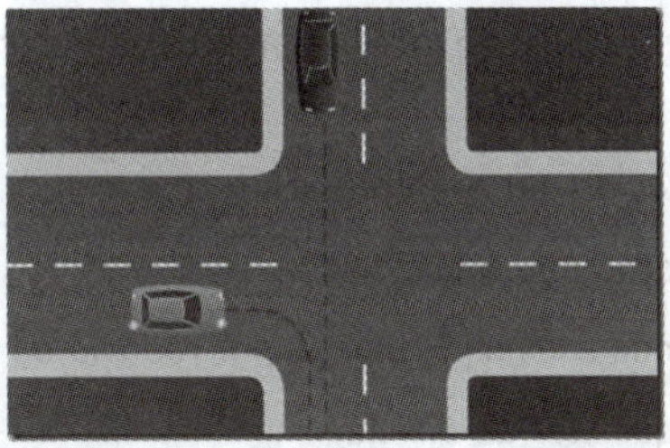

▸ **Como esse assunto foi cobrado em concurso?**

(FCC – Técnico Judiciário - Segurança – TRT 15/2018) Considere a imagem abaixo.

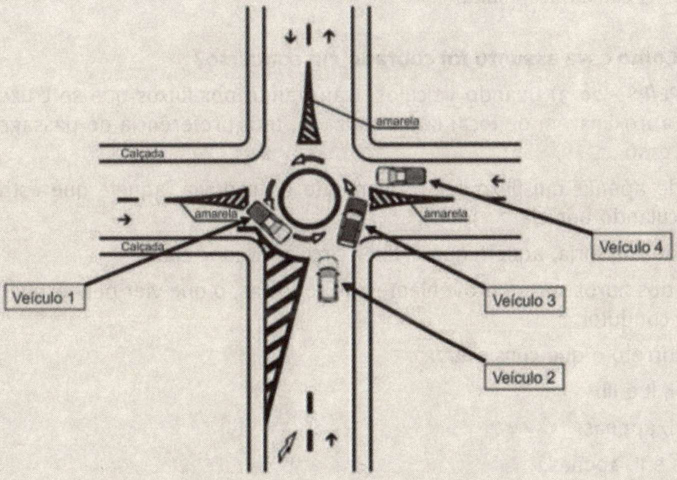

Os veículos 1, 2, 3 e 4 transitam por fluxos que se cruzam, porém não sinalizados. De acordo com a ilustração acima, os veículos que possuem preferência de passagem sobre os demais são

a) 1 e 2.

b) 1 e 3.

c) 1 e 4.

d) 2 e 3.

e) 2 e 4.

Gabarito: Alternativa B

Mas vale ressaltar que estas regras só valem ante a inexistência de sinalização.

A violação destes preceitos de preferência pode caracterizar a **infração** prevista no art. 215:

> *Art. 215. Deixar de dar preferência de passagem:*
>
> *I - em interseção não sinalizada:*
>
> *a) a veículo que estiver circulando por rodovia ou rotatória;*
>
> *b) a veículo que vier da direita;*
>
> *II - nas interseções com sinalização de regulamentação de Dê a Preferência:*
>
> *Infração - grave;*
>
> *Penalidade - multa.*

▸ Como esse assunto foi cobrado em concurso?

(DPE/RS - 2013) Quando veículos, transitando por fluxos que se cruzem, se aproximarem de local não sinalizado, terá preferência de passagem, no caso:

I. de apenas um fluxo ser proveniente de rodovia, aquele que estiver circulando por ela.

II. de rotatória, aquele que estiver circulando por ela.

III. dos fluxos serem provenientes de rodovias, o que vier pela esquerda do condutor.

É correto o que consta em:

a) I, II e III.

b) I, apenas.

c) I e II, apenas.

d) III, apenas.

e) II e III, apenas.

Gabarito: Alternativa C

5.5. UTILIZAÇÃO DAS FAIXAS DE CIRCULAÇÃO

Quando uma pista de rolamento comportar várias faixas de circulação no mesmo sentido, são as da **direita** destinadas ao deslocamento dos veículos mais lentos e de maior porte, quando não houver faixa especial a eles destinada, e as da **esquerda**, destinadas à ultrapassagem e ao deslocamento dos veículos de maior velocidade.

Infração relacionada:

> Art. 185. **Quando o veículo estiver em movimento, deixar de conservá-lo:**
>
> **I - na faixa a ele destinada pela sinalização de regulamentação, exceto em situações de emergência;**

II – nas faixas da direita, os veículos lentos e de maior porte:

Infração – média;

Penalidade – multa.

5.6. TRÂNSITO DE VEÍCULOS SOBRE CALÇADAS

É possível o **trânsito** de veículos sobre **calçadas**?

Sim. É possível não apenas sobre **calçadas** (*parte da via, normalmente segregada e em nível diferente, não destinada à circulação de veículos, reservada ao trânsito de pedestres e, quando possível, à implantação de mobiliário urbano, sinalização, vegetação e outros fins*), mas também sobre **passeios** (*parte da calçada ou da pista de rolamento, neste último caso, separada por pintura ou elemento físico separador, livre de interferências, destinada à circulação exclusiva de pedestres e, excepcionalmente, de ciclistas*) e **acostamentos** (*parte da via diferenciada da pista de rolamento destinada à parada ou estacionamento de veículos, em caso de emergência, e à circulação de pedestres e bicicletas, quando não houver local apropriado para esse fim*) **desde que seja para entrar ou sair de imóveis ou áreas especiais de estacionamento**.

Infração relacionada:

> Art. 193. ***Transitar com o veículo em calçadas, passeios, passarelas, ciclovias, ciclofaixas, ilhas, refúgios, ajardinamentos, canteiros centrais e divisores de pista de rolamento***, *acostamentos, marcas de canalização, gramados e jardins públicos:*
>
> *Infração – gravíssima;*
>
> *Penalidade – multa (três vezes).*

▸ Como esse assunto foi cobrado em concurso?

(TRF 1 – 2007) O trânsito de veículos, sobre as calçadas, é autorizado:

(A) somente para viatura policial e em serviço de urgência.

(B) para que se adentre ou saia dos imóveis.

(C) somente se houver sinalização indicativa.

(D) apenas a motocicletas.

(E) apenas se não houver acostamento na via.

Gabarito: Alternativa B.

5.7. VEÍCULOS PRECEDIDOS DE BATEDORES

Os batedores (*veículos que fazem a escolta geralmente de autoridades*) de acordo com o código tem **prioridade de passagem**.

Fonte: http://www.premiocaio.com.br/anteriores/pcaio2012/case_visualizar.asp?id_case=1528

Infração relacionada:

> Art. 189. ***Deixar de dar passagem aos veículos precedidos de batedores, de socorro de incêndio e salvamento, de polícia, de operação e fiscalização de trânsito e às ambulâncias, quando em serviço de urgência e devidamente identificados por dispositivos regulamentados de alarme sonoro e iluminação vermelha intermitentes:***
>
> *Infração - gravíssima;*
>
> *Penalidade - multa.*

Como esse assunto foi cobrado em concurso?

(PREF. VILA VELHA - 2008) Acerca dos veículos destinados a prestação de socorro em incêndio e salvamento, julgue os itens a seguir.

Os veículos mencionados, quando precedidos de batedores, têm prioridade de passagem, mesmo que as demais normas de circulação sejam desrespeitadas.

( ) Certo ( ) Errado

Gabarito: Errado. Estes veículos têm preferência de passagem, **mas** devem respeitar as demais normas de circulação, caso contrário estariam colocando em risco injustificável os demais usuários da via.

5.8. VEÍCULOS DE SOCORRO, INCÊNDIO, SALVAMENTO, OPERAÇÃO DE TRÂNSITO E AMBULÂNCIAS

Fonte: http://blogs.diariodepernambuco.com.br/mobilidadeurbana/wp-content/uploads/2011/10/ambul%C3%A2ncia-tr%C3%A2nsito1.jpg

Os veículos destinados a socorro de incêndio e salvamento, os de polícia, os de fiscalização e operação de trânsito e as ambulâncias, **além de prioridade no trânsito, gozam de livre circulação, estacionamento e parada, quando em serviço de urgência, de policiamento ostensivo ou de preservação da ordem pública.**

Nestas situações, quando os dispositivos regulamentares de alarme sonoro e iluminação intermitente estiverem acionados, indicando a proximidade dos veículos, todos os condutores deverão **deixar livre a passagem pela faixa da esquerda,** indo para a direita da via e parando, se necessário.

Já os pedestres ao ouvirem o alarme sonoro ou avistarem a luz intermitente, **deverão aguardar no passeio e somente atravessar a via quando o veículo já tiver passado pelo local.**

Quanto às **prerrogativas de livre circulação e de parada**, estas serão aplicadas somente quando os veículos estiverem identificados por dispositivos regulamentares de alarme sonoro e iluminação intermitente;

Já a prerrogativa de **livre estacionamento** será aplicada somente quando os veículos estiverem identificados por dispositivos regulamentares **de iluminação intermitente.**

Infrações relacionadas

> *Art. 189.* ***Deixar de dar passagem aos veículos precedidos de batedores, de socorro de incêndio e salvamento, de polícia, de operação e fiscalização de trânsito e às ambulâncias, quando em serviço de urgência e devidamente identificados por dispositivos regulamentados de alarme sonoro e iluminação vermelha intermitentes:***
>
> *Infração – gravíssima;*
>
> *Penalidade – multa.*

Art. 190. **Seguir veículo em serviço de urgência, estando este com prioridade de passagem devidamente identificada por dispositivos regulamentares de alarme sonoro e iluminação vermelha intermitentes:**

Infração - grave;

Penalidade - multa.

Art. 222. **Deixar de manter ligado, nas situações de atendimento de emergência, o sistema de iluminação vermelha intermitente dos veículos de polícia, de socorro de incêndio e salvamento, de fiscalização de trânsito e das ambulâncias, ainda que parados:**

Infração - média;

Penalidade - multa.

▸ Como esse assunto foi cobrado em concurso?

(TRF - 2009) O motorista ao avistar, pelo espelho retrovisor, um veículo do Corpo de Bombeiros com iluminação vermelha intermitente ligada e escutar os alarmes sonoros, solicitando passagem, a atitude a ser tomada pelo motorista, na via urbana é:

(A) manter a velocidade e agir normalmente.

(B) deixar livre a passagem pela faixa da esquerda e parar o veículo, se necessário.

(C) parar o veículo no leito viário e aguardar a passagem para prosseguir com o veículo.

(D) estacionar o veículo imediatamente e acionar o pisca alerta.

(E) aumentar a velocidade e assim que possível estacionar o veículo.

Gabarito: Alternativa B.

5.9. VEÍCULOS PRESTADORES DE SERVIÇOS DE UTILIDADE PÚBLICA

A Resolução nº 268/08 que dispõe sobre o uso de luzes intermitentes ou rotativas em veículos definiu os critérios de identificação dos veículos prestadores de serviço de utilidade pública, vide art. 3º da citada resolução:

> *Art. 3º Os veículos prestadores de serviços de utilidade pública, referidos no inciso VIII do art. 29 do Código de Trânsito Brasileiro, identificam-se pela instalação de dispositivo, não removível, de iluminação intermitente ou rotativa, e somente com luz amarelo-âmbar.*
>
> *§ 1º Para os efeitos deste artigo,* ***são considerados veículos prestadores de serviço de utilidade pública:***
>
> *I - os destinados à manutenção e reparo de redes de energia elétrica, de água e esgotos, de gás combustível canalizado e de comunicações;*
>
> *II - os que se destinam à conservação, manutenção e sinalização viária, quando a serviço de órgão executivo de trânsito ou executivo rodoviário;*

III – os destinados ao socorro mecânico de emergência nas vias abertas à circulação pública;

IV – os veículos especiais destinados ao transporte de valores;

V – os veículos destinados ao serviço de escolta, quando registrados em órgão rodoviário para tal finalidade;

VI – os veículos especiais destinados ao recolhimento de lixo a serviço da Administração Pública.

VII – os veículos destinados à manutenção e restabelecimento dos sistemas das linhas e estações metroferroviárias. (Inciso incluído pela Resolução nº 614/16)

Infrações relacionadas.

Caso o condutor dos veículos acima estacione ou pare o automóvel em desacordo com a utilização dos dispositivos de sinalização, estará incurso nos arts. 181 e/ou 182 do CTB (infrações relacionadas a parada e estacionamento proibidos).

Questões envolvendo os conceitos de parada e estacionamento, bem como suas proibições tem sido cada vez mais comuns em provas de concursos. Dada a importância, é necessário o conhecimento específico de cada uma das previsões existentes nos artigos 181, 182 e 183.

Art. 181. Estacionar o veículo:

I – nas esquinas e a menos de cinco metros do bordo do alinhamento da via transversal:

Infração – média;

Penalidade – multa;

Medida administrativa – remoção do veículo;

II – afastado da guia da calçada (meio-fio) de cinqüenta centímetros a um metro:

Infração – leve;

Penalidade – multa;

Medida administrativa – remoção do veículo;

III – afastado da guia da calçada (meio-fio) a mais de um metro:

Infração – grave;

Penalidade – multa;

Medida administrativa – remoção do veículo;

IV – em desacordo com as posições estabelecidas neste Código:

Infração – média;

Penalidade – multa;

Medida administrativa – remoção do veículo;

V – na pista de rolamento das estradas, das rodovias, das vias de trânsito rápido e das vias dotadas de acostamento:

Infração – gravíssima;

Penalidade – multa;

Medida administrativa – remoção do veículo;

VI – junto ou sobre hidrantes de incêndio, registro de água ou tampas de poços de visita de galerias subterrâneas, desde que devidamente identificados, conforme especificação do CONTRAN:

Infração – média;

Penalidade – multa;

Medida administrativa – remoção do veículo;

VII – nos acostamentos, salvo motivo de força maior:

Infração – leve;

Penalidade – multa;

Medida administrativa – remoção do veículo;

VIII – no passeio ou sobre faixa destinada a pedestre, sobre ciclovia ou ciclofaixa, bem como nas ilhas, refúgios, ao lado ou sobre canteiros centrais, divisores de pista de rolamento, marcas de canalização, gramados ou jardim público:

Infração – grave;

Penalidade – multa;

Medida administrativa – remoção do veículo;

IX – onde houver guia de calçada (meio-fio) rebaixada destinada à entrada ou saída de veículos:

Infração – média;

Penalidade – multa;

Medida administrativa – remoção do veículo;

X – impedindo a movimentação de outro veículo:

Infração – média;

Penalidade – multa;

Medida administrativa – remoção do veículo;

XI – ao lado de outro veículo em fila dupla:

Infração – grave;

Penalidade – multa;

Medida administrativa – remoção do veículo;

XII – na área de cruzamento de vias, prejudicando a circulação de veículos e pedestres:

Infração – grave;

Penalidade – multa;

Medida administrativa – remoção do veículo;

XIII – onde houver sinalização horizontal delimitadora de ponto de embarque ou desembarque de passageiros de transporte coletivo ou, na inexistência desta sinalização, no intervalo compreendido entre dez metros antes e depois do marco do ponto:

Infração – média;

Penalidade – multa;

Medida administrativa – remoção do veículo;

XIV – nos viadutos, pontes e túneis:

Infração – grave;

Penalidade – multa;

Medida administrativa – remoção do veículo;

XV – na contramão de direção:

Infração – média;

Penalidade – multa;

XVI – em aclive ou declive, não estando devidamente freado e sem calço de segurança, quando se tratar de veículo com peso bruto total superior a três mil e quinhentos quilogramas:

Infração – grave;

Penalidade – multa;

Medida administrativa – remoção do veículo;

XVII – em desacordo com as condições regulamentadas especificamente pela sinalização (placa – Estacionamento Regulamentado):

Infração – leve;

Infração – grave; (Redação dada pela Lei nº 13.146, de 2015) (Vigência)

Penalidade – multa;

Medida administrativa – remoção do veículo;

XVIII – em locais e horários proibidos especificamente pela sinalização (placa – Proibido Estacionar):

Infração - média;

Penalidade - multa;

Medida administrativa - remoção do veículo;

XIX - em locais e horários de estacionamento e parada proibidos pela sinalização (placa - Proibido Parar e Estacionar):

Infração - grave;

Penalidade - multa;

Medida administrativa - remoção do veículo.

XX - nas vagas reservadas às pessoas com deficiência ou idosos, sem credencial que comprove tal condição: (Incluído pela Lei nº 13.281, de 2016) (Vigência)

Infração - gravíssima; (Incluído pela Lei nº 13.281, de 2016) (Vigência)

Penalidade - multa; (Incluído pela Lei nº 13.281, de 2016) (Vigência)

Medida administrativa - remoção do veículo. (Incluído pela Lei nº 13.281, de 2016) (Vigência)

§ 1º Nos casos previstos neste artigo, a autoridade de trânsito aplicará a penalidade preferencialmente após a remoção do veículo.

§ 2º No caso previsto no inciso XVI é proibido abandonar o calço de segurança na via.

Art. 182. Parar o veículo:

I - nas esquinas e a menos de cinco metros do bordo do alinhamento da via transversal:

Infração - média;

Penalidade - multa;

II - afastado da guia da calçada (meio-fio) de cinqüenta centímetros a um metro:

Infração - leve;

Penalidade - multa;

III - afastado da guia da calçada (meio-fio) a mais de um metro:

Infração - média;

Penalidade - multa;

IV - em desacordo com as posições estabelecidas neste Código:

Infração - leve;

Penalidade - multa;

V - na pista de rolamento das estradas, das rodovias, das vias de trânsito rápido e das demais vias dotadas de acostamento:

Infração - grave;

Penalidade - multa;

VI – no passeio ou sobre faixa destinada a pedestres, nas ilhas, refúgios, canteiros centrais e divisores de pista de rolamento e marcas de canalização:

Infração – leve;

Penalidade – multa;

VII – na área de cruzamento de vias, prejudicando a circulação de veículos e pedestres:

Infração – média;

Penalidade – multa;

VIII – nos viadutos, pontes e túneis:

Infração – média;

Penalidade – multa;

IX – na contramão de direção:

Infração – média;

Penalidade – multa;

X – em local e horário proibidos especificamente pela sinalização (placa – Proibido Parar):

Infração – média;

Penalidade – multa.

XI - sobre ciclovia ou ciclofaixa:

Infração - grave;

Penalidade - multa."

Art. 183. Parar o veículo sobre a faixa de pedestres na mudança de sinal luminoso:

Infração – média;

Penalidade – multa.

▸ Como esse assunto foi cobrado em concurso?

(UECE – Agente de Trânsito – Detran – CE/2018) Parar o veículo afastado da guia da calçada (meio-fio) de cinquenta centímetros a um metro é uma infração

a) grave, cuja penalidade é multa, e a medida administrativa correspondente é a remoção do veículo.

b) média, cuja penalidade é multa.

c) gravíssima, cuja penalidade é multa, e a medida administrativa correspondente é a remoção do veículo.

d) leve, cuja penalidade é multa.

Gabarito: Alternativa D

Como esse assunto foi cobrado em concurso?

(FCC – Técnico Judiciário - Segurança – TRT 15/2018) Considere as ilustrações abaixo e as seguintes situações:

I. Os veículos 1 e 2 encontram-se parados.

II. O veículo 3 encontra-se estacionado.

III. Existe sinalização vertical regulamentando o estacionamento em 45° na ilustração 1.

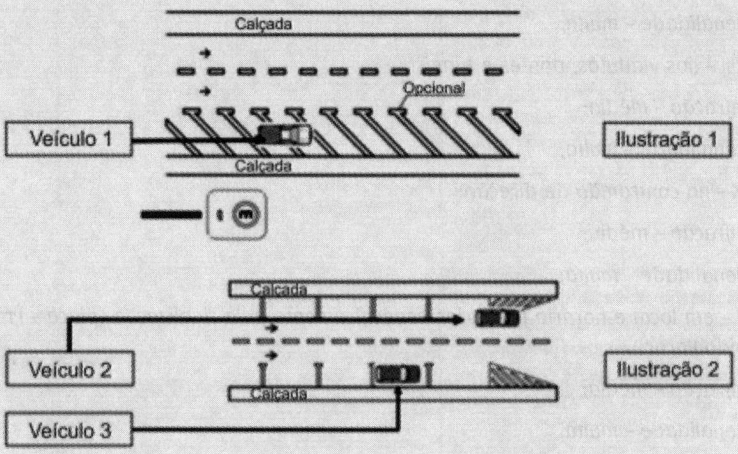

Analisando-se as situações e ilustrações descritas, o(s) veículo(s)

a) 1, 2 e 3 não cometeram infração de trânsito pois estão parados.

b) 1, apenas, cometeu infração de trânsito.

c) 1 e 2, apenas, não cometeram infração de trânsito.

d) 2 e 3, apenas, não cometeram infração de trânsito.

e) 3, apenas, não cometeu infração de trânsito.

Gabarito: Alternativa E.

▸ **Como esse assunto foi cobrado em concurso?**

(FCC – Técnico Judiciário - Segurança – TRT 15/2018) Considere a imagem abaixo.

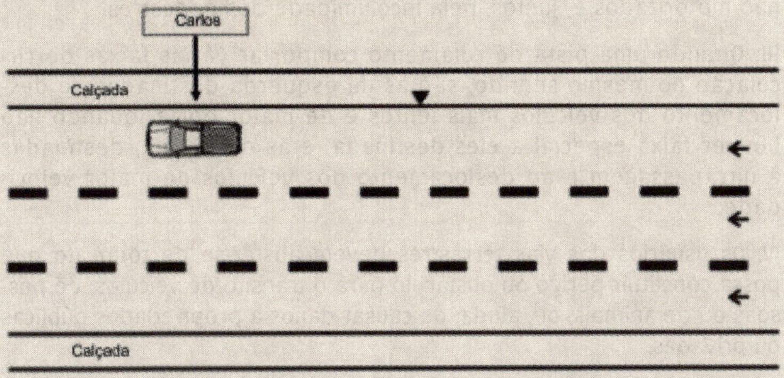

Nesse caso, Carlos parou seu veículo afastado a menos de cinquenta centímetros da guia da calçada, o que

a) não constitui infração de trânsito.

b) constitui infração de trânsito leve, passível apenas de multa.

c) constitui infração de trânsito média, passível de multa e remoção do veículo.

d) pode ser sujeita à penalidade de advertência por escrito se Carlos não for reincidente nessa mesma infração, nos últimos seis meses, caso a autoridade, considerando o prontuário do infrator, entenda esta providência como mais educativa.

e) pode ser sujeita à penalidade de advertência por escrito se Carlos não for reincidente nesta mesma infração, nos últimos doze meses, caso a autoridade, considerando o prontuário do infrator, entenda esta providência como mais educativa.

Gabarito: Alternativa A

Entretanto se houver a utilização de equipamento proibido ou o sistema de sinalização tiver sofrido alterações irregulares as infrações serão aquelas dos incisos XII e XIII do art. 230 do CTB (conduzir o veículo com equipamento ou acessório proibido ou com o equipamento do sistema de iluminação e de sinalização alterados).

▸ **Como esse assunto foi cobrado em concurso?**

(Prefeitura de Piraquara/PR – 2014) Com base no previsto no Código de Trânsito Brasileiro – C.T.B., analise as afirmações abaixo e assinale a alternativa correta:

I. Os veículos prestadores de serviços de utilidade pública, quando em atendimento na via, gozam de livre parada e estacionamento no local da prestação de serviço, desde que devidamente sinalizados, devendo estar identificados na forma estabelecida pelo CONTRAN.

II. Respeitadas as normas de circulação e conduta estabelecidas no C.T.B., em ordem decrescente, os veículos de menor porte serão sempre responsáveis pela segurança dos maiores, os motorizados pelos não motorizados e, juntos, pela incolumidade dos pedestres.

III. Quando uma pista de rolamento comportar várias faixas de circulação no mesmo sentido, são as da esquerda destinadas ao deslocamento dos veículos mais lentos e de maior porte, quando não houver faixa especial a eles destinada, e as da direita, destinadas à ultrapassagem e ao deslocamento dos veículos de maior velocidade.

IV. Os usuários das vias terrestres devem abster-se de todo ato que possa constituir perigo ou obstáculo para o trânsito de veículos, de pessoas ou de animais, ou, ainda, de causar danos a propriedades públicas ou privadas.

V. O condutor deverá guardar distância de segurança lateral e frontal entre o seu e os demais veículos, bem como em relação ao bordo da pista, considerando-se, no momento, a velocidade e as condições do local, da circulação, do veículo e as condições climáticas.

a) Todas as afirmativas estão corretas.

b) Apenas as afirmativas II e III estão incorretas.

c) Somente a afirmativa V está correta.

d) Apenas as afirmativas I, II e III estão corretas.

e) Todas as afirmativas estão incorretas.

Gabarito: Alternativa B

5.10. ULTRAPASSAGEM

A ultrapassagem deve ser realizada observando uma série de critérios, tanto pelo **sujeito ativo (quem ultrapassa), quanto pelo sujeito passivo (quem é ultrapassado).**

Por este motivo o CTB dividiu as obrigações de ambos os agentes.

> ***Ultrapassagem*** *– movimento de passar à frente de outro veículo que se desloca no mesmo sentido, em menor velocidade e na mesma faixa de tráfego, necessitando sair e retornar à faixa de origem. (Anexo I do CTB)*

De acordo com o inciso IX do art. 29 do CTB, a **ultrapassagem de outro veículo em movimento deverá ser feita pela esquerda, obedecida a sinalização regulamentar e as demais normas estabelecidas neste Código, exceto quando o veículo a ser ultrapassado estiver sinalizando o propósito de entrar à esquerda;**

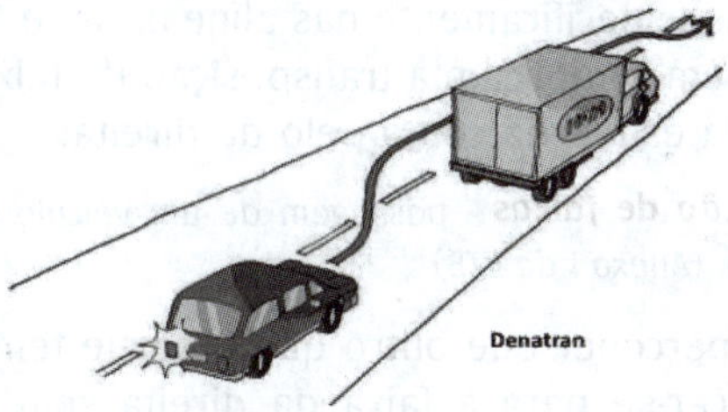

A regra de ultrapassagem é que ela seja feita pela esquerda, mas se o veículo a ser ultrapassado já estiver sinalizando informando que irá virar à esquerda, **excepcionalmente a ultrapassagem deve ser feita pela direita.**

Infração relacionada:

> *Art. 199.* ***Ultrapassar pela direita, salvo quando o veículo da frente estiver colocado na faixa apropriada e der sinal de que vai entrar à esquerda:***
>
> *Infração – média;*
>
> *Penalidade – multa.*

As demais normas referentes à ultrapassagem estão nos incisos X e XI do art. 29 do CTB.

> *X –* ***todo condutor deverá, antes de efetuar uma ultrapassagem, certificar-se de que****:*
>
> *a) nenhum condutor que venha atrás haja começado uma manobra para ultrapassá-lo;*
>
> *b) quem o precede na mesma faixa de trânsito não haja indicado o propósito de ultrapassar um terceiro;*
>
> *c) a faixa de trânsito que vai tomar esteja livre numa extensão suficiente para que sua manobra não ponha em perigo ou obstrua o trânsito que venha em sentido contrário;*
>
> *XI –* ***todo condutor ao efetuar a ultrapassagem deverá:***
>
> *a)* ***indicar com antecedência a manobra pretendida, acionando a luz indicadora de direção do veículo ou por meio de gesto convencional de braço****;*
>
> *b) afastar-se do usuário ou usuários aos quais ultrapassa, de tal forma que deixe livre uma distância lateral de segurança;*
>
> *c) retomar, após a efetivação da manobra, a faixa de trânsito de origem, acionando a luz indicadora de direção do veículo ou fazendo gesto convencional de braço, adotando os cuidados necessários para não pôr em perigo ou obstruir o trânsito dos veículos que ultrapassou;*

As normas previstas especificamente nas alíneas "a" e "b" do inciso "x" e "a" e "b" do inciso XI também se aplicam à transposição de faixas que pode ser realizada tanto pela faixa da esquerda como pelo da direita.

> ***Transposição de faixas*** *- passagem de um veículo de uma faixa demarcada para outra. (Anexo I do CTB)*

Todo condutor ao perceber que outro que o segue tem o propósito de ultrapassá-lo deverá deslocar-se para a faixa da direita sem acelerar a marcha se estiver circulando pela faixa da esquerda, mas se estiver circulando pela faixa da esquerda deverá deslocar-se para a faixa da direita sem acelerar a marcha.

Outrossim, **os veículos mais lentos quando em fila** deverão manter distância suficiente entre si para permitir que veículos que os ultrapassem possam se intercalar na fila com segurança.

É muito importante notar que existem situações onde a ultrapassagem é estritamente proibida, sendo excepcionada apenas nos casos sinalizados em sentido contrário.

Tal regra foi registrada no art. 32 do CTB.

> Art. 32. ***O condutor não poderá ultrapassar veículos em vias com duplo sentido de direção e pista única, nos trechos em curvas e em aclives sem visibilidade suficiente, nas passagens de nível, nas pontes e viadutos e nas travessias de pedestres, exceto quando houver sinalização permitindo a ultrapassagem.***

Infrações relacionadas:

> Art. 202. ***Ultrapassar outro veículo:***
>
> *I - pelo acostamento;*
>
> *II - em interseções e passagens de nível;*
>
> Art. 203. ***Ultrapassar pela contramão outro veículo:***
>
> *I - nas curvas, aclives e declives, sem visibilidade suficiente;*
>
> *II - nas faixas de pedestre;*
>
> *III - nas pontes, viadutos ou túneis;*
>
> *IV - parado em fila junto a sinais luminosos, porteiras, cancelas, cruzamentos ou qualquer outro impedimento à livre circulação;*
>
> *V - onde houver marcação viária longitudinal de divisão de fluxos opostos do tipo linha dupla contínua ou simples contínua amarela:*
>
> *Infração - gravíssima;*
>
> *Penalidade - multa (cinco vezes).*
>
> *Parágrafo único. Aplica-se em dobro a multa prevista no caput em caso de reincidência no período de até 12 (doze) meses da infração anterior.*

Art. 205. ***Ultrapassar veículo em movimento que integre cortejo, préstito, desfile e formações militares, salvo com autorização da autoridade de trânsito ou de seus agentes:***

Infração – leve;

Penalidade – multa.

▸ **Como esse assunto foi cobrado em concurso?**

(Prefeitura de Cipotânea – MG) Sobre a Lei nº 9.503/97, podemos afirmar, exceto:

a) Os usuários das vias terrestres devem abster-se de todo ato que possa constituir perigo ou obstáculo para o trânsito de veículos, de pessoas ou de animais, ou ainda causar danos a propriedades públicas ou privadas.

b) Todo condutor deverá, antes de efetuar uma ultrapassagem, certificar-se de que nenhum condutor que venha atrás haja começado uma manobra para ultrapassá-lo.

c) Todo condutor ao efetuar a ultrapassagem deverá aproximar-se do usuário ou usuários aos quais ultrapassa, de tal forma que não deixe livre uma distância lateral de segurança.

d) O condutor que tenha o propósito de ultrapassar um veículo de transporte coletivo que esteja parado, efetuando embarque ou desembarque de passageiros, deverá reduzir a velocidade, dirigindo com atenção redobrada ou parar o veículo com vistas à segurança dos pedestres.

Gabarito: Alternativa C

5.11. MANOBRA

Toda e qualquer manobra que seja executada nas vias abertas à circulação deve ser feita cercada de **cuidados com a segurança**.

O condutor que queira executar uma manobra deverá certificar-se de que pode executá-la sem perigo para os demais usuários da via que o seguem, precedem ou vão cruzar com ele considerando sua posição, sua direção e sua velocidade (art. 34), sendo que antes de iniciar qualquer manobra que implique um deslocamento lateral, o condutor deverá indicar seu propósito de forma clara e com a devida antecedência, por meio da luz indicadora de direção de seu veículo, ou fazendo gesto convencional de braço (art. 35)

Deslocamento lateral: *A transposição de faixas, movimentos de conversão à direita, à esquerda e retornos. (Anexo I do CTB)*

Infração relacionada:

Art. 196. ***Deixar de indicar com antecedência, mediante gesto regulamentar de braço ou luz indicadora de direção do veículo, o início da marcha, a***

> ***realização da manobra de parar o veículo, a mudança de direção ou de faixa de circulação:***
>
> *Infração - grave;*
>
> *Penalidade - multa.*

Outra regra importante é a atinente à **entrada em uma via quando o condutor vier de um lote lindeiro** (aquele situado ao longo das vias urbanas ou rurais e que com elas se limita). Neste caso deverá dar preferência aos veículos e pedestres que por ela estejam transitando.

Infração relacionada:

> Art. 216. ***Entrar ou sair de áreas lindeiras sem estar adequadamente posicionado para ingresso na via e sem as precauções com a segurança de pedestres e de outros veículos:***
>
> *Infração - média;*
>
> *Penalidade - multa.*

Quanto às **manobras de conversão à esquerda e operação de retorno**, sempre que existir um local apropriado devidamente sinalizado o condutor deverá utilizá-lo.

No entanto se na via existir **acostamento** e **não** houver o local apropriado para a conversão, o condutor irá aguardar no acostamento, à direita, sinalizar sua intenção e aguardar o momento mais propício para sua ação (art. 37 do CTB)

Infração relacionada:

> Art. 204. ***Deixar de parar o veículo no acostamento à direita, para aguardar a oportunidade de cruzar a pista ou entrar à esquerda, onde não houver local apropriado para operação de retorno:***
>
> *Infração - grave;*
>
> *Penalidade - multa.*

▸ **Como esse assunto foi cobrado em concurso?**

(Prefeitura de São Luis/MA – 2017) Em rodovias providas de acostamento, sem local apropriado para retorno ou para se entrar à esquerda, o condutor deverá aguardar a oportunidade para cruzar a pista, parando o veículo

a) no centro da pista, na faixa divisória dos fluxos.

b) à direita da pista, sem adentrar no acostamento.

c) no centro da linha contínua divisória das faixas de rolamento.

d) no acostamento, à direita, para cruzar a pista com segurança.

e) à esquerda da pista.

Gabarito: Alternativa D

O CTB também cuidou da **manobra de entrada em outra via ou em lotes lindeiros**. Nestes casos, antes de entrar à direita ou à esquerda nas vias citadas, o condutor deverá:

> *I – ao sair da via pelo lado direito, aproximar-se o máximo possível do bordo direito da pista e executar sua manobra no menor espaço possível;*
>
> *II – ao sair da via pelo lado esquerdo, aproximar-se o máximo possível de seu eixo ou da linha divisória da pista, quando houver, caso se trate de uma pista com circulação nos dois sentidos, ou do bordo esquerdo, tratando-se de uma pista de um só sentido.*

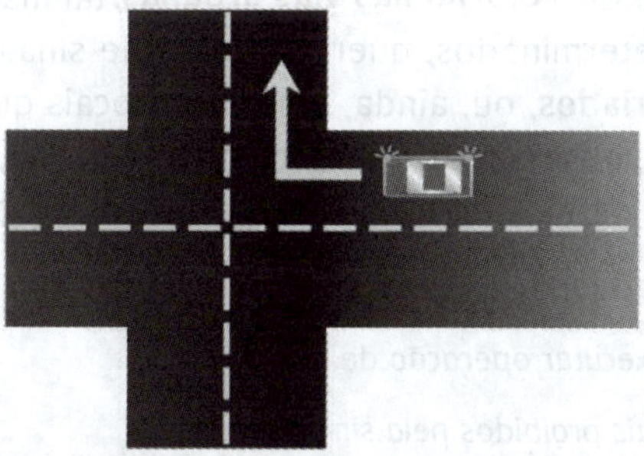

▸ **Como esse assunto foi cobrado em concurso?**

(UECE – Agente de Trânsito – Detran – CE/2018) Com base no Código de Trânsito Brasileiro – CTB –, antes de entrar à direita ou à esquerda, em outra via ou em lotes lindeiros, o condutor deverá,

a) ao sair da via pelo lado esquerdo, aproximar-se o máximo possível do bordo direito da pista e executar sua manobra no menor espaço possível.

b) ao sair da via pelo lado esquerdo, aproximar-se o máximo possível de seu eixo ou da linha divisória da pista, quando houver, caso se trate de uma pista com circulação nos dois sentidos, ou do bordo direito, tratando-se de uma pista de um só sentido.

c) durante a manobra de mudança de direção, o condutor deverá ceder passagem aos pedestres e ciclistas, aos veículos que transitem no mesmo sentido pela pista da qual vai sair, respeitadas as normas de preferência de passagem.

d) ao sair da via pelo lado esquerdo, aproximar-se o máximo possível de seu eixo ou da linha divisória da pista, quando houver, caso se trate de uma pista com circulação nos dois sentidos, ou do bordo esquerdo, tratando-se de uma pista de um só sentido.

Gabarito: Alternativa D

Durante a manobra de mudança de direção, o condutor deverá ceder passagem aos pedestres e ciclistas, aos veículos que transitem em sentido contrário pela pista da via da qual vai sair respeitadas as normas de preferência de passagem.

Infração relacionada:

> Art. 197. ***Deixar de deslocar, com antecedência, o veículo para a faixa mais à esquerda ou mais à direita, dentro da respectiva mão de direção, quando for manobrar para um desses lados:***
>
> *Infração – média;*
>
> *Penalidade – multa.*

Quanto à operação de **retorno nas vias urbanas,** tal manobra deverá ser feita nos locais para isto determinados, quer por meio de sinalização, quer pela existência de locais apropriados, ou, ainda, em outros locais que ofereçam condições de segurança e fluidez, observadas as características da via, do veículo, das condições meteorológicas e da movimentação de pedestres e ciclistas. (art. 39 do CTB)

Infrações relacionadas:

> *Art. 206. Executar operação de retorno:*
>
> *I – em locais proibidos pela sinalização;*
>
> *II – nas curvas, aclives, declives, pontes, viadutos e túneis;*
>
> *III – passando por cima de calçada, passeio, ilhas, ajardinamento ou canteiros de divisões de pista de rolamento, refúgios e faixas de pedestres e nas de veículos não motorizados;*
>
> *IV – nas interseções, entrando na contramão de direção da via transversal;*
>
> *V – com prejuízo da livre circulação ou da segurança, ainda que em locais permitidos:*
>
> *Infração – gravíssima;*
>
> *Penalidade – multa.*

Art. 207. Executar operação de conversão à direita ou à esquerda em locais proibidos pela sinalização:

Infração – grave;

Penalidade – multa.

5.12. LUZES DO VEÍCULO

No trânsito o condutor deverá observar as regras de utilização das luzes do veículo conforme prescreve o art. 40 do CTB:

Art. 40. O uso de **luzes** *em veículo obedecerá às seguintes determinações:*

I – o condutor manterá acesos os faróis do veículo, por meio da utilização da luz baixa:

a) à noite;

b) mesmo durante o dia, em túneis e sob chuva, neblina ou cerração;

II – nas vias não iluminadas o condutor deve usar **luz alta** *, exceto ao cruzar com outro veículo ou ao segui-lo;*

III – a **troca de luz baixa e alta** *, de forma* **intermitente** *e por curto período de tempo, com o objetivo de advertir outros motoristas, só poderá ser utilizada para indicar a intenção de ultrapassar o veículo que segue à frente ou para indicar a existência de risco à segurança para os veículos que circulam no sentido contrário;*

IV – (revogado);

V – O condutor utilizará o **pisca-alerta** *nas seguintes situações:*

a) em imobilizações ou situações de emergência;

b) quando a regulamentação da via assim o determinar;

VI – durante a noite, em circulação, o condutor manterá acesa a **luz de placa** *;*

VII – o condutor manterá acesas, à noite, as **luzes de posição** *quando o veículo estiver parado para fins de embarque ou desembarque de passageiros e carga ou descarga de mercadorias.*

§ 1º Os veículos de transporte coletivo de passageiros, quando circularem em faixas ou pistas a eles destinadas, e as motocicletas, motonetas e ciclomotores deverão utilizar-se de farol de luz baixa durante o dia e à noite.

§ 2º Os veículos que não dispuserem de luzes de rodagem diurna deverão manter acesos os faróis nas rodovias de pista simples situadas fora dos perímetros urbanos, mesmo durante o dia." (NR)

Quanto às luzes em espécie, o anexo I do CTB nos dá as seguintes conceituações:

Luz alta – *facho de luz do veículo destinado a iluminar a via até uma grande distância do veículo.*

Luz baixa – *facho de luz do veículo destinada a iluminar a via diante do veículo, sem ocasionar ofuscamento ou incômodo injustificáveis aos condutores e outros usuários da via que venham em sentido contrário.*

Luz de freio – *luz do veículo destinada a indicar aos demais usuários da via, que se encontram atrás do veículo, que o condutor está aplicando o freio de serviço.*

Luz indicadora de direção (pisca-pisca) – *luz do veículo destinada a indicar aos demais usuários da via que o condutor tem o propósito de mudar de direção para a direita ou para a esquerda.*

Luz de marcha à ré – *luz do veículo destinada a iluminar atrás do veículo e advertir aos demais usuários da via que o veículo está efetuando ou a ponto de efetuar uma manobra de marcha à ré.*

Luz de neblina – *luz do veículo destinada a aumentar a iluminação da via em caso de neblina, chuva forte ou nuvens de pó.*

Luz de posição (lanterna) – *luz do veículo destinada a indicar a presença e a largura do veículo.*

Pisca-alerta – *luz intermitente do veículo, utilizada em caráter de advertência, destinada a indicar aos demais usuários da via que o veículo está imobilizado ou em situação de emergência.*

Infrações relacionadas:

Art. 223. ***Transitar com o farol desregulado ou com o facho de luz alta de forma a perturbar a visão de outro condutor:***

Infração – grave;

Penalidade – multa;

Medida administrativa – retenção do veículo para regularização.

Art. 224. ***Fazer uso do facho de luz alta dos faróis em vias providas de iluminação pública:***

Infração – leve;

Penalidade – multa.

Art. 249. ***Deixar de manter acesas, à noite, as luzes de posição, quando o veículo estiver parado, para fins de embarque ou desembarque de passageiros e carga ou descarga de mercadorias:***

Infração – média;

Penalidade – multa.

Art. 250. ***Quando o veículo estiver em movimento:***

I – ***deixar de manter acesa a luz baixa:***

a) durante a noite;

b) de dia, em túneis e sob chuva, neblina ou cerração;

c) de dia, no caso de veículos de transporte coletivo de passageiros em circulação em faixas ou pistas a eles destinadas;

d) de dia, no caso de motocicletas, motonetas e ciclomotores;

e) de dia, em rodovias de pista simples situadas fora dos perímetros urbanos, no caso de veículos desprovidos de luzes de rodagem diurna;

II – revogado pela lei 14.071/20

III – deixar de manter a placa traseira iluminada, à noite;

Infração – média;

Penalidade – multa.

Art. 251. ***Utilizar as luzes do veículo:***

I – o pisca-alerta, exceto em imobilizações ou situações de emergência;

II – baixa e alta de forma intermitente, exceto nas seguintes situações:

a) a curtos intervalos, quando for conveniente advertir a outro condutor que se tem o propósito de ultrapassá-lo;

b) em imobilizações ou situação de emergência, como advertência, utilizando pisca-alerta;

c) quando a sinalização de regulamentação da via determinar o uso do pisca-alerta:

Infração – média;

Penalidade – multa.

▸ **Como esse assunto foi cobrado em concurso?**

(Agente de Trânsito – CETURB/ES – 2010) Quando os veículos de transporte coletivo regular de passageiros circularem em faixas próprias, ou seja, a eles destinadas, é obrigatório o uso de farol de luz baixa, tanto de dia quanto à noite.

( ) Certo ( ) Errado

Gabarito: Certo.

5.13. BUZINA

O condutor de veículo **só** poderá fazer uso de buzina, **desde que em toque breve para**:

> *I – para fazer as **advertências necessárias a fim de evitar acidentes**;*
>
> *II – **fora das áreas urbanas,** quando for conveniente advertir a um condutor que se tem o propósito de **ultrapassá-lo**.*

Os sons emitidos pela buzina estão regulamentação na Resolução nº 35/98 (que será revogada a partir de 1º de janeiro de 2022 pela Resolução nº 764/18) reproduzida parcialmente abaixo:

> *Art. 1º Todos os veículos automotores, nacionais ou importados, produzidos a partir de 01/01/1999, deverão obedecer, nas vias urbanas, o nível máximo permissível de pressão sonora emitida por buzina ou equipamento similar, de 104 decibéis – dB(A), conforme determinado no Anexo.*
>
> *Art. 2º Todos os veículos automotores, nacionais ou importados, produzidos a partir de 1º de janeiro de 2002, deverão obedecer o nível mínimo permissível de pressão sonora emitida por buzina ou equipamento similar, de 93 decibéis – dB(A), conforme determinado no Anexo.*
>
> *Art. 3º Excetuam-se do disposto nos artigos 1º e 2º desta Resolução, os veículos de competição automobilística, reboques, semi-reboques, máquinas de tração agrícola, máquinas industriais de trabalho e tratores.*
>
> *Art. 4º A buzina ou equipamento similar, a que se refere o Art. 1º, não poderá produzir sons contínuos ou intermitentes, assemelhado aos utilizados, privativamente, por veículos de socorro de incêndio e salvamento, de polícia, de operação e fiscalização de trânsito e ambulância.*
>
> *Art. 5º Serão reconhecidos os resultados de ensaios emitidos por órgão credenciado pelo INMETRO – Instituto Nacional de Metrologia, Normalização e Qualificação, pela Comunidade Européia ou pelos Estados Unidos da América.*

Infração relacionada:

> *Art. 227. **Usar buzina:***
>
> ***I – em situação que não a de simples toque breve como advertência ao pedestre ou a condutores de outros veículos;***

II – prolongada e sucessivamente a qualquer pretexto;

III – entre as vinte e duas e as seis horas;

IV – em locais e horários proibidos pela sinalização;

V – em desacordo com os padrões e frequências estabelecidas pelo CONTRAN:

Infração – leve;

Penalidade – multa.

▶ **Como esse assunto foi cobrado em concurso?**

(PREF. MUN. OLINDA/PE – 2011) O condutor do veículo poderá fazer uso da buzina, desde que em toque breve,

(A) dentro das áreas urbanas, quando for conveniente advertir ao condutor que se tem o propósito de ultrapassá-lo.

(B) para fazer as advertências necessárias a fim de evitar acidentes.

(C) após freios bruscos por razão de segurança.

(D) para indicar com antecedência a manobra que será realizada.

(E) sempre que o condutor achar necessário.

Gabarito: Alternativa B conforme art. 41 do CTB.

▶ **Como esse assunto foi cobrado em concurso?**

(GUALIMP - FISCAL DE TRANSPORTE/RJ - 2020)

Em qual das situações abaixo o condutor NÃO será penalizado por usar a buzina?

a) Em locais e horários proibidos pela sinalização.

b) Em situação que não a de simples toque breve como advertência ao pedestre ou a condutores de outros veículos.

c) Fora das áreas urbanas, quando for conveniente advertir a um condutor que se tem o propósito de ultrapassá-lo.

d) Prolongada e sucessivamente a qualquer pretexto.

Gabarito: C

5.14. FREADA BRUSCA

O Código adverte em seu art. 42 que **nenhum** condutor deverá **frear bruscamente seu veículo**, **salvo por razões de segurança**.

Regra geral, a freada brusca sem justo motivo pode ser o indício do cometimento das infrações previstas nos arts. 169 e 192 do CTB.

Art. 169. ***Dirigir sem atenção ou sem os cuidados indispensáveis à segurança:***

Infração – leve;

Penalidade - multa.

Art. 192. ***Deixar de guardar distância de segurança lateral e frontal entre o seu veículo e os demais, bem como em relação ao bordo da pista, considerando-se, no momento, a velocidade, as condições climáticas do local da circulação e do veículo:***

Infração - grave;

Penalidade - multa.

5.15. VELOCIDADE COMPATÍVEL COM A VIA

Ao **regular a velocidade** o condutor deverá observar constantemente as condições físicas da via, do veículo e da carga, as condições meteorológicas e a intensidade do trânsito, **obedecendo aos limites máximos de velocidade estabelecidos para a via**, além de não obstruir a marcha normal dos demais veículos em circulação sem causa justificada, transitando a uma velocidade anormalmente reduzida.

Deverá ainda sempre que quiser **diminuir a velocidade** de seu veículo, certificar-se de que pode fazê-lo sem risco nem inconvenientes para os outros condutores, a não ser que haja perigo iminente e indicar, de forma clara, com a antecedência necessária e a sinalização devida, a manobra de redução de velocidade.

A presente norma revela mais uma vez a necessidade de atenção durante a condução do veículo.

Deve o condutor avaliar todas as características da via, do clima e do próprio veículo, de modo a que a velocidade desenvolvida não seja **incompatível** com a via.

Infrações relacionadas:

Art. 219. ***Transitar com o veículo em velocidade inferior à metade da velocidade máxima estabelecida para a via, retardando ou obstruindo o trânsito, a menos que as condições de tráfego e meteorológicas não o permitam, salvo se estiver na faixa da direita:***

Infração - média;

Penalidade - multa.

Art. 220. ***Deixar de reduzir a velocidade do veículo de forma compatível com a segurança do trânsito:***

I - quando se aproximar de passeatas, aglomerações, cortejos, préstitos e desfiles:

Infração - gravíssima;

Penalidade - multa;

II – nos locais onde o trânsito esteja sendo controlado pelo agente da autoridade de trânsito, mediante sinais sonoros ou gestos;

III – ao aproximar-se da guia da calçada (meio-fio) ou acostamento;

IV – ao aproximar-se de ou passar por interseção não sinalizada;

V – nas vias rurais cuja faixa de domínio não esteja cercada;

VI – nos trechos em curva de pequeno raio;

VII – ao aproximar-se de locais sinalizados com advertência de obras ou trabalhadores na pista;

VIII – sob chuva, neblina, cerração ou ventos fortes;

IX – quando houver má visibilidade;

X – quando o pavimento se apresentar escorregadio, defeituoso ou avariado;

XI – à aproximação de animais na pista;

XII – em declive;

XIII – ao ultrapassar ciclista:

Infração – grave;

Penalidade – multa;

Outra importante medida é a que deve ser tomada ao aproximar-se de qualquer tipo de cruzamento, pois neste caso o condutor do veículo deve demonstrar prudência especial, transitando em velocidade moderada, de forma que possa deter seu veículo com segurança para dar passagem a pedestre e a veículos que tenham o direito de preferência.

A violação deste preceito acarreta a infração prevista no art. 220 do CTB:

Art. 220. Deixar de reduzir a velocidade do veículo de forma compatível com a segurança do trânsito:

[...]

IV – ao aproximar-se de ou passar por interseção não sinalizada;

Infração – grave;

Penalidade – multa;

5.16. PARADA, ESTACIONAMENTO E OPERAÇÃO DE CARGA E DESCARGA

Um tema sempre importante para o estudo é o atinente à **Parada, estacionamento e operação de carga e descarga.**

Pelas definições trazidas pelo anexo I do CTB temos os seguintes conceitos:

Estacionamento – imobilização de veículos por tempo superior ao necessário para embarque ou desembarque de passageiros.

Parada – imobilização do veículo com a finalidade e pelo tempo estritamente necessário para efetuar embarque ou desembarque de passageiros.

▸ **Como esse assunto foi cobrado em concurso?**

(Prefeitura de São Luis/MA – 2017) Nas vias em que seja proibido estacionar, a parada de veículos poderá ser feita

a) pelo tempo necessário à carga e à descarga.

b) restringindo-se ao tempo indispensável para embarque ou desembarque de passageiro, sem interromper o trânsito.

c) de acordo com o tipo e modelo do veículo em circulação.

d) somente se autorizada pela Agência Nacional de Transportes Terrestres.

e) sobre o passeio.

Gabarito: Alternativa B

Operação de carga e descarga – imobilização do veículo, pelo tempo estritamente necessário ao carregamento ou descarregamento de animais ou carga, na forma disciplinada pelo órgão ou entidade executivo de trânsito competente com circunscrição sobre a via.

O próprio código em seu bojo (art. 47), afirma que: *"Quando proibido o estacionamento na via, a parada deverá restringir-se ao tempo indispensável para embarque ou desembarque de passageiros, desde que não interrompa ou perturbe o fluxo de veículos ou a locomoção de pedestres."*

Informa ainda que a **operação de carga ou descarga** será regulamentada pelo órgão ou entidade com circunscrição sobre a via e é **considerada estacionamento.**

As infrações relacionadas são as previstas nos artigos 181 e 182 do CTB, artigos aos quais remetemos o leitor.

5.16.1. POSIÇÃO DO VEÍCULO

O código definiu com precisão as formas corretas de proceder **as operações de estacionamento, parada e operação de carga e descarga**, admitindo exceções desde que sinalizadas, veja:

> *Art. 48. Nas paradas, operações de carga ou descarga e nos estacionamentos, o veículo* ***deverá ser posicionado no sentido do fluxo, paralelo ao bordo da pista de rolamento e junto à guia da calçada (meio-fio)****, admitidas as exceções devidamente sinalizadas.*
>
> *§ 1º Nas vias providas de acostamento, os veículos parados, estacionados ou em operação de carga ou descarga deverão estar situados* ***fora da pista de rolamento****.*
>
> *§ 2º O estacionamento dos* ***veículos motorizados de duas rodas*** *será feito em* ***posição perpendicular à guia da calçada (meio-fio) e junto a ela****, salvo quando houver sinalização que determine outra condição.*

São exemplos de exceções sinalizadas as imagens abaixo:

5.17. ABERTURA DE PORTAS

Antes de sair do veículo, tanto o condutor quanto os passageiros deverão observar o fluxo ao redor (principalmente pelos retrovisores) de modo a não causarem acidentes como os das imagens acima.

A regra do desembarque é que ela seja feita pelo lado da calçada, com exceção, obviamente do motorista. (art. 49 do CTB)

5.18. USO DE FAIXAS DE DOMÍNIO

Por **faixa de domínio** entende-se: superfície lindeira às vias rurais, delimitada por lei específica e sob responsabilidade do órgão ou entidade de trânsito competente com circunscrição sobre a via.

A utilização destas faixas e das áreas adjacentes às estradas e rodovias obedecerá às condições de segurança do trânsito estabelecidas pelo órgão ou entidade com circunscrição sobre a via.

A utilização equivocada destas faixas de domínio poderá ter inúmeros desdobramentos, como por exemplo aqueles previstos nos artigos 83 e 84 do CTB:

> Art. 83. *A afixação de publicidade ou de quaisquer legendas ou símbolos ao longo das vias condiciona-se à prévia aprovação do órgão ou entidade com circunscrição sobre a via.*
>
> Art. 84. *O órgão ou entidade de trânsito com circunscrição sobre a via poderá* ***retirar*** *ou* ***determinar a imediata retirada*** *de qualquer elemento que prejudique a visibilidade da sinalização viária e a segurança do trânsito, com ônus para quem o tenha colocado.*

5.19. SINALIZAÇÃO DE CONDOMÍNIO

Nós já vimos que as vias internas pertencentes a condomínios constituídos por unidades autônomas têm a incidência do CTB mesmo não sendo abertas à circulação.

E por tal motivo as mesmas carecem de sinalização adequada.

Neste caso, a sinalização de regulamentação da via **será implantada e mantida às expensas do próprio condomínio após aprovação dos projetos pelo órgão ou entidade com circunscrição sobre a via.**

5.20. CIRCULAÇÃO DE ANIMAIS E VEÍCULOS DE TRAÇÃO ANIMAL

> Art. 52. ***Os veículos de tração animal serão conduzidos pela direita da pista, junto à guia da calçada (meio-fio) ou acostamento, sempre que não houver faixa especial a eles destinada,*** *devendo seus condutores obedecer, no que couber, às normas de circulação previstas neste Código e às que vierem a ser fixadas pelo órgão ou entidade com circunscrição sobre a via.*

O artigo em tela tem o escopo de fixar a forma como os veículos de tração animal deverão ser conduzidos.

Estes veículos podem ser:

Carroça – veículo de tração animal destinado ao transporte de carga.

Charrete – veículo de tração animal destinado ao transporte de pessoas.

Infração relacionada:

> Art. 247. **Deixar de conduzir pelo bordo da pista de rolamento, em fila única, os veículos de tração ou propulsão humana e os de tração animal, sempre que não houver acostamento ou faixa a eles destinados:**
>
> *Infração – média;*
>
> *Penalidade – multa.*

Quanto à forma de **circulação dos animais**, esta só poderá ser feita quando os animais (isolados ou em grupos) forem conduzidos por um guia e seguindo as seguintes normas (art. 53 do CTB):

> *I – para facilitar os deslocamentos, os rebanhos deverão ser divididos em grupos de tamanho moderado e separados uns dos outros por espaços suficientes para não obstruir o trânsito;*
>
> *II – os animais que circularem pela pista de rolamento deverão ser mantidos junto ao bordo da pista.*

▸ Como esse assunto foi cobrado em concurso?

(POLICIA RODOVIÁRIA FEDERAL – 2008) Acerca da condução de veículos de tração animal e da circulação de animais isolados ou em grupo nas vias, assinale a opção correta de acordo com o CTB.

(A) Os veículos de tração animal terão de ser conduzidos pelo lado esquerdo da pista, sempre que não houver faixa especial a eles destinada.

(B) Os animais isolados ou em grupos só podem circular nas vias quando conduzidos por um guia, e, para facilitar os deslocamentos, os rebanhos não devem ser divididos em grupos.

(C) Os animais que circularem pela pista de rolamento deverão ser mantidos junto ao bordo da pista.

(D) A circulação de animais sobre pontes de rodovias federais, quando em grupo, só pode ocorrer com total paralisação do trânsito de veículos.

(E) Compete à PRF, no âmbito das rodovias e estradas federais, aplicar e arrecadar as multas impostas por infrações de trânsito e os valores provenientes de estada e remoção de veículos e objetos, mas não os valores provenientes da remoção de animais, pois tal competência cabe à autoridade de trânsito estadual.

Gabarito: Alternativa C.

5.21. MOTOCICLETAS, MOTONETAS E CICLOMOTORES

Várias são as regras atinentes à utilização de motocicletas, motonetas e ciclomotores.

Em primeiro lugar considere as denominações presentes no Anexo I do CTB.

Motocicleta	veículo automotor de duas rodas, com ou sem *side-car*, dirigido por condutor em posição montada.
Motoneta	veículo automotor de duas rodas, dirigido por condutor em posição sentada.
Ciclomotor	CICLOMOTOR – veículo de 2 (duas) ou 3 (três) rodas, provido de motor de combustão interna, cuja cilindrada não exceda a 50 cm3 (cinquenta centímetros cúbicos), equivalente a 3,05 pol3 (três polegadas cúbicas e cinco centésimos), ou de motor de propulsão elétrica com potência máxima de 4 kW (quatro quilowatts), e cuja velocidade máxima de fabricação não exceda a 50 Km/h (cinquenta quilômetros por hora).

Os condutores que utilizam estes meios de transportes só poderão circular nas vias utilizando **capacete de segurança, com viseira ou óculos protetores**.

Um problema para a fiscalização atualmente é o perfeito enquadramento da **não utilização do capacete**.

Este tema já apresenta sua relevância nos incisos I e II do art. 244 do CTB:

> *Art. 244. Conduzir motocicleta, motoneta e ciclomotor:*
>
> I - sem usar capacete de segurança ou vestuário de acordo com as normas e as especificações aprovadas pelo Contran;
>
> *II – **transportando passageiro sem o capacete de segurança, na forma estabelecida no inciso anterior, ou fora do assento suplementar colocado atrás do condutor ou em carro lateral**;*
>
> *Infração – gravíssima;*
>
> *Penalidade – multa e suspensão do direito de dirigir;*
>
> *Medida administrativa – Recolhimento do documento de habilitação;*

Perceba que ele é claro e **taxativo** quanto a utilização equivocada do **capacete**.

Mesmo diante desta clareza textual, O CONTRAN através da **Resolução nº 453/13**, dividiu em várias hipóteses esta infração e com **VÁRIOS** enquadramentos diferentes presentes no art. 4º da Resolução citada:

> *Art. 4º Dirigir ou conduzir passageiro em descumprimento às disposições contidas nesta Resolução implicará nas sanções previstas no CTB, conforme abaixo:*
>
> *I – com o capacete fora das especificações contidas no art. 2º, exceto inciso II, combinado com o Anexo: art. 230, inciso X, do CTB;*
>
> *II, combinado com o Anexo: art. 230, inciso X, do CTB; II – utilizando viseira ou óculos de proteção em descumprimento ao disposto no art. 3º ou utilizando capacete não afixado na cabeça conforme art. 1º: art. 169 do CTB;*

III – não uso de capacete motociclístico, capacete não encaixado na cabeça ou uso de capacete indevido, conforme Anexo: incisos I ou II do art. 244 do CTB, conforme o caso.

Ocorre que a princípio, a instituição desta divisão feita pelo CONTRAN é ilegal, eis que tal órgão não tem competência para criação de regras além de sua competência.

Este inclusive foi o entendimento do Supremo Tribunal Federal no julgamento da ADI 2998 firmado em abril de 2019, quando por maioria de votos o Colegiado julgou parcialmente procedente a demanda afastando a possibilidade de estabelecimento de sanções por parte do CONTRAN.

Naquela oportunidade, o relator, Ministro Marco Aurélio considerou inconstitucional o ponto que confere ao Contran a possibilidade de criar sanções e votou no sentido de dar interpretação conforme a Constituição para excluir a possibilidade de o órgão atuar normativamente, como se legislador fosse.

Este julgado provavelmente irá desencadear um efeito cascata em várias resoluções editadas pelo CONTRAN.

▸ Como esse assunto foi cobrado em concurso?

(UECE – Agente de Trânsito – Detran – CE/2018) No que concerne ao uso do capacete motociclístico, segundo a Resolução nº 453/2013 – CONTRAN, é correto afirmar que NÃO constitui um item de fiscalização, por parte das autoridades de trânsito ou seus agentes, observar

a) se o capacete motociclístico utilizado é certificado pelo INMETRO.

b) o estado geral do capacete, buscando avarias ou danos que identifiquem a sua inadequação para o uso.

c) se o capacete pertence ao proprietário do veículo.

d) a aposição de dispositivo retrorrefletivo de segurança nas partes laterais e traseira do capacete motociclístico.

Gabarito: Alternativa C

▸ Como esse assunto foi cobrado em concurso?

Em operação de fiscalização em uma rodovia federal, a equipe da PRF verificou que o condutor de um quadriciclo não fazia uso do capacete. O policial que abordou o condutor o liberou, considerando que o uso de capacete pelo condutor desse tipo de veículo se restringe à condução em vias urbanas pavimentadas. **Assertiva:** Nessa situação, foram adequadas as condutas do policial e do condutor:

( ) Certo ( ) Errado

GABARITO: Errado. Veja o que diz o inciso I do art. 5º da Resolução nº 573 do CONTRAN:

Art. 5º Devem ser observados os seguintes requisitos para condução do quadriciclo nas vias públicas:

I – O condutor e o passageiro devem utilizar capacete de segurança, com viseira ou óculos protetores, em acordo com a legislação vigente aplicável às motocicletas, para os veículos enquadrados no inciso I do Art. 2º desta Resolução.

II - A Carteira Nacional de Habilitação do condutor será do tipo B.

Outras regras importantes destinadas aos condutores destes veículos são:

Segurar o guidom com as duas mãos e usar vestuário de proteção de acordo com as especificações do CONTRAN. (art. 54 do CTB).

Quanto ao transporte de passageiros nestes veículos, o art. 55 do CTB informa que estes somente poderão ser transportados:

I – utilizando capacete de segurança;

II – em carro lateral acoplado aos veículos ou em assento suplementar atrás do condutor;

III – usando vestuário de proteção, de acordo com as especificações do CONTRAN.

A forma correta de conduzir os **ciclomotores** também foi tutelada pelo CTB presente tal norma no art. 57:

Art. 57. Os ***ciclomotores*** *devem ser conduzidos pela direita da pista de rolamento, preferencialmente no centro da faixa mais à direita ou no bordo direito da pista sempre que não houver acostamento ou faixa própria a eles destinada, proibida a sua circulação nas vias de trânsito rápido e sobre as calçadas das vias urbanas.*

Parágrafo único. Quando uma via comportar duas ou mais faixas de trânsito e a da direita for destinada ao uso exclusivo de outro tipo de veículo, os ciclomotores deverão circular pela faixa adjacente à da direita.

Os **ciclomotores** dada sua baixa cilindrada não podem circular imediatamente junto aos demais veículos de maior potência, pois tal fato iria prejudicar substancialmente o fluxo e a segurança de todos.

Neste sentido foram fixadas as regras acima regulando a circulação deste meio de transporte tão utilizando atualmente.

Infrações relacionadas:

Art. 244. Conduzir motocicleta, motoneta e ciclomotor:

I - sem usar capacete de segurança ou vestuário de acordo com as normas e as especificações aprovadas pelo Contran;

II – transportando passageiro sem o capacete de segurança, na forma estabelecida no inciso anterior, ou fora do assento suplementar colocado atrás do condutor ou em carro lateral;

III – fazendo malabarismo ou equilibrando-se apenas em uma roda;

IV – revogado pela lei 14.071/20

V - transportando criança menor de 10 (dez) anos de idade ou que não tenha, nas circunstâncias, condições de cuidar da própria segurança:

Infração - gravíssima;

Penalidade - multa e suspensão do direito de dirigir;

Medida administrativa - retenção do veículo até regularização e recolhimento do documento de habilitação;

VI – rebocando outro veículo;

VII – sem segurar o guidom com ambas as mãos, salvo eventualmente para indicação de manobras;

VIII – transportando carga incompatível com suas especificações ou em desacordo com o previsto no § 2º do art. 139-A desta Lei;

IX – efetuando transporte remunerado de mercadorias em desacordo com o previsto no art. 139-A desta Lei ou com as normas que regem a atividade profissional dos mototaxistas:

Infração – grave;

Penalidade – multa;

X - com a utilização de capacete de segurança sem viseira ou óculos de proteção ou com viseira ou óculos de proteção em desacordo com a regulamentação do Contran;

XI - transportando passageiro com o capacete de segurança utilizado na forma prevista no inciso X do **caput** deste artigo:

Infração – média;

Penalidade – multa;

Medida administrativa - retenção do veículo até regularização;

Medida administrativa – apreensão do veículo para regularização.

§ 1º Para ciclos aplica-se o disposto nos incisos III, VII e VIII, além de:

a) conduzir passageiro fora da garupa ou do assento especial a ele destinado;

b) transitar em vias de trânsito rápido ou rodovias, salvo onde houver acostamento ou faixas de rolamento próprias;

c) transportar crianças que não tenham, nas circunstâncias, condições de cuidar de sua própria segurança.

§ 2º Aplica-se aos ciclomotores o disposto na alínea b do parágrafo anterior:

Infração – média;

Penalidade – multa.

*§ 3º A restrição imposta pelo inciso VI do **caput** deste artigo não se aplica às motocicletas e motonetas que tracionem semi-reboques especialmente projetados para esse fim e devidamente homologados pelo órgão competente. (Incluído pela Lei nº 10.517, de 2002)*

Art. 252. Dirigir o veículo:

IV – usando calçado que não se firme nos pés ou que comprometa a utilização dos pedais;

V – com apenas uma das mãos, exceto quando deva fazer sinais regulamentares de braço, mudar a marcha do veículo, ou acionar equipamentos e acessórios do veículo;

Infração – média;

Penalidade – multa.

5.22. BICICLETAS

A condução de **bicicleta** foi regulada de maneira muito pertinente pelo CTB, especificando a **forma de condução e os locais apropriados para tal**.

*Art. 58. **Nas vias urbanas e nas rurais de pista dupla, a circulação de bicicletas deverá ocorrer, quando não houver ciclovia, ciclofaixa, ou acostamento, ou quando não for possível a utilização destes, nos bordos da pista de rolamento, no mesmo sentido de circulação regulamentado para a via, com preferência sobre os veículos automotores.***

*Parágrafo único. **A autoridade de trânsito com circunscrição sobre a via poderá autorizar a circulação de bicicletas no sentido contrário ao fluxo dos veículos automotores, desde que dotado o trecho com ciclofaixa.***

*Art. 59. **Desde que autorizado e devidamente sinalizado pelo órgão ou entidade com circunscrição sobre a via, será permitida a circulação de bicicletas nos passeios.***

Por **bicicleta** entende-se o veículo de propulsão humana dotado de duas rodas, não sendo para efeito do Código similar à motocicleta, motoneta e ciclomotor.

Ainda temos o conceito de **bicicletário** como sendo o local na via ou fora dela destinado ao estacionamento de bicicletas.

Dois conceitos importantes principalmente para provas e concursos é a distinção entre ciclofaixa e ciclovia.

Ciclofaixa	parte da pista de rolamento destinada à circulação exclusiva de ciclos, delimitada por sinalização específica.
Ciclovia	pista própria destinada à circulação de ciclos, separada fisicamente do tráfego comum.

Pelo texto, vemos que o CTB fixou uma ordem de prevalência entre os locais possíveis de circulação das bicicletas.

1º Lugar: Ciclovia

2º Lugar: Ciclofaixa

3º Lugar: Acostamento

4º Lugar: bordo da pista de rolamento no mesmo sentido de circulação regulamentado para a via.

Vale lembrar que é possível a circulação em **sentido contrário** desde que haja autorização da autoridade de trânsito competente e a via seja dotada de ciclofaixa.

Sobre os equipamentos de segurança obrigatórios para bicicletas, foi editada a Resolução nº 46/98 do CONTRAN.

Infrações relacionadas:

> *Art. 255.* ***Conduzir bicicleta em passeios onde não seja permitida a circulação desta, ou de forma agressiva, em desacordo com o disposto no parágrafo único do art. 59:***
>
> *Infração – média;*
>
> *Penalidade – multa;*
>
> *Medida administrativa – remoção da bicicleta, mediante recibo para o pagamento da multa.*

Uma novidade importante sobre o tema foi a edição da **Resolução nº 706/17** do CONTRAN que dispunha sobre a padronização dos procedimentos administrativos na lavratura de auto de infração, na expedição de notificação de autuação e de notificação de penalidades por **infrações de responsabilidade de pedestres e de ciclistas**, expressamente mencionadas no Código de Trânsito Brasileiro – CTB.

Esta resolução vinha para responder algumas perguntas já antigas sobre a forma de fiscalizar e autuar os infratores.

Neste sentido, restou fixado o seguinte:

> *Art. 2º Constatada a infração pela autoridade de trânsito ou por seu agente será lavrado o Auto de Infração na forma definida nesta Resolução.*
>
> *(...)*
>
> *§ 3º O infrator será obrigatoriamente* ***identificado*** *no auto de infração, mediante abordagem, na qual serão inseridos o nome completo, documento de identificação previsto na legislação vigente e, quando possível, o endereço e a inscrição no Cadastro de Pessoas Físicas-CPF, para os fins de que trata a presente Resolução.*

§ 4º Para lavratura do auto de infração, ***serão lançadas as informações disponíveis da bicicleta****, aplicando-se, no que couber o disposto no artigo 280 do CTB.*

Ocorre que esta normativa fora revogada pela Resolução nº 722/19 que fora expedida exclusivamente para este objetivo, o que em verdade retornou o tema para a penumbra já existente.

5.23. CRIANÇAS

O transporte das crianças nos veículos automotores e elétricos deve ser realizado com extrema cautela e observando as diversas normas de segurança em virtude da fragilidade das pessoas envolvidas.

> Art. 64. As crianças com idade inferior a 10 (dez) anos que não tenham atingido 1,45 m (um metro e quarenta e cinco centímetros) de altura devem ser transportadas nos bancos traseiros, em dispositivo de retenção adequado para cada idade, peso e altura, salvo exceções relacionadas a tipos específicos de veículos regulamentadas pelo Contran.
>
> Parágrafo único. O Contran disciplinará o uso excepcional de dispositivos de retenção no banco dianteiro do veículo e as especificações técnicas dos dispositivos de retenção a que se refere o **caput** deste artigo

A redação acima foi dada pela lei nª 14.071/20 que ainda carece de regulamentação. Todavia, enquanto não há uma nova resolução do CONTRAN, deve-se seguir as previsões dispostas nas de nº 277/08 e 533/15.

Regulamentando a matéria, a Resolução nº 277/08 que dispõe sobre o transporte de menores de 10 anos e a utilização do dispositivo de retenção para o transporte de crianças em veículos que prevê que para transitar em veículos automotores, **os menores de dez anos deverão ser transportados nos bancos traseiros usando individualmente cinto de segurança ou sistema de retenção equivalente, na forma prevista no Anexo da Resolução.**

O **dispositivo de retenção para crianças** é o conjunto de elementos que contém uma combinação de tiras com fechos de travamento, dispositivo de ajuste, partes de fixação e, em certos casos, dispositivos como: um berço portátil porta-bebê, uma cadeirinha auxiliar ou uma proteção antichoque que devem ser fixados ao veículo, mediante a utilização dos cintos de segurança ou outro equipamento apropriado instalado pelo fabricante do veículo com tal finalidade.

Os dispositivos acima são projetados para **reduzir o risco ao usuário em casos de colisão ou de desaceleração repentina do veículo, limitando o deslocamento do corpo da criança com idade até sete anos e meio.**

A Resolução nº 533/15 deu nova redação ao parágrafo 3º do art. 1º que revela onde estes dispositivos não serão exigidos, veja:

> *§ 3º As exigências relativas ao sistema de retenção, no transporte de crianças com até sete anos e meio de idade, não se aplicam aos veículos de transporte coletivo, aos de aluguel, aos de transporte autônomo de passageiro (táxi) e aos demais veículos com peso bruto total superior a 3,5t."*

Sobre a regra de transporte de menores de 10 anos no banco dianteiro, a referida Resolução nº 277/08 trouxe algumas importantes **exceções à regra**:

> *1ª) Na hipótese de a quantidade de crianças com **idade inferior a dez anos** exceder a capacidade de lotação do banco traseiro, será admitido o transporte daquela de maior estatura no banco dianteiro, utilizando o cinto de segurança do veículo ou dispositivo de retenção adequado ao seu peso e altura.*
>
> *2ª) Excepcionalmente, nos veículos dotados exclusivamente de banco dianteiro, o transporte de crianças **com até dez anos de idade** poderá ser realizado neste banco, utilizando-se sempre o dispositivo de retenção adequado ao peso e altura da criança.*

Sobre o transporte de crianças em veículos automotores particulares, a Resolução nº 277/08 fixou condições mínimas de segurança de forma a reduzir o risco ao usuário em casos de colisão ou de desaceleração repentina do veículo, limitando o deslocamento do corpo da criança e dividiu o transporte de formas a depender da idade do menor.

As normas são as seguintes:

> *1 - As Crianças com até um ano de idade deverão utilizar obrigatoriamente o dispositivo de retenção denominado "bebê conforto ou conversível"*
>
> *2 - As crianças com idade superior a um ano e inferior ou igual a quatro anos deverão utilizar obrigatoriamente o dispositivo de retenção denominado "cadeirinha"*
>
> *3 - As crianças com idade superior a quatro anos e inferior ou igual a sete anos e meio deverão utilizar o dispositivo de retenção denominado "assento de elevação".*
>
> *4 - As crianças com idade superior a sete anos e meio e inferior ou igual a dez anos deverão utilizar o cinto de segurança do veículo*

Infração relacionada:

> *Art. 168. **Transportar crianças em veículo automotor sem observância das normas de segurança especiais estabelecidas neste Código:***
>
> *Infração - gravíssima;*
>
> *Penalidade - multa;*
>
> *Medida administrativa - retenção do veículo até que a irregularidade seja sanada.*

5.24. CINTO DE SEGURANÇA

O cinto de segurança é um dos itens de segurança mais importantes dos veículos e não pode ter o seu uso negligenciado.

> Art. 65. ***É obrigatório o uso do cinto de segurança para condutor e passageiros em todas as vias do território nacional, salvo em situações regulamentadas pelo CONTRAN.***

Importante ainda verificarmos a Resolução nº 278/08 que proíbe a utilização de dispositivos que travem, afrouxem ou modifiquem o funcionamento dos cintos de segurança:

> Art. 1º ***Fica proibida a utilização de dispositivos no cinto de segurança que travem, afrouxem ou modifiquem o seu funcionamento normal.***
>
> *Parágrafo Único Não constitui violação do disposto no caput a utilização do cinto de segurança para a instalação de dispositivo de retenção para transporte de crianças, observadas as prescrições dos fabricantes desses equipamentos infantis.*
>
> *Art 2º O descumprimento do disposto nesta Resolução acarretará as sanções previstas no inciso IX, do artigo 230 do Código de Trânsito Brasileiro.*

Infrações relacionadas:

> Art. 167. ***Deixar o condutor ou passageiro de usar o cinto de segurança, conforme previsto no art. 65:***
>
> *Infração – grave;*
>
> *Penalidade – multa;*
>
> *Medida administrativa – retenção do veículo até colocação do cinto pelo infrator.*
>
> *Art. 230. Conduzir o veículo:*
>
> *[...]*
>
> *IX – sem equipamento obrigatório ou estando este ineficiente ou inoperante;*

Se no veículo **mais de uma pessoa estiver sem o cinto de segurança,** será registrada apenas uma infração.

Sobre o tema:

> Ementa: INFRAÇÃO DE TRÂNSITO. CINTO DE SEGURANÇA. CONDUTOR. PASSAGEIRO. MULTA 1. Por força da presunção de legitimidade dos atos administrativos, a desconstituição da penalidade imposta diante da prática de infração administrativa no trânsito exige a prova inequívoca da ilegalidade do ato. 2. Incumbe ao autor a prova do fato constitutivo do seu direito. Art. 333, inciso I, do CPC. Hipótese em que não há prova de que a parte não praticou a infração prevista no artigo 167 do CTB, qual seja, deixar o condutor ou passageiro de usar o cinto de segurança, conforme previsto no art. 65. **3. Ao condutor flagrado sem cinto de segurança transportando passageiro, também, sem o equipamento, será aplicada apenas uma multa pela prática da infração de trânsito prevista no artigo 167 do CTB.** Recurso provido em parte. (Apelação Cível Nº 70063000285, Vigésima Segunda Câmara Cível, Tribunal de Justiça do RS, Relator: Maria Isabel de Azevedo Souza, Julgado em 17/01/2015)

Como esse assunto foi cobrado em concurso?

(UECE - Agente de Trânsito - Detran - CE/2018) Deixar o condutor ou passageiro de usar o cinto de segurança, constitui infração

a) grave, cuja penalidade corresponde a multa, e a medida administrativa correspondente é a retenção do veículo até a colocação do cinto pelo infrator.

b) grave, cuja penalidade corresponde à suspensão do direito de dirigir por 30 (trinta) dias, e a medida administrativa correspondente é a retenção do veículo.

c) gravíssima, cuja penalidade corresponde a multa e suspensão do direito de dirigir por 30 (trinta) dias, e a medida administrativa correspondente é a retenção do veículo até a colocação do cinto pelo infrator.

d) gravíssima, cuja penalidade corresponde a multa, e a medida administrativa correspondente é a retenção do veículo.

Gabarito: Alternativa A

5.25. PROVAS E COMPETIÇÕES DESPORTIVAS

O CTB é taxativo ao impedir **rachas e demonstração de habilidade com malabarismo** etc., nas vias públicas, mas permite que nestas vias sejam realizadas eventualmente **competições** nas suas variadas modalidades.

Todavia exige o cumprimento de determinados e essenciais requisitos para a regular realização destes eventos.

O art. 67 do CTB traduz esta realidade.

> Art. 67. ***As provas ou competições desportivas, inclusive seus ensaios, em via aberta à circulação, só poderão ser realizadas mediante prévia permissão da autoridade de trânsito com circunscrição sobre a via e dependerão de:***
>
> ***I - autorização expressa da respectiva confederação desportiva ou de entidades estaduais a ela filiadas;***
>
> ***II - caução ou fiança para cobrir possíveis danos materiais à via;***
>
> ***III - contrato de seguro contra riscos e acidentes em favor de terceiros;***
>
> ***IV - prévio recolhimento do valor correspondente aos custos operacionais em que o órgão ou entidade permissionária incorrerá.***
>
> *Parágrafo único. A autoridade com circunscrição sobre a via arbitrará os valores mínimos da caução ou fiança e do contrato de seguro.*

Perceba que a realização destas competições para que sejam regulares exige o cumprimento de uma série de requisitos sob pena de infração de trânsito.

Infração relacionada:

> *Art. 174. Promover, na via, competição, eventos organizados, exibição e demonstração de perícia em manobra de veículo, ou deles participar, como condutor, sem permissão da autoridade de trânsito com circunscrição sobre a via:*
>
> *Infração – gravíssima;*
>
> *Penalidade – multa (dez vezes), suspensão do direito de dirigir e apreensão do veículo;*
>
> *Medida administrativa – recolhimento do documento de habilitação e remoção do veículo.*

Dada a sua importância singular para provas de concursos, e de modo a completar os seus estudos, doravante iremos apresentar a literalidade dos artigos presentes nos capítulos III e IV do CTB referentes às normas gerais de circulação e conduta, pedestres e condutores de veículos não motorizados com referência às devidas infrações.

NORMA GERAL DE CIRCULAÇÃO E CONDUTA	INFRAÇÕES RELACIONADAS
Art. 26. Os usuários das vias terrestres devem: I – abster-se de todo ato que possa constituir perigo ou obstáculo para o trânsito de veículos, de pessoas ou de animais, ou ainda causar danos a propriedades públicas ou privadas; II – abster-se de obstruir o trânsito ou torná-lo perigoso, atirando, depositando ou abandonando na via objetos ou substâncias, ou nela criando qualquer outro obstáculo.	Art. 172. Atirar do veículo ou abandonar na via objetos ou substâncias: Infração – média; Penalidade – multa. Art. 245. Utilizar a via para depósito de mercadorias, materiais ou equipamentos, sem autorização do órgão ou entidade de trânsito com circunscrição sobre a via: Infração – grave; Penalidade – multa; Medida administrativa – remoção da mercadoria ou do material. Parágrafo único. A penalidade e a medida administrativa incidirão sobre a pessoa física ou jurídica responsável.
Art. 27. Antes de colocar o veículo em circulação nas vias públicas, o condutor deverá verificar a existência e as boas condições de funcionamento dos equipamentos de uso obrigatório, bem como assegurar-se da existência de combustível suficiente para chegar ao local de destino.	Art. 180. Ter seu veículo imobilizado na via por falta de combustível: Infração – média; Penalidade – multa; Medida administrativa – remoção do veículo. Art. 230. Conduzir o veículo: IX – sem equipamento obrigatório ou estando este ineficiente ou inoperante; X – com equipamento obrigatório em desacordo com o estabelecido pelo CONTRAN; Infração – grave; Penalidade – multa; Medida administrativa – retenção do veículo para regularização;

NORMA GERAL DE CIRCULAÇÃO E CONDUTA	INFRAÇÕES RELACIONADAS
Art. 28. O condutor deverá, a todo momento, ter domínio de seu veículo, dirigindo-o com atenção e cuidados indispensáveis à segurança do trânsito.	Art. 169. Dirigir sem atenção ou sem os cuidados indispensáveis à segurança: Infração – leve; Penalidade – multa.
Art. 29. O trânsito de veículos nas vias terrestres abertas à circulação obedecerá às seguintes normas: I – a circulação far-se-á pelo lado direito da via, admitindo-se as exceções devidamente sinalizadas;	Art. 184. Transitar com o veículo: I – na faixa ou pista da direita, regulamentada como de circulação exclusiva para determinado tipo de veículo, exceto para acesso a imóveis lindeiros ou conversões à direita: Infração – leve; Penalidade – multa; II – na faixa ou pista da esquerda regulamentada como de circulação exclusiva para determinado tipo de veículo: Infração – grave; Penalidade – multa. III – na faixa ou via de trânsito exclusivo, regulamentada com circulação destinada aos veículos de transporte público coletivo de passageiros, salvo casos de força maior e com autorização do poder público competente: Infração – gravíssima; Penalidade – multa e apreensão do veículo; Medida Administrativa – remoção do veículo.
	Art. 185. Quando o veículo estiver em movimento, deixar de conservá-lo: I – na faixa a ele destinada pela sinalização de regulamentação, exceto em situações de emergência; II – nas faixas da direita, os veículos lentos e de maior porte: Infração – média; Penalidade – multa. Art. 186. Transitar pela contramão de direção em: I – vias com duplo sentido de circulação, exceto para ultrapassar outro veículo e apenas pelo tempo necessário, respeitada a preferência do veículo que transitar em sentido contrário: Infração – grave; Penalidade – multa; II – vias com sinalização de regulamentação de sentido único de circulação: Infração – gravíssima; Penalidade – multa.

NORMA GERAL DE CIRCULAÇÃO E CONDUTA	INFRAÇÕES RELACIONADAS
Art. 29. O trânsito de veículos nas vias terrestres abertas à circulação obedecerá às seguintes normas: II – o condutor deverá guardar distância de segurança lateral e frontal entre o seu e os demais veículos, bem como em relação ao bordo da pista, considerando-se, no momento, a velocidade e as condições do local, da circulação, do veículo e as condições climáticas;	Art. 192. Deixar de guardar distância de segurança lateral e frontal entre o seu veículo e os demais, bem como em relação ao bordo da pista, considerando-se, no momento, a velocidade, as condições climáticas do local da circulação e do veículo: Infração – grave; Penalidade – multa.
Art. 29. O trânsito de veículos nas vias terrestres abertas à circulação obedecerá às seguintes normas: III – quando veículos, transitando por fluxos que se cruzem, se aproximarem de local não sinalizado, terá preferência de passagem: a) no caso de apenas um fluxo ser proveniente de rodovia, aquele que estiver circulando por ela; b) no caso de rotatória, aquele que estiver circulando por ela; c) nos demais casos, o que vier pela direita do condutor;	Art. 215. Deixar de dar preferência de passagem: I – em interseção não sinalizada: a) a veículo que estiver circulando por rodovia ou rotatória; b) a veículo que vier da direita; Infração – grave; Penalidade – multa.
Art. 29. O trânsito de veículos nas vias terrestres abertas à circulação obedecerá às seguintes normas: IV – quando uma pista de rolamento comportar várias faixas de circulação no mesmo sentido, são as da direita destinadas ao deslocamento dos veículos mais lentos e de maior porte, quando não houver faixa especial a eles destinada, e as da esquerda, destinadas à ultrapassagem e ao deslocamento dos veículos de maior velocidade; V – o trânsito de veículos sobre passeios, calçadas e nos acostamentos, só poderá ocorrer para que se adentre ou se saia dos imóveis ou áreas especiais de estacionamento;	Art. 193. Transitar com o veículo em calçadas, passeios, passarelas, ciclovias, ciclofaixas, ilhas, refúgios, ajardinamentos, canteiros centrais e divisores de pista de rolamento, acostamentos, marcas de canalização, gramados e jardins públicos: Infração – gravíssima; Penalidade – multa (três vezes).
Art. 29. O trânsito de veículos nas vias terrestres abertas à circulação obedecerá às seguintes normas: VI – os veículos precedidos de batedores terão prioridade de passagem, respeitadas as demais normas de circulação;	Art. 189. Deixar de dar passagem aos veículos precedidos de batedores, de socorro de incêndio e salvamento, de polícia, de operação e fiscalização de trânsito e às ambulâncias, quando em serviço de urgência e devidamente identificados por dispositivos regulamentados de alarme sonoro e iluminação vermelha intermitentes: Infração – gravíssima; Penalidade – multa.

NORMA GERAL DE CIRCULAÇÃO E CONDUTA	INFRAÇÕES RELACIONADAS
Art. 29. O trânsito de veículos nas vias terrestres abertas à circulação obedecerá às seguintes normas: VII – os veículos destinados a socorro de incêndio e salvamento, os de polícia, os de fiscalização e operação de trânsito e as ambulâncias, além de prioridade no trânsito, gozam de livre circulação, estacionamento e parada, quando em serviço de urgência, de policiamento ostensivo ou de preservação da ordem pública, observadas as seguintes disposições: a) quando os dispositivos regulamentares de alarme sonoro e iluminação intermitente estiverem acionados, indicando a proximidade dos veículos, todos os condutores deverão deixar livre a passagem pela faixa da esquerda, indo para a direita da via e parando, se necessário; b) os pedestres, ao ouvirem o alarme sonoro ou avistarem a luz intermitente, deverão aguardar no passeio e somente atravessar a via quando o veículo já tiver passado pelo local; .... e) as prerrogativas de livre circulação e de parada serão aplicadas somente quando os veículos estiverem identificados por dispositivos regulamentares de alarme sonoro e iluminação intermitente; f) a prerrogativa de livre estacionamento será aplicada somente quando os veículos estiverem identificados por dispositivos regulamentares de iluminação intermitente;	Art. 189. Deixar de dar passagem aos veículos precedidos de batedores, de socorro de incêndio e salvamento, de polícia, de operação e fiscalização de trânsito e às ambulâncias, quando em serviço de urgência e devidamente identificados por dispositivos regulamentados de alarme sonoro e iluminação vermelha intermitentes: Infração – gravíssima; Penalidade – multa. Art. 190. Seguir veículo em serviço de urgência, estando este com prioridade de passagem devidamente identificada por dispositivos regulamentares de alarme sonoro e iluminação vermelha intermitentes:
deixar livre a passagem pela faixa da esquerda, indo para a direita da via e parando, se necessário; b) os pedestres, ao ouvir o alarme sonoro, deverão aguardar no passeio, só atravessando a via quando o veículo já tiver passado pelo local; c) o uso de dispositivos de alarme sonoro e de iluminação vermelha intermitente só poderá ocorrer quando da efetiva prestação de serviço de urgência; d) a prioridade de passagem na via e no cruzamento deverá se dar com velocidade reduzida e com os devidos cuidados de segurança, obedecidas as demais normas deste Código;	Infração – grave; Penalidade – multa. Art. 222. Deixar de manter ligado, nas situações de atendimento de emergência, o sistema de iluminação vermelha intermitente dos veículos de polícia, de socorro de incêndio e salvamento, de fiscalização de trânsito e das ambulâncias, ainda que parados: Infração – média; Penalidade – multa.

NORMA GERAL DE CIRCULAÇÃO E CONDUTA	INFRAÇÕES RELACIONADAS
Art. 29. O trânsito de veículos nas vias terrestres abertas à circulação obedecerá às seguintes normas: VIII – os veículos prestadores de serviços de utilidade pública, quando em atendimento na via, gozam de livre parada e estacionamento no local da prestação de serviço, desde que devidamente sinalizados, devendo estar identificados na forma estabelecida pelo CONTRAN;	As infrações relacionadas a estacionamento e parada estão previstas nos artigos 181 e 182 do CTB
Art. 29. O trânsito de veículos nas vias terrestres abertas à circulação obedecerá às seguintes normas: IX – a ultrapassagem de outro veículo em movimento deverá ser feita pela esquerda, obedecida a sinalização regulamentar e as demais normas estabelecidas neste Código, exceto quando o veículo a ser ultrapassado estiver sinalizando o propósito de entrar à esquerda;	Art. 199. Ultrapassar pela direita, salvo quando o veículo da frente estiver colocado na faixa apropriada e der sinal de que vai entrar à esquerda: Infração – média; Penalidade – multa. Art. 200. Ultrapassar pela direita veículo de transporte coletivo ou de escolares, parado para embarque ou desembarque de passageiros, salvo quando houver refúgio de segurança para o pedestre: Infração – gravíssima; Penalidade – multa. Art. 202. Ultrapassar outro veículo: I – pelo acostamento; Infração – gravíssima; Penalidade – multa (cinco vezes).
Art. 29. O trânsito de veículos nas vias terrestres abertas à circulação obedecerá às seguintes normas: X – todo condutor deverá, antes de efetuar uma ultrapassagem, certificar-se de que: a) nenhum condutor que venha atrás haja começado uma manobra para ultrapassá-lo; b) quem o precede na mesma faixa de trânsito não haja indicado o propósito de ultrapassar um terceiro; c) a faixa de trânsito que vai tomar esteja livre numa extensão suficiente para que sua manobra não ponha em perigo ou obstrua o trânsito que venha em sentido contrário;	Art. 191. Forçar passagem entre veículos que, transitando em sentidos opostos, estejam na iminência de passar um pelo outro ao realizar operação de ultrapassagem: Infração – gravíssima; Penalidade – multa (dez vezes) e suspensão do direito de dirigir. Parágrafo único. Aplica-se em dobro a multa prevista no caput em caso de reincidência no período de até 12 (doze) meses da infração anterior.

NORMA GERAL DE CIRCULAÇÃO E CONDUTA	INFRAÇÕES RELACIONADAS
Art. 29. O trânsito de veículos nas vias terrestres abertas à circulação obedecerá às seguintes normas: XI – todo condutor ao efetuar a ultrapassagem deverá: a) indicar com antecedência a manobra pretendida, acionando a luz indicadora de direção do veículo ou por meio de gesto convencional de braço;	Art. 196. Deixar de indicar com antecedência, mediante gesto regulamentar de braço ou luz indicadora de direção do veículo, o início da marcha, a realização da manobra de parar o veículo, a mudança de direção ou de faixa de circulação: Infração – grave; Penalidade – multa.
Art. 29. O trânsito de veículos nas vias terrestres abertas à circulação obedecerá às seguintes normas: XI – todo condutor ao efetuar a ultrapassagem deverá: b) afastar-se do usuário ou usuários aos quais ultrapassa, de tal forma que deixe livre uma distância lateral de segurança;	Art. 192. Deixar de guardar distância de segurança lateral e frontal entre o seu veículo e os demais, bem como em relação ao bordo da pista, considerando-se, no momento, a velocidade, as condições climáticas do local da circulação e do veículo: Infração – grave; Penalidade – multa. Art. 201. Deixar de guardar a distância lateral de um metro e cinquenta centímetros ao passar ou ultrapassar bicicleta: Infração – média; Penalidade – multa.
Art. 29. O trânsito de veículos nas vias terrestres abertas à circulação obedecerá às seguintes normas: c) retomar, após a efetivação da manobra, a faixa de trânsito de origem, acionando a luz indicadora de direção do veículo ou fazendo gesto convencional de braço, adotando os cuidados necessários para não pôr em perigo ou obstruir o trânsito dos veículos que ultrapassou; XII – os veículos que se deslocam sobre trilhos terão preferência de passagem sobre os demais, respeitadas as normas de circulação.	Art. 212. Deixar de parar o veículo antes de transpor linha férrea: Infração – gravíssima; Penalidade – multa.
Art. 30. Todo condutor, ao perceber que outro que o segue tem o propósito de ultrapassá-lo, deverá: I – se estiver circulando pela faixa da esquerda, deslocar-se para a faixa da direita, sem acelerar a marcha; II – se estiver circulando pelas demais faixas, manter-se naquela na qual está circulando, sem acelerar a marcha. Parágrafo único. Os veículos mais lentos, quando em fila, deverão manter distância suficiente entre si para permitir que veículos que os ultrapassem possam se intercalar na fila com segurança.	Art. 186. Transitar pela contramão de direção em: I – vias com duplo sentido de circulação, exceto para ultrapassar outro veículo e apenas pelo tempo necessário, respeitada a preferência do veículo que transitar em sentido contrário: Infração – grave; Penalidade – multa; Art. 192. Deixar de guardar distância de segurança lateral e frontal entre o seu veículo e os demais, bem como em relação ao bordo da pista, considerando-se, no momento, a velocidade, as condições climáticas do local da circulação e do veículo: Infração – grave; Penalidade – multa.

NORMA GERAL DE CIRCULAÇÃO E CONDUTA	INFRAÇÕES RELACIONADAS
Art. 31. O condutor que tenha o propósito de ultrapassar um veículo de transporte coletivo que esteja parado, efetuando embarque ou desembarque de passageiros, deverá reduzir a velocidade, dirigindo com atenção redobrada ou parar o veículo com vistas à segurança dos pedestres.	Art. 169. Dirigir sem atenção ou sem os cuidados indispensáveis à segurança: Infração – leve; Penalidade – multa. Art. 200. Ultrapassar pela direita veículo de transporte coletivo ou de escolares, parado para embarque ou desembarque de passageiros, salvo quando houver refúgio de segurança para o pedestre: Infração – gravíssima; Penalidade – multa.
Art. 32. O condutor não poderá ultrapassar veículos em vias com duplo sentido de direção e pista única, nos trechos em curvas e em aclives sem visibilidade suficiente, nas passagens de nível, nas pontes e viadutos e nas travessias de pedestres, exceto quando houver sinalização permitindo a ultrapassagem.	Art. 203. Ultrapassar pela contramão outro veículo: I – nas curvas, aclives e declives, sem visibilidade suficiente; II – nas faixas de pedestre; III – nas pontes, viadutos ou túneis; IV – parado em fila junto a sinais luminosos, porteiras, cancelas, cruzamentos ou qualquer outro impedimento à livre circulação; V – onde houver marcação viária longitudinal de divisão de fluxos opostos do tipo linha dupla contínua ou simples contínua amarela: Infração – gravíssima; Penalidade – multa (cinco vezes). Parágrafo único. Aplica-se em dobro a multa prevista no caput em caso de reincidência no período de até 12 (doze) meses da infração anterior.
Art. 33. Nas interseções e suas proximidades, o condutor não poderá efetuar ultrapassagem.	Art. 202. Ultrapassar outro veículo: I – pelo acostamento; II – em interseções e passagens de nível; Infração – gravíssima; Penalidade – multa (cinco vezes)
Art. 34. O condutor que queira executar uma manobra deverá certificar-se de que pode executá-la sem perigo para os demais usuários da via que o seguem, precedem ou vão cruzar com ele, considerando sua posição, sua direção e sua velocidade.	Art. 169. Dirigir sem atenção ou sem os cuidados indispensáveis à segurança: Infração – leve; Penalidade – multa.

NORMA GERAL DE CIRCULAÇÃO E CONDUTA	INFRAÇÕES RELACIONADAS
Art. 35. Antes de iniciar qualquer manobra que implique um deslocamento lateral, o condutor deverá indicar seu propósito de forma clara e com a devida antecedência, por meio da luz indicadora de direção de seu veículo, ou fazendo gesto convencional de braço. Parágrafo único. Entende-se por deslocamento lateral a transposição de faixas, movimentos de conversão à direita, à esquerda e retornos.	Art. 196. Deixar de indicar com antecedência, mediante gesto regulamentar de braço ou luz indicadora de direção do veículo, o início da marcha, a realização da manobra de parar o veículo, a mudança de direção ou de faixa de circulação: Infração – grave; Penalidade – multa.
Art. 36. O condutor que for ingressar numa via, procedente de um lote lindeiro a essa via, deverá dar preferência aos veículos e pedestres que por ela estejam transitando.	Art. 216. Entrar ou sair de áreas lindeiras sem estar adequadamente posicionado para ingresso na via e sem as precauções com a segurança de pedestres e de outros veículos: Infração – média; Penalidade – multa.
Art. 37. Nas vias providas de acostamento, a conversão à esquerda e a operação de retorno deverão ser feitas nos locais apropriados e, onde estes não existirem, o condutor deverá aguardar no acostamento, à direita, para cruzar a pista com segurança.	Art. 204. Deixar de parar o veículo no acostamento à direita, para aguardar a oportunidade de cruzar a pista ou entrar à esquerda, onde não houver local apropriado para operação de retorno: Infração – grave; Penalidade – multa.
Art. 38. Antes de entrar à direita ou à esquerda, em outra via ou em lotes lindeiros, o condutor deverá: I – ao sair da via pelo lado direito, aproximar-se o máximo possível do bordo direito da pista e executar sua manobra no menor espaço possível; II – ao sair da via pelo lado esquerdo, aproximar-se o máximo possível de seu eixo ou da linha divisória da pista, quando houver, caso se trate de uma pista com circulação nos dois sentidos, ou do bordo esquerdo, tratando-se de uma pista de um só sentido.	Art. 197. Deixar de deslocar, com antecedência, o veículo para a faixa mais à esquerda ou mais à direita, dentro da respectiva mão de direção, quando for manobrar para um desses lados: Infração – média; Penalidade – multa.

NORMA GERAL DE CIRCULAÇÃO E CONDUTA	INFRAÇÕES RELACIONADAS
Art. 38. Antes de entrar à direita ou à esquerda, em outra via ou em lotes lindeiros, o condutor deverá: Parágrafo único. Durante a manobra de mudança de direção, o condutor deverá ceder passagem aos pedestres e ciclistas, aos veículos que transitem em sentido contrário pela pista da via da qual vai sair, respeitadas as normas de preferência de passagem.	Art. 214. Deixar de dar preferência de passagem a pedestre e a veículo não motorizado: V – que esteja atravessando a via transversal para onde se dirige o veículo: Infração – grave; Penalidade – multa. Art. 215. Deixar de dar preferência de passagem: I – em interseção não sinalizada: a) a veículo que estiver circulando por rodovia ou rotatória; b) a veículo que vier da direita; II – nas interseções com sinalização de regulamentação de Dê a Preferência: Infração – grave; Penalidade – multa.
Art. 39. Nas vias urbanas, a operação de retorno deverá ser feita nos locais para isto determinados, quer por meio de sinalização, quer pela existência de locais apropriados, ou, ainda, em outros locais que ofereçam condições de segurança e fluidez, observadas as características da via, do veículo, das condições meteorológicas e da movimentação de pedestres e ciclistas.	Art. 206. Executar operação de retorno: I – em locais proibidos pela sinalização; II – nas curvas, aclives, declives, pontes, viadutos e túneis; III – passando por cima de calçada, passeio, ilhas, ajardinamento ou canteiros de divisões de pista de rolamento, refúgios e faixas de pedestres e nas de veículos não motorizados; IV – nas interseções, entrando na contramão de direção da via transversal; V – com prejuízo da livre circulação ou da segurança, ainda que em locais permitidos: Infração – gravíssima; Penalidade – multa. Art. 207. Executar operação de conversão à direita ou à esquerda em locais proibidos pela sinalização: Infração – grave; Penalidade – multa.

NORMA GERAL DE CIRCULAÇÃO E CONDUTA	INFRAÇÕES RELACIONADAS
Art. 40. O uso de luzes em veículo obedecerá às seguintes determinações: I – o condutor manterá acesos os faróis do veículo, por meio da utilização da luz baixa: a) à noite; b) mesmo durante o dia, em túneis e sob chuva, neblina ou cerração;	Art. 250. Quando o veículo estiver em movimento: I – deixar de manter acesa a luz baixa: b) de dia, em túneis e sob chuva, neblina ou cerração; c) de dia, no caso de veículos de transporte coletivo de passageiros em circulação em faixas ou pistas a eles destinadas; d) de dia, no caso de motocicletas, motonetas e ciclomotores; e) de dia, em rodovias de pista simples situadas fora dos perímetros urbanos, no caso de veículos desprovidos de luzes de rodagem diurna; Infração – média; Penalidade – multa.
Art. 40. O uso de luzes em veículo obedecerá às seguintes determinações: II – nas vias não iluminadas o condutor deve usar luz alta, exceto ao cruzar com outro veículo ou ao segui-lo;	Art. 223. Transitar com o farol desregulado ou com o facho de luz alta de forma a perturbar a visão de outro condutor: Infração – grave; Penalidade – multa; Medida administrativa – retenção do veículo para regularização.
Art. 40. O uso de luzes em veículo obedecerá às seguintes determinações: III – a troca de luz baixa e alta, de forma intermitente e por curto período de tempo, com o objetivo de advertir outros motoristas, só poderá ser utilizada para indicar a intenção de ultrapassar o veículo que segue à frente ou para indicar a existência de risco à segurança para os veículos que circulam no sentido contrário;	Art. 251. Utilizar as luzes do veículo: II – baixa e alta de forma intermitente, exceto nas seguintes situações: a) a curtos intervalos, quando for conveniente advertir a outro condutor que se tem o propósito de ultrapassá-lo; b) em imobilizações ou situação de emergência, como advertência, utilizando pisca-alerta; c) quando a sinalização de regulamentação da via determinar o uso do pisca-alerta: Infração – média; Penalidade – multa.
Art. 40. O uso de luzes em veículo obedecerá às seguintes determinações: IV – o condutor manterá acesas pelo menos as luzes de posição do veículo quando sob chuva forte, neblina ou cerração;	Art. 250. Quando o veículo estiver em movimento: II – deixar de manter acesas pelo menos as luzes de posição sob chuva forte, neblina ou cerração; Infração – média; Penalidade – multa.

NORMA GERAL DE CIRCULAÇÃO E CONDUTA	INFRAÇÕES RELACIONADAS
Art. 40. O uso de luzes em veículo obedecerá às seguintes determinações: V – O condutor utilizará o pisca-alerta nas seguintes situações: a) em imobilizações ou situações de emergência; b) quando a regulamentação da via assim o determinar;	Art. 251. Utilizar as luzes do veículo: I – o pisca-alerta, exceto em imobilizações ou situações de emergência; Infração – média; Penalidade – multa.
Art. 40. O uso de luzes em veículo obedecerá às seguintes determinações: VI – durante a noite, em circulação, o condutor manterá acesa a luz de placa;	Art. 250. Quando o veículo estiver em movimento: III – deixar de manter a placa traseira iluminada, à noite; Infração – média; Penalidade – multa.
Art. 40. O uso de luzes em veículo obedecerá às seguintes determinações: VII – o condutor manterá acesas, à noite, as luzes de posição quando o veículo estiver parado para fins de embarque ou desembarque de passageiros e carga ou descarga de mercadorias.	Art. 249. Deixar de manter acesas, à noite, as luzes de posição, quando o veículo estiver parado, para fins de embarque ou desembarque de passageiros e carga ou descarga de mercadorias: Infração – média; Penalidade – multa.
Art. 41. O condutor de veículo só poderá fazer uso de buzina, desde que em toque breve, nas seguintes situações: I – para fazer as advertências necessárias a fim de evitar acidentes; II – fora das áreas urbanas, quando for conveniente advertir a um condutor que se tem o propósito de ultrapassá-lo.	Art. 227. Usar buzina: I – em situação que não a de simples toque breve como advertência ao pedestre ou a condutores de outros veículos; II – prolongada e sucessivamente a qualquer pretexto; III – entre as vinte e duas e as seis horas; IV – em locais e horários proibidos pela sinalização; V – em desacordo com os padrões e frequências estabelecidas pelo CONTRAN: Infração – leve; Penalidade – multa.
Art. 42. Nenhum condutor deverá frear bruscamente seu veículo, salvo por razões de segurança.	Art. 169. Dirigir sem atenção ou sem os cuidados indispensáveis à segurança: Infração – leve; Penalidade – multa.

NORMA GERAL DE CIRCULAÇÃO E CONDUTA	INFRAÇÕES RELACIONADAS
Art. 43. Ao regular a velocidade, o condutor deverá observar constantemente as condições físicas da via, do veículo e da carga, as condições meteorológicas e a intensidade do trânsito, obedecendo aos limites máximos de velocidade estabelecidos para a via, além de: I – não obstruir a marcha normal dos demais veículos em circulação sem causa justificada, transitando a uma velocidade anormalmente reduzida; II – sempre que quiser diminuir a velocidade de seu veículo deverá antes certificar-se de que pode fazê-lo sem risco nem inconvenientes para os outros condutores, a não ser que haja perigo iminente; III – indicar, de forma clara, com a antecedência necessária e a sinalização devida, a manobra de redução de velocidade.	Art. 219. Transitar com o veículo em velocidade inferior à metade da velocidade máxima estabelecida para a via, retardando ou obstruindo o trânsito, a menos que as condições de tráfego e meteorológicas não o permitam, salvo se estiver na faixa da direita: Infração – média; Penalidade – multa. Art. 220. Deixar de reduzir a velocidade do veículo de forma compatível com a segurança do trânsito: I – quando se aproximar de passeatas, aglomerações, cortejos, préstitos e desfiles: Infração – gravíssima; Penalidade – multa; II – nos locais onde o trânsito esteja sendo controlado pelo agente da autoridade de trânsito, mediante sinais sonoros ou gestos; III – ao aproximar-se da guia da calçada (meio-fio) ou acostamento; IV – ao aproximar-se de ou passar por interseção não sinalizada; V – nas vias rurais cuja faixa de domínio não esteja cercada; VI – nos trechos em curva de pequeno raio; VII – ao aproximar-se de locais sinalizados com advertência de obras ou trabalhadores na pista; VIII – sob chuva, neblina, cerração ou ventos fortes; IX – quando houver má visibilidade;
	X – quando o pavimento se apresentar escorregadio, defeituoso ou avariado; XI – à aproximação de animais na pista; XII – em declive; XIII – ao ultrapassar ciclista: Infração – grave; Penalidade – multa; XIV – nas proximidades de escolas, hospitais, estações de embarque e desembarque de passageiros ou onde haja intensa movimentação de pedestres: Infração – gravíssima; Penalidade – multa.

NORMA GERAL DE CIRCULAÇÃO E CONDUTA	INFRAÇÕES RELACIONADAS
Art. 44. Ao aproximar-se de qualquer tipo de cruzamento, o condutor do veículo deve demonstrar prudência especial, transitando em velocidade moderada, de forma que possa deter seu veículo com segurança para dar passagem a pedestre e a veículos que tenham o direito de preferência.	Art. 220. Deixar de reduzir a velocidade do veículo de forma compatível com a segurança do trânsito: IV – ao aproximar-se de ou passar por interseção não sinalizada; Infração – grave; Penalidade – multa;
Art. 45. Mesmo que a indicação luminosa do semáforo lhe seja favorável, nenhum condutor pode entrar em uma interseção se houver possibilidade de ser obrigado a imobilizar o veículo na área do cruzamento, obstruindo ou impedindo a passagem do trânsito transversal.	Art. 183. Parar o veículo sobre a faixa de pedestres na mudança de sinal luminoso: Infração – média; Penalidade – multa.
Art. 46. Sempre que for necessária a imobilização temporária de um veículo no leito viário, em situação de emergência, deverá ser providenciada a imediata sinalização de advertência, na forma estabelecida pelo CONTRAN.	Art. 225. Deixar de sinalizar a via, de forma a prevenir os demais condutores e, à noite, não manter acesas as luzes externas ou omitir-se quanto a providências necessárias para tornar visível o local, quando: I – tiver de remover o veículo da pista de rolamento ou permanecer no acostamento;
Art. 47. Quando proibido o estacionamento na via, a parada deverá restringir-se ao tempo indispensável para embarque ou desembarque de passageiros, desde que não interrompa ou perturbe o fluxo de veículos ou a locomoção de pedestres.	As infrações relacionadas a estacionamento e parada estão previstas nos artigos 181 e 182 do CTB.
Parágrafo único. A operação de carga ou descarga será regulamentada pelo órgão ou entidade com circunscrição sobre a via e é considerada estacionamento.	
Art. 48. Nas paradas, operações de carga ou descarga e nos estacionamentos, o veículo deverá ser posicionado no sentido do fluxo, paralelo ao bordo da pista de rolamento e junto à guia da calçada (meio-fio), admitidas as exceções devidamente sinalizadas. § 1º Nas vias providas de acostamento, os veículos parados, estacionados ou em operação de carga ou descarga deverão estar situados fora da pista de rolamento.	As infrações relacionadas a estacionamento e parada estão previstas nos artigos 181 e 182 do CTB.

NORMA GERAL DE CIRCULAÇÃO E CONDUTA	INFRAÇÕES RELACIONADAS
§ 2º O estacionamento dos veículos motorizados de duas rodas será feito em posição perpendicular à guia da calçada (meio-fio) e junto a ela, salvo quando houver sinalização que determine outra condição. § 3º O estacionamento dos veículos sem abandono do condutor poderá ser feito somente nos locais previstos neste Código ou naqueles regulamentados por sinalização específica.	
Art. 44-A. **É livre o movimento de conversão à direita diante de sinal vermelho do semáforo onde** houver sinalização indicativa que permita essa conversão, observados os arts. 44, 45 e 70 deste Código.	Art. 208. Avançar o sinal vermelho do semáforo ou o de parada obrigatória, exceto onde houver sinalização que permita a livre conversão à direita prevista no art. 44-A deste Código: Infração – gravíssima; Penalidade – multa.

Art. 49. O condutor e os passageiros não deverão abrir a porta do veículo, deixá-la aberta ou descer do veículo sem antes se certificarem de que isso não constitui perigo para eles e para outros usuários da via.

Parágrafo único. O embarque e o desembarque devem ocorrer sempre do lado da calçada, exceto para o condutor.

Art. 50. O uso de faixas laterais de domínio e das áreas adjacentes às estradas e rodovias obedecerá às condições de segurança do trânsito estabelecidas pelo órgão ou entidade com circunscrição sobre a via.

Art. 51. Nas vias internas pertencentes a condomínios constituídos por unidades autônomas, a sinalização de regulamentação da via será implantada e mantida às expensas do condomínio, após aprovação dos projetos pelo órgão ou entidade com circunscrição sobre a via.

NORMA GERAL DE CIRCULAÇÃO E CONDUTA	INFRAÇÕES RELACIONADAS
Art. 52. Os veículos de tração animal serão conduzidos pela direita da pista, junto à guia da calçada (meio-fio) ou acostamento, sempre que não houver faixa especial a eles destinada, devendo seus condutores obedecer, no que couber, às normas de circulação previstas neste Código e às que vierem a ser fixadas pelo órgão ou entidade com circunscrição sobre a via.	Art. 247. Deixar de conduzir pelo bordo da pista de rolamento, em fila única, os veículos de tração ou propulsão humana e os de tração animal, sempre que não houver acostamento ou faixa a eles destinados: Infração – média; Penalidade – multa.

Art. 53. Os animais isolados ou em grupos só podem circular nas vias quando conduzidos por um guia, observado o seguinte:

I – para facilitar os deslocamentos, os rebanhos deverão ser divididos em grupos de tamanho moderado e separados uns dos outros por espaços suficientes para não obstruir o trânsito;

II – os animais que circularem pela pista de rolamento deverão ser mantidos junto ao bordo da pista.

NORMA GERAL DE CIRCULAÇÃO E CONDUTA	INFRAÇÕES RELACIONADAS
Art. 54. Os condutores de motocicletas, motonetas e ciclomotores só poderão circular nas vias: I – utilizando capacete de segurança, com viseira ou óculos protetores; II – segurando o guidom com as duas mãos; III – usando vestuário de proteção, de acordo com as especificações do CONTRAN.	Art. 230. Conduzir o veículo: X – com equipamento obrigatório em desacordo com o estabelecido pelo CONTRAN; Infração – grave; Penalidade – multa; Medida administrativa – retenção do veículo para regularização; Art. 244. Conduzir motocicleta, motoneta e ciclomotor: I – sem usar capacete de segurança ou vestuário de acordo com as normas e as especificações aprovadas pelo Contran; Infração – gravíssima; Penalidade multa e suspensão do direito de dirigir; VII – sem segurar o guidom com ambas as mãos, salvo eventualmente para indicação de manobras; Infração – grave; Penalidade – multa; Medida administrativa – apreensão do veículo para regularização.
Art. 55. Os passageiros de motocicletas, motonetas e ciclomotores só poderão ser transportados: I – utilizando capacete de segurança; II – em carro lateral acoplado aos veículos ou em assento suplementar atrás do condutor; III – usando vestuário de proteção, de acordo com as especificações do CONTRAN.	Art. 244. Conduzir motocicleta, motoneta e ciclomotor: II – transportando passageiro sem o capacete de segurança, na forma estabelecida no inciso anterior, ou fora do assento suplementar colocado atrás do condutor ou em carro lateral; Infração – gravíssima; Penalidade – multa e suspensão do direito de dirigir; Medida administrativa – Recolhimento do documento de habilitação;

NORMA GERAL DE CIRCULAÇÃO E CONDUTA	INFRAÇÕES RELACIONADAS
Art. 57. Os ciclomotores devem ser conduzidos pela direita da pista de rolamento, preferencialmente no centro da faixa mais à direita ou no bordo direito da pista sempre que não houver acostamento ou faixa própria a eles destinada, proibida a sua circulação nas vias de trânsito rápido e sobre as calçadas das vias urbanas. Parágrafo único. Quando uma via comportar duas ou mais faixas de trânsito e a da direita for destinada ao uso exclusivo de outro tipo de veículo, os ciclomotores deverão circular pela faixa adjacente à da direita.	Art. 244. Conduzir motocicleta, motoneta e ciclomotor: § 2º Aplica-se aos ciclomotores o disposto na alínea *b* do parágrafo anterior: Infração – média; Penalidade – multa. § 1º Para ciclos aplica-se o disposto nos incisos III, VII e VIII, além de: b) transitar em vias de trânsito rápido ou rodovias, salvo onde houver acostamento ou faixas de rolamento próprias;
Art. 58. Nas vias urbanas e nas rurais de pista dupla, a circulação de bicicletas deverá ocorrer, quando não houver ciclovia, ciclofaixa, ou acostamento, ou quando não for possível a utilização destes, nos bordos da pista de rolamento, no mesmo sentido de circulação regulamentado para a via, com preferência sobre os veículos automotores. Parágrafo único. A autoridade de trânsito com circunscrição sobre a via poderá autorizar a circulação de bicicletas no sentido contrário ao fluxo dos veículos automotores, desde que dotado o trecho com ciclofaixa.	Art. 244. Conduzir motocicleta, motoneta e ciclomotor: III – fazendo malabarismo ou equilibrando-se apenas em uma roda; VII – sem segurar o guidom com ambas as mãos, salvo eventualmente para indicação de manobras; VIII – transportando carga incompatível com suas especificações ou em desacordo com o previsto no § 2º do art. 139-A desta Lei; § 1º Para ciclos aplica-se o disposto nos incisos III, VII e VIII, além de: a) conduzir passageiro fora da garupa ou do assento especial a ele destinado; b) transitar em vias de trânsito rápido ou rodovias, salvo onde houver acostamento ou faixas de rolamento próprias; c) transportar crianças que não tenham, nas circunstâncias, condições de cuidar de sua própria segurança.

NORMA GERAL DE CIRCULAÇÃO E CONDUTA	INFRAÇÕES RELACIONADAS
	Art. 247. Deixar de conduzir pelo bordo da pista de rolamento, em fila única, os veículos de tração ou propulsão humana e os de tração animal, sempre que não houver acostamento ou faixa a eles destinados: Infração – média; Penalidade – multa.
Art. 59. Desde que autorizado e devidamente sinalizado pelo órgão ou entidade com circunscrição sobre a via, será permitida a circulação de bicicletas nos passeios.	Art. 255. Conduzir bicicleta em passeios onde não seja permitida a circulação desta, ou de forma agressiva, em desacordo com o disposto no parágrafo único do art. 59: Infração – média; Penalidade – multa; Medida administrativa – remoção da bicicleta, mediante recibo para o pagamento da multa.
Art. 68. É assegurada ao pedestre a utilização dos passeios ou passagens apropriadas das vias urbanas e dos acostamentos das vias rurais para circulação, podendo a autoridade competente permitir a utilização de parte da calçada para outros fins, desde que não seja prejudicial ao fluxo de pedestres. § 1º O ciclista desmontado empurrando a bicicleta equipara-se ao pedestre em direitos e deveres. § 2º Nas áreas urbanas, quando não houver passeios ou quando não for possível a utilização destes, a circulação de pedestres na pista de rolamento será feita com prioridade sobre os veículos, pelos bordos da pista, em fila única, exceto em locais proibidos pela sinalização e nas situações em que a segurança ficar comprometida.	Art. 254. É proibido ao pedestre: I – permanecer ou andar nas pistas de rolamento, exceto para cruzá-las onde for permitido; II – cruzar pistas de rolamento nos viadutos, pontes, ou túneis, salvo onde exista permissão; III – atravessar a via dentro das áreas de cruzamento, salvo quando houver sinalização para esse fim; IV – utilizar-se da via em agrupamentos capazes de perturbar o trânsito, ou para a prática de qualquer folguedo, esporte, desfiles e similares, salvo em casos especiais e com a devida licença da autoridade competente; V – andar fora da faixa própria, passarela, passagem aérea ou subterrânea; VI – desobedecer à sinalização de trânsito específica;

DOS PEDESTRES E CONDUTORES DE VEÍCULOS NÃO MOTORIZADOS	INFRAÇÕES RELACIONADAS
§ 3º Nas vias rurais, quando não houver acostamento ou quando não for possível a utilização dele, a circulação de pedestres, na pista de rolamento, será feita com prioridade sobre os veículos, pelos bordos da pista, em fila única, em sentido contrário ao deslocamento de veículos, exceto em locais proibidos pela sinalização e nas situações em que a segurança ficar comprometida. § 4º (VETADO) § 5º Nos trechos urbanos de vias rurais e nas obras de arte a serem construídas, deverá ser previsto passeio destinado à circulação dos pedestres, que não deverão, nessas condições, usar o acostamento. § 6º Onde houver obstrução da calçada ou da passagem para pedestres, o órgão ou entidade com circunscrição sobre a via deverá assegurar a devida sinalização e proteção para circulação de pedestres.	Infração – leve; Penalidade – multa, em 50% (cinquenta por cento) do valor da infração de natureza leve.

Art. 69. Para cruzar a pista de rolamento o pedestre tomará precauções de segurança, levando em conta, principalmente, a visibilidade, a distância e a velocidade dos veículos, utilizando sempre as faixas ou passagens a ele destinadas sempre que estas existirem numa distância de até cinquenta metros dele, observadas as seguintes disposições:

I – onde não houver faixa ou passagem, o cruzamento da via deverá ser feito em sentido perpendicular ao de seu eixo;

II – para atravessar uma passagem sinalizada para pedestres ou delimitada por marcas sobre a pista:

a) onde houver foco de pedestres, obedecer às indicações das luzes;

b) onde não houver foco de pedestres, aguardar que o semáforo ou o agente de trânsito interrompa o fluxo de veículos;

III – nas interseções e em suas proximidades, onde não existam faixas de travessia, os pedestres devem atravessar a via na continuação da calçada, observadas as seguintes normas:

a) não deverão adentrar na pista sem antes se certificar de que podem fazê-lo sem obstruir o trânsito de veículos;

b) uma vez iniciada a travessia de uma pista, os pedestres não deverão aumentar o seu percurso, demorar-se ou parar sobre ela sem necessidade.

Art. 70. Os pedestres que estiverem atravessando a via sobre as faixas delimitadas para esse fim terão prioridade de passagem, exceto nos locais com sinalização semafórica, onde deverão ser respeitadas as disposições deste Código.

Parágrafo único. Nos locais em que houver sinalização semafórica de controle de passagem será dada preferência aos pedestres que não tenham concluído a travessia, mesmo em caso de mudança do semáforo liberando a passagem dos veículos.

Art. 71. O órgão ou entidade com circunscrição sobre a via manterá, obrigatoriamente, as faixas e passagens de pedestres em boas condições de visibilidade, higiene, segurança e sinalização.

Como esse assunto foi cobrado em concurso?

(Vunesp – Agente de Polícia – PC – SP/2018) Assinale a alternativa que apresenta uma infração gravíssima, nos termos da Lei n° 9.503/1997 (Código de Trânsito Brasileiro).

a) Seguir veículo em serviço de urgência, estando este com prioridade de passagem devidamente identificada por dispositivos regulamentares de alarme sonoro e iluminação vermelha intermitentes.

b) Transitar pela contramão de direção em vias com duplo sentido de circulação, exceto para ultrapassar outro veículo e apenas pelo tempo necessário, respeitada a preferência do veículo que transitar em sentido contrário.

c) Usar o veículo para arremessar, sobre os pedestres ou veículos, água ou detritos.

d) Forçar passagem entre veículos que, transitando em sentidos opostos, estejam na iminência de passar um pelo outro ao realizar operação de ultrapassagem.

e) Deixar o condutor de prestar socorro à vítima de acidente de trânsito quando solicitado pela autoridade e por seus agentes.

Gabarito: Alternativa D conforme previsão do artigo 191 do CTB.

▸ **Como esse assunto foi cobrado em concurso?**

(UECE – Agente de Trânsito – Detran – CE/2018) Atente ao que se afirma a seguir sobre as Normas Gerais de Circulação e Conduta.

I. Todo condutor, ao efetuar a ultrapassagem, deverá indicar, com antecedência, a manobra pretendida, acionando a luz indicadora de direção do veículo ou por meio de gesto convencional de braço.

II. Todo condutor, ao efetuar a ultrapassagem, deverá aproximar-se do usuário ou usuários aos quais ultrapassa, de tal forma que deixe livre uma distância frontal de segurança.

III. O condutor que tenha o propósito de ultrapassar um veículo de transporte coletivo que esteja parado, efetuando embarque ou desembarque de passageiros, deverá reduzir a velocidade, dirigindo com atenção redobrada ou parar o veículo com vistas à segurança dos pedestres.

IV. Nas interseções e suas proximidades, o condutor deverá efetuar ultrapassagem.

É correto o que se afirma em

a) I, II e IV apenas.

b) I, II, III e IV.

c) I e III apenas.

d) II, III e IV apenas.

Gabarito: Alternativa C

Capítulo VI

Da Condução de Veículos por Motoristas Profissionais

O capítulo III-A do CTB foi incluído pela Lei nº 12.619/12 para tratar de normas específicas atinentes aos **motoristas profissionais**, que por desempenharem tal função necessitavam de um tratamento especial a eles destinado.

Em 2015 foi editada a Lei nº 13.103 dispondo sobre o exercício da profissão de motorista, que de fato alterou substancialmente o já citado capítulo III-A, devendo por tal motivo ser analisado de forma bem profunda.

6.1. MOTORISTA PROFISSIONAL

De acordo com a legislação de trânsito (art. 67-A), os motoristas profissionais aos quais as normas do CTB se destinam são os que realizam o **transporte rodoviário coletivo de passageiros** e os de **transporte rodoviário de cargas.**

Tendo sempre em vista a prioridade do trânsito, isto é, a **vida** (prioridade primária), a segurança do motorista, dos pedestres e de todos os demais usuários das vias deve ser preservada.

Desta forma o legislador pátrio refletindo sobre tal situação fixou de forma cogente que **os motoristas profissionais, não podem dirigir por mais de cinco horas e meia ininterruptas os veículos que estiverem transportando passageiros e realizando o transporte rodoviário de cargas.** (*caput* do art. 67-C)

6.2. TEMPO DE DESCANSO

De acordo com a nova regra, os **motoristas de veículos de transportes de carga** devem observar **trinta minutos** para descanso **dentro de cada seis horas** na condução, podendo haver um fracionamento do descanso e do tempo de direção **desde que** não ultrapassadas **cinco horas e meia contínuas** no exercício da condução.

Todavia, quando se tratar da condução de veículos rodoviários de passageiros, a cada **quatro horas de efetiva condução,** deverão ser observados **trinta minutos** para descanso, também sendo possível os respectivos fracionamentos.

Esta regra apresenta uma importante exceção que deve ser analisada pelo candidato.

Como visto, a condução dos veículos destinados ao transporte rodoviário coletivo de passageiros e rodoviário de cargas não pode ultrapassar os períodos acima especificados, sendo que conforme expresso no art. 67-E da do CTB, será o **próprio motorista o responsável por controlar o tempo de condução** visando a estrita observância destes preceitos.

Todavia o parágrafo 2º do art. 67-C do Código de Trânsito Brasileiro com redação dada pela lei nº 13.103/15 diz que em **situações excepcionais** de inobservância justificada do tempo de direção devidamente registradas, este poderá ser elevado pelo período necessário para que o condutor, o veículo e a carga cheguem a um lugar que ofereça a **segurança** e o atendimento demandados, **desde que** não haja comprometimento da segurança rodoviária.

Sendo assim, não seria nenhuma surpresa se uma questão de prova abordasse o tema afirmando por exemplo que "**O período máximo de condução dos veículos de transporte rodoviário coletivo de passageiros ou de transporte rodoviário de carga não pode exceder cinco horas e meia em hipótese alguma**."

Nestes termos a questão estaria **equivocada**, pois o citado parágrafo segundo do art. 67-C do CTB traz a **exceção**.

Outra inovação instituída pela referida lei (§3º do art. 67-C) foi a obrigatoriedade de **onze horas de descanso dentro do período de 24 horas que podem ser fracionadas sendo usufruídas inclusive no veículo**, devendo, no entanto ser observado um primeiro período de descanso de **oito horas ininterruptas**, não podendo o condutor iniciar uma viagem antes do cumprimento do intervalo de descanso referido aqui.

Muito embora o anexo I do CTB seja destinado a definir os conceitos e definições das expressões empregadas no código, o parágrafo 4º do art. 67 - C fixou o que deve ser entendido por **Tempo de direção ou condução**, sendo este **apenas o período em que o condutor estiver efetivamente ao volante em curso entre a origem e o destino.**

Outro termo importante é o de "**Início de viagem**", entendido como sendo a partida do veículo na ida ou no retorno, com ou sem carga, considerando-se como sua continuação as partidas nos dias subsequentes até o destino. (§5º do art. 67-C).

▸ **Como esse assunto foi cobrado em concurso?**

(FCC- Analista de Trânsito - Detran - MA/2018) Considere:

I. É vedado ao motorista profissional dirigir por mais de cinco horas e meia ininterruptas veículos de transporte rodoviário coletivo de passageiros ou de transporte rodoviário de cargas.

II. Serão observados trinta minutos para descanso dentro de cada seis horas na condução de veículo de transporte de carga, sendo facultado o seu fracionamento e o do tempo de direção desde que não ultrapassadas cinco horas e meia contínuas no exercício da condução.

III. Serão observados vinte minutos para descanso a cada quatro horas na condução de veículo rodoviário de passageiros, sendo facultado o seu fracionamento e o tempo de direção.

IV. O condutor de veículos de transporte rodoviário coletivo de passageiros é obrigado, dentro do período de vinte e quatro horas, a observar o mínimo de seis horas de descanso, que podem ser fracionadas, usufruídas no veículo e coincidir com os intervalos de descanso.

São requisitos para a condução de veículos por motoristas profissionais os que constam APENAS em

a) I, II e IV.

b) I, II e III.

c) I, III e IV.

d) I e II.

e) III e IV.

Gabarito: Alternativa D

6.3. FORMAS DE CONTROLE DO TEMPO DE DIREÇÃO

De acordo com os parágrafos 2º, 3º e 4º do art. 67-E do CTB, o **tempo de direção** será **controlado** mediante **registrador instantâneo inalterável de velocidade e tempo** e, ou por meio de **anotação em diário de bordo, ou papeleta ou ficha de trabalho externo, ou por meios eletrônicos instalados no veículo**, conforme norma do Contran, sendo que o equipamento eletrônico ou registrador deverá funcionar de forma independente de qualquer interferência do condutor quanto aos dados registrados, devendo a guarda, a preservação e a exatidão das informações contidas no equipamento registrador instantâneo inalterável de velocidade e de tempo são de responsabilidade do condutor.

Capítulo VII

Dos Pedestres e Condutores de Veículos não Motorizados e do Cidadão

São temas importantes da legislação de trânsito para as provas de concurso as normas que tratam dos pedestres, condutores de veículos não motorizados e também as que tocam especificamente o cidadão.

Mais uma vez saliento a importância de dominar os conceitos da literalidade do CTB, dada a forma de cobrança reiterada nas provas.

7.1. DOS PEDESTRES E CONDUTORES DE VEÍCULOS NÃO MOTORIZADOS

O CTB fez previsão expressa sobre a **forma** como devem se portar os **pedestres e condutores de veículos não motorizados.**

De acordo com o código (art. 68), é assegurada ao pedestre a utilização dos **passeios** (parte da calçada ou da pista de rolamento, neste último caso, separada por pintura ou elemento físico separador, livre de interferências, destinada à circulação exclusiva de pedestres e, excepcionalmente, de ciclistas) ou **passagens** das vias urbanas e dos **acostamentos** (parte da via diferenciada da pista de rolamento destinada à parada ou estacionamento de veículos, em caso de emergência, e à circulação de pedestres e bicicletas, quando não houver local apropriado para esse fim) das vias rurais, **sendo possível**, todavia, a utilização de parte da calçada para outros fins que não o trânsito de pedestre, **desde que** não seja prejudicial ao fluxo de pedestres.

Uma pergunta importante é se para fins de trânsito **o ciclista é equiparado ao pedestre**.

Veja que de acordo com o parágrafo 1º do art. 68 do CTB, **apenas o ciclista desmontado empurrando a bicicleta** se equipara ao pedestre em direitos e deveres.

Desta forma, salvo permissão expressa, o ciclista **montado não** pode andar pelos passeios.

A forma de circulação dos pedestres irá depender do tipo de via, se urbana ou rural.

Nas **vias urbanas**, a regra é que se houver passeio a circulação deve ser feita nesta área.

Todavia, caso não seja possível a sua utilização, ou esta não exista, a circulação será feita pelo **bordo da pista em fila única**, salvo exceção devidamente sinalizada.

Nas vias rurais, ante a falta de passeio, a circulação se dará na própria pista de rolamento pelos bordos da pista em fila única.

Ocorre que nesta situação existe uma informação vital para provas que não fora citada textualmente no procedimento das vias urbanas.

Nas vias rurais, quando a circulação dos pedestres tiver que ser feita na pista de rolamento, deverá se dar **em sentido contrário ao deslocamento** de veículos, ressalvada mais uma vez as exceções devidamente sinalizadas.

Sobre o pedestre é ainda importante lembrar que ele muitas vezes contribui para uma situação de perigo desmedida, pois este também deve observar e obedecer às regras de circulação e conduta podendo inclusive cometer infrações de trânsito (art. 254 do CTB).

Como sabemos o pedestre tem prioridade, mas esta não é absoluta, pois onde houver sinalização semafórica para eles (sinal de pedestres), estes somente poderão atravessar a pista quando o sinal lhes for favorável.

Mas é importante lembrar que **se o pedestre já iniciou a travessia** (quando o sinal é favorável a tal situação) e durante o trajeto o semáforo ficar verde para os veículos, estes **devem** aguardar o final da travessia do pedestre.

> *Art. 70. Os pedestres que estiverem atravessando a via sobre as faixas delimitadas para esse fim terão prioridade de passagem, exceto nos locais com sinalização semafórica, onde deverão ser respeitadas as disposições deste Código.*
>
> *Parágrafo único. Nos locais em que houver sinalização semafórica de controle de passagem será dada preferência aos pedestres que não tenham concluído a travessia, mesmo em caso de mudança do semáforo liberando a passagem dos veículos.*

Por fim é bom lembrar que os órgãos e entidades de trânsito com circunscrição sobre a via é que tem a competência de manter a faixa de pedestre, assim como toda a sinalização em boas condições, garantindo assim a segurança de todos.

> **▸ Como esse assunto foi cobrado em concurso?**
>
> **(MPU – 2010)** De acordo com o CTB, é assegurada a circulação dos pedestres nos passeios ou passagens apropriadas das vias urbanas e acostamentos das vias rurais, podendo a autoridade competente permitir a utilização de parte da calçada para outros fins, desde que não haja prejuízo ao fluxo de pedestres.

No que se refere aos pedestres e aos condutores não motorizados, julgue os itens a seguir.

Na construção de trechos urbanos de vias rurais bem como na de obras de arte, devem ser previstos passeios destinados à circulação dos pedestres.

( ) Certo ( ) Errado

Gabarito: Certo. Previsão legal no parágrafo 5º do art. 68 do CTB

Como esse assunto foi cobrado em concurso?

(MPU – 2010) Considere que um ciclista esteja, desmontado, empurrando sua bicicleta em acostamento de via rural. Nessa situação, esse ciclista tem os mesmos direitos e deveres do pedestre.

( ) Certo ( ) Errado

Gabarito: Certo. Assertiva de acordo com o parágrafo 1º do art. 68 do CTB.

Como esse assunto foi cobrado em concurso?

(MPU – 2010) Em áreas urbanas, caso não haja passeios ou não seja possível a utilização destes, a circulação de veículos na pista de rolamento deve ser feita com prioridade sobre os pedestres, que devem andar pelos bordos da pista, em fila única.

( ) Certo ( ) Errado

Gabarito: Errado. De acordo com o parágrafo 2º do art. 68, os pedestres têm prioridade sobre os veículos, e não o contrário.

7.2. DO CIDADÃO

O capítulo V do CTB foi destinado a tutelar o **direito** que o cidadão tem de desenvolver perante aos órgãos e entidades do Sistema Nacional de Trânsito **os direitos constitucionais de petição e de participação**.

O código permite que não apenas o cidadão, mas também qualquer entidade civil interpele junto aos órgãos do SNT buscando melhorias para o trânsito.

De antemão vamos conhecer os dois únicos artigos deste pequeno capítulo, para ao final tecermos os comentários oportunos para futuras provas.

> *Art. 72. Todo cidadão ou entidade civil tem o direito de solicitar, por escrito, aos órgãos ou entidades do Sistema Nacional de Trânsito, sinalização, fiscalização e implantação de equipamentos de segurança, bem como sugerir alterações em normas, legislação e outros assuntos pertinentes a este Código.*

> *Art. 73. Os órgãos ou entidades pertencentes ao Sistema Nacional de Trânsito têm o dever de analisar as solicitações e responder, por escrito, dentro de prazos mínimos, sobre a possibilidade ou não de atendimento, esclarecendo ou justificando a análise efetuada, e, se pertinente, informando ao solicitante quando tal evento ocorrerá.*
>
> *Parágrafo único. As campanhas de trânsito devem esclarecer quais as atribuições dos órgãos e entidades pertencentes ao Sistema Nacional de Trânsito e como proceder a tais solicitações.*

Em primeiro lugar, veja que o CTB permite que **qualquer cidadão** bem como entidades civis façam solicitações e sugestões.

Ocorre que o Código não fala em qualquer pessoa, mas sim em **cidadão**.

Logo, precisamos entender o que significa **cidadão** para o direito brasileiro.

O termo **cidadão** tem sua pertinência temática prevista preliminarmente na Lei nº 4.717/65 que regula a **ação popular**.

Esta ação de previsão constitucional visa a proteção de direitos fundamentais difusos, como por exemplo o meio ambiente, o patrimônio histórico e cultural e a moralidade administrativa.

> *Art. 5º, LXXIII da CRFB/88 – qualquer cidadão é parte legítima para propor ação popular que vise a anular ato lesivo ao patrimônio público ou de entidade de que o Estado participe, à moralidade administrativa, ao meio ambiente e ao patrimônio histórico e cultural, ficando o autor, salvo comprovada má-fé, isento de custas judiciais e do ônus da sucumbência;*

Sobre o conceito de cidadão, o parágrafo 3º do art. 1º da citada lei nº 4.717/65 fixa como requisito necessário à prova da cidadania para ingresso em juízo o **título eleitoral** ou documento que a ele corresponda.

Seguindo esta tônica, tanto a doutrina como a jurisprudência tem o entendimento uniforme de que apenas o brasileiro eleitor, isto é, aquele que esteja no exercício dos seus direito políticos se enquadra no conceito legal de cidadão.

Desta maneira, é este (e não qualquer pessoa) quem poderá, por permissão do CTB pleitear questões junto ao SNT.

Outrossim, diz o código que este direito **também** poderá ser levado à efeito por **entidade civil**.

Tal entidade deverá estar representando os interesses da sociedade e não seus interesses particulares, pois o intuito da norma é possibilitar a participação do coletivo (através de cidadãos na forma acima delineada) para que sejam alcançados benefícios a todos através da provocação salutar dos primeiros interessados, isto é, **os usuários das vias abertas à circulação.**

7.3. DIREITO DE PETIÇÃO DO CIDADÃO

A previsão do inciso XXXIV do art. 5º da Constituição Federal ao se referir ao **direito de petição** diz que:

> *São a todos assegurados, independentemente do pagamento de taxas:*
>
> *a) o direito de petição aos Poderes Públicos em defesa de direitos ou contra ilegalidade ou abuso de poder;*

Registre-se que o direito de petição constitucionalmente previsto tem limitações específicas no seu campo de atuação.

Todavia, mesmo não sendo o caso de defesa direta de direitos, quando o CTB possibilita que o cidadão solicite sinalização, fiscalização e implantação de equipamentos de segurança, ou realize a sugestão de alterações em normas, legislação e outros assuntos pertinentes a este Código, é inegável o caráter de petição (como figura constitucional) atrelada a este instituto.

Desta maneira, o mesmo deve ser encarado dada a sua natureza democrática e extremamente informal, uma vez não necessitar o cidadão de advogado para o representar.

A abertura dada pelo CTB no art. 72 permite a partição do cidadão na política e na administração municipal, estadual e federal, na medida em que possibilita o pleito pela mudança na **sinalização**, forma de fiscalização ou mesmo nas regras imperativas das leis que regem o trânsito.

Como consectário lógico deve ser respeitado o postulado da celeridade processual insculpido no inciso LXXVIII do mesmo art. 5º da CF:

> *LXXVIII - a todos, no âmbito judicial e administrativo, são assegurados a razoável duração do processo e os meios que garantam a celeridade de sua tramitação.*

A demora nas respostas às demandas administrativas e judiciais tem o condão de causar enorme insegurança jurídica e irreversibilidade de medidas.

Capítulo

VIII

Educação para o Trânsito

O tema educação para o trânsito não tem sido alvo de muitas questões em provas de concursos, e o CTB dedicou poucos artigos a fim de tratar do tema. Por estes motivos vamos nos ater à simplicidade da norma abordando seus principais pontos.

Em primeiro lugar devemos observar que a educação para o trânsito é ao mesmo tempo um **direito** e um **dever**.

É um **direito** de todos e **dever** a ser tratado como prioridade pelos membros do SNT, sendo que estes poderão formar **convênios** entre si com o objetivo de cumprir tal ordem.

Este **dever** é de tal importância que o CTB (art. 74, §1º) determinou a existência de **coordenação educacional** em **cada** um dos componentes do sistema.

Tal informação deve ser guardada, pois pode ser objeto de prova dada a sua especificidade.

Esta estrutura (coordenação educacional) inclusive seria a responsável por promover o funcionamento das chamadas **Escolas Públicas de Trânsito**.

8.1. CAMPANHAS DE EDUCAÇÃO PARA O TRÂNSITO

Durante todo o ano devem ser feitas várias campanhas educativas com o objetivo de levar a educação para o trânsito.

As campanhas deverão ser **anuais** com temas definidos pelo **CONTRAN** com datas prioritárias nas **férias escolares, feriados prolongados e na semana nacional de trânsito**.

Mesmo com um calendário já predefinido conforme visto acima, este não tem o condão de suplantar outras campanhas específicas que deverão ser feitas com base nas peculiaridades de cada local.

Além de não serem esporádicas, elas **devem** ser reproduzidas pelos **meios de comunicação**.

8.2. LOCAIS DE PROMOÇÃO DA EDUCAÇÃO PARA O TRÂNSITO

O CTB demonstra uma preocupação importante com a educação para o trânsito, e por vislumbrar que hábitos são formados desde criança, instituiu que tal matéria fosse promovida tanto na **pré-escola quanto nas escolas de 1º, 2º e 3º graus**, por meio de planejamento e ações coordenadas entre os órgãos e entidades do Sistema Nacional de Trânsito e de Educação, da União, dos Estados, do Distrito Federal e dos Municípios, nas respectivas áreas de atuação.

Para tanto o código elencou no parágrafo único do art. 76 as seguintes **medidas** a serem adotadas pelo Ministério da Educação e do Desporto mediante proposta do CONTRAN e do Conselho de Reitores das Universidades Brasileiras, diretamente ou mediante convênio:

> *I – a adoção, em todos os níveis de ensino, de um currículo interdisciplinar com conteúdo programático sobre segurança de trânsito;*
>
> *II – a adoção de conteúdos relativos à educação para o trânsito nas escolas de formação para o magistério e o treinamento de professores e multiplicadores;*
>
> *III – a criação de corpos técnicos interprofissionais para levantamento e análise de dados estatísticos relativos ao trânsito;*
>
> *IV – a elaboração de planos de redução de acidentes de trânsito junto aos núcleos interdisciplinares universitários de trânsito, com vistas à integração universidades-sociedade na área de trânsito.*

8.3. MENSAGEM EDUCATIVA DE TRÂNSITO

É comum vermos comerciais que terminam com expressões como: **se beber não dirija; use o cinto de segurança; respeite o ciclista, etc.**

Estas frases ao final dos comerciais representam o conteúdo de mensagem educativa de trânsito **obrigatórias** em algumas situações conforme previsão legal.

Isso ocorre em virtude da ordem prevista no CTB (art. 77-B), veja:

> Art. 77-B. *Toda peça publicitária destinada à divulgação ou promoção, nos meios de comunicação social, de produto oriundo da indústria automobilística ou afim, incluirá, obrigatoriamente, mensagem educativa de trânsito a ser conjuntamente veiculada.*
>
> *§ 1º Para os efeitos dos arts. 77-A a 77-E, consideram-se produtos oriundos da indústria automobilística ou afins:*
>
> *I – os veículos rodoviários automotores de qualquer espécie, incluídos os de passageiros e os de carga;*
>
> *II – os componentes, as peças e os acessórios utilizados nos veículos mencionados no inciso I.*
>
> *§ 2º O disposto no **caput** deste artigo aplica-se à propaganda de natureza comercial, veiculada por iniciativa do fabricante do produto, em qualquer das seguintes modalidades:*
>
> *I – rádio;*

II – televisão;

III – jornal;

IV – revista;

V – outdoor.

O desrespeito às normas de veiculação de publicidade poderá acarretar **sanções** aos responsáveis referente à: **advertência por escrito, suspensão nos veículos de divulgação da publicidade de qualquer outra propaganda do produto pelo prazo de até 60 (sessenta) dias, e multa de R$ 1.627,00 (mil, seiscentos e vinte e sete reais) a R$ 8.135,00 (oito mil, cento e trinta e cinco reais), cobrada do dobro até o quíntuplo em caso de reincidência, conforme previsão do art. 77-E.**

8.4. PROGRAMA DE PREVENÇÃO DE ACIDENTES

Hoje em dia as mortes no trânsito tem sido um problema crescente, e não apenas as mortes, mas os acidentes em geral, e isso se dá muito em virtude da **falta de educação dos motoristas e também de pedestres.**

Em virtude desta triste realidade e corroborando toda a preocupação externada através das várias regras aqui estudadas, o CTB traz em seu artigo 78 as balizas **do programa de prevenção de acidentes.**

A responsabilidade pela implementação de programas destinados à prevenção de acidentes é do Ministério da Saúde, da Educação e do Desporto, do Trabalho, dos Transportes e da Justiça, sendo tal trabalho desenvolvido por intermédio do CONTRAN.

A viabilização financeira destes projetos será feita através do repasse de **10%** dos valores arrecadados e destinados à **Previdência Social, do Prêmio do Seguro Obrigatório de Danos Pessoais causados por Veículos Automotores de Via Terrestre – DPVAT**, devendo tal repasse ser mensal e diretamente ao CONTRAN.

Estes valores não poderão ser utilizados em programas diversos aos de prevenção de acidentes.

Impulsionado também por esta triste realidade, recentemente o CTB sofreu mais uma alteração. Desta vez através da Lei nº 13.614/18 que além de criar o **Plano Nacional de Redução de Mortes e Lesões no Trânsito (Pnatrans), acrescentou o art. 326-A ao Código, dispondo este sobre o regime de metas de redução de índice de mortos no trânsito por grupos de habitantes e de índice de mortos no trânsito por grupos de veículos.**

Um ponto muito importante para provas e concursos é o artigo 3º desta lei que pode ser objeto de questionamento:

> *Art. 1º Esta Lei* ***cria o Plano Nacional de Redução de Mortes e Lesões no Trânsito (Pnatrans)*** *e acrescenta dispositivo à Lei nº 9.503, de 23 de setembro de*

1997 (Código de Trânsito Brasileiro), para dispor sobre regime de metas de redução de índice de mortos no trânsito por grupos de habitantes e de índice de mortos no trânsito por grupos de veículos

Art. 2º Fica criado o Plano Nacional de Redução de Mortes e Lesões no Trânsito (Pnatrans) a ser elaborado em conjunto pelos órgãos de saúde, de trânsito, de transporte e de justiça.

Art. 3º O Pnatrans deverá conter:

I – os mecanismos de participação da sociedade em geral na consecução das metas estabelecidas;

II – a garantia da ampla divulgação das ações e procedimentos de fiscalização, das metas e dos prazos definidos, em balanços anuais, permitindo consultas públicas por meio da rede mundial de computadores;

III – a previsão da realização de campanhas permanentes e públicas de informação, esclarecimento, educação e conscientização visando a atingir os objetivos do Pnatrans.

(...)

Já a inovação no CTB (art. 326-A) em verdade se mostra como uma norma sem eficácia imediata, uma vez que dependerá muito da regulamentação de seus termos pelos órgãos normativos, principalmente o CONTRAN, como podemos ver na passagem abaixo:

> *"Art. 326-A. A atuação dos integrantes do Sistema Nacional de Trânsito, no que se refere à política de segurança no trânsito, deverá voltar-se prioritariamente para o cumprimento de metas anuais de redução de índice de mortos por grupo de veículos e de índice de mortos por grupo de habitantes, ambos apurados por Estado e por ano, detalhando-se os dados levantados e as ações realizadas por vias federais, estaduais e municipais.*
>
> *§ 1º O objetivo geral do estabelecimento de metas é, ao final do prazo de dez anos, reduzir à metade, no mínimo, o índice nacional de mortos por grupo de veículos e o índice nacional de mortos por grupo de habitantes, relativamente aos índices apurados no ano da entrada em vigor da lei que cria o Plano Nacional de Redução de Mortes e Lesões no Trânsito (Pnatrans).*
>
> *§ 2º As metas expressam a diferença a menor, em base percentual, entre os índices mais recentes, oficialmente apurados, e os índices que se pretende alcançar.*
>
> *§ 3º A decisão que fixar as metas anuais estabelecerá as respectivas margens de tolerância.*
>
> *§ 4º As metas serão fixadas pelo Contran para cada um dos Estados da Federação e para o Distrito Federal, mediante propostas fundamentadas dos Cetran, do Contrandife e do Departamento de Polícia Rodoviária Federal, no âmbito das respectivas circunscrições.*
>
> *(...)*

Capítulo IX

Sinalização de Trânsito

O caos no trânsito só não é maior em virtude das regras de circulação e conduta **orientadas por placas, sinais, luzes e sons que orientam o fluxo e aliviam o tráfego e evitam acidentes.**

Alguns conceitos são importantes para o estudo, conceitos estes extraídos do anexo I do CTB:

Gestos de agentes	**movimentos convencionais de braço**, adotados exclusivamente pelos agentes de autoridades de trânsito nas vias, para orientar, indicar o direito de passagem dos veículos ou pedestres ou emitir ordens, sobrepondo-se ou completando outra sinalização ou norma constante deste Código.
Sinais de trânsito	elementos de **sinalização viária que se utilizam de placas, marcas viárias, equipamentos de controle luminosos, dispositivos auxiliares, apitos e gestos**, destinados exclusivamente a ordenar ou dirigir o trânsito dos veículos e pedestres.
Sinalização	**conjunto de sinais de trânsito e dispositivos de segurança colocados na via pública com o objetivo de garantir sua utilização adequada**, possibilitando melhor fluidez no trânsito e maior segurança dos veículos e pedestres que nela circulam.
Sons por apito	**sinais sonoros, emitidos exclusivamente pelos agentes da autoridade de trânsito nas vias, para orientar ou indicar o direito de passagem dos veículos ou pedestres, sobrepondo-se ou completando sinalização existente no local ou norma estabelecida neste Código.**

É importante lembrar que o estudo do tema exige o conhecimento tanto dos dispositivos do CTB quanto de uma série Resoluções, sendo elas:

Resolução nº 160/04 que aprova o anexo II do CTB (que se encontra na íntegra no final deste livro)

Resolução nº 180/05 que aprova o Volume I – Sinalização Vertical de Regulamentação, do Manual Brasileiro de Sinalização de Trânsito;

Resolução nº 236/07 que aprova o Volume IV – Sinalização Horizontal, do Manual Brasileiro de Sinalização de Trânsito.

Resolução nº 243/07 que aprova o Volume II – Sinalização Vertical de Advertência, do Manual Brasileiro de Sinalização de Trânsito.

Resolução nº 483/14 que aprova o Volume V - Sinalização Semafórica do Manual Brasileiro de Sinalização de Trânsito e altera o Anexo da Resolução CONTRAN nº 160, de 2004.

Resolução nº 486/14 que Aprova o Volume III - Sinalização Vertical de Indicação, do Manual Brasileiro de Sinalização de Trânsito.

Neste momento iremos focar nas normas básicas trazidas pelo CTB, uma vez que as questões de prova referentes às resoluções acima citadas são técnicas, e não deixarão de ser abordadas neste capítulo de modo a demonstrar formas de cobrança em provas de concursos.

9.1. NORMAS GERAIS

Como citado acima, o CONTRAN dedicou muitas resoluções para normatizar todo o sistema de sinalização brasileiro.

Esta extensa regulamentação vem corroborar o disposto no próprio CTB, que informa não ser possível a utilização de outros meios de sinalização que não estejam previstas no código ou em legislação complementar.

Todavia, de forma excepcional o **CONTRAN** poderá permitir a utilização de sinalizações não previstas na legislação, desde que atendam a dois requisitos:

1 - **Seja excepcional;**

2 - **Tenha um período predefinido.**

Para alcançar o seu objetivo, a sinalização deve ser colocada de forma a possibilitar que os usuários das vias visualizem os respectivos sinais a qualquer hora em condições seguras.

Veja as regras definidas pelo CTB sobre o tema:

> Art. 80. Sempre que necessário, será colocada ao longo da via, sinalização prevista neste Código e em legislação complementar, destinada a condutores e pedestres, vedada a utilização de qualquer outra.
>
> § 1º A sinalização será colocada em posição e condições que a tornem perfeitamente visível e legível durante o dia e a noite, em distância compatível com a segurança do trânsito, conforme normas e especificações do CONTRAN.
>
> § 2º O CONTRAN poderá autorizar, em caráter experimental e por período prefixado, a utilização de sinalização não prevista neste Código.
>
> § 3º A responsabilidade pela instalação da sinalização nas vias internas pertencentes aos condomínios constituídos por unidades autônomas e nas vias e áreas de estacionamento de estabelecimentos privados de uso coletivo é de seu proprietário. *(Parágrafo acrescido pela Lei nº 13.281, de 4/5/2016, publicada no DOU de 5/5/2016, em vigor 180 dias após a publicação)*

Devemos lembrar que a **responsabilidade** pela instalação da sinalização nas **vias internas pertencentes aos condomínios constituídos por unidades autônomas e nas vias e áreas de estacionamento de estabelecimentos privados de uso coletivo,** cabe aos proprietários dos estabelecimentos, informação prevista no CTB através da Lei nº 13.281/16.

9.2. MEDIDAS PROIBIDAS

Não é incomum vermos ao longo das vias todo o tipo de poluição visual, que nada mais fazem do que confundir os condutores que deveriam naquele momento estar com sua atenção altamente focada.

A regra nestes casos é a proibição da prática de poluição visual, e caso esta ocorra o órgão competente poderá **determinar a retirada dos elementos que estejam colocando em risco a vida das pessoas por inviabilizar o objetivo da sinalização.**

Entretanto **não é absolutamente impossível** a utilização de vários mecanismos (principalmente de publicidade e propaganda) em locais onde exista a sinalização de trânsito, mas neste caso é necessária a autorização prévia da entidade competente.

Neste momento é importante olharmos para a norma:

> Art. 81. Nas vias públicas e nos imóveis é **proibido** colocar luzes, publicidade, inscrições, vegetação e mobiliário que possam gerar confusão, interferir na visibilidade da sinalização e comprometer a segurança do trânsito.
>
> Art. 82. É **proibido** afixar sobre a sinalização de trânsito e respectivos suportes, ou junto a ambos, qualquer tipo de publicidade, inscrições, legendas e símbolos que não se relacionem com a mensagem da sinalização.
>
> Art. 83. **A afixação de publicidade ou de quaisquer legendas ou símbolos ao longo das vias condiciona-se à prévia aprovação do órgão ou entidade com circunscrição sobre a via.**
>
> Art. 84. O órgão ou entidade de trânsito com circunscrição sobre a via poderá retirar ou **determinar a imediata retirada de qualquer elemento que prejudique a visibilidade da sinalização viária e a segurança do trânsito, com ônus para quem o tenha colocado**.

▸ Como esse assunto foi cobrado em concurso?

(UECE – Agente de Trânsito – Detran – CE/2018) No que diz respeito à sinalização de trânsito, escreva V ou F conforme seja verdadeiro ou falso o que se afirma a seguir.

( ) Nas vias públicas e nos imóveis é proibido colocar luzes, publicidade, inscrições, vegetação e mobiliário que possam gerar confusão, interferir na visibilidade da sinalização e comprometer a segurança do trânsito.

( ) É permitido afixar sobre a sinalização de trânsito e respectivos suportes, ou junto a ambos, qualquer tipo de publicidade, inscrições, legendas e símbolos que não se relacionem com a mensagem da sinalização.

( ) Os locais destinados pelo órgão ou entidade de trânsito com circunscrição sobre a via à travessia de pedestres deverão ser sinalizados com faixas pintadas ou demarcadas no leito da via.

( ) O órgão ou entidade de trânsito com circunscrição sobre a via poderá retirar ou determinar a imediata retirada de qualquer elemento que prejudique a visibilidade da sinalização viária e a segurança do trânsito, sem ônus para quem o tenha colocado.

Está correta, de cima para baixo, a seguinte sequência:

a) V, V, F, V.

b) V, F, V, F.

c) F, F, V, F.

d) F, V, F, V.

Gabarito: Alternativa B

9.3. CLASSIFICAÇÃO DOS SINAIS DE TRÂNSITO

Sem dúvida um dos temas preferidos pelos examinadores para provas é a classificação dos sinais de trânsito.

É uma informação importante, mas simples.

O Código no art. 87 definiu a classificação em sinais, e o anexo II do CTB (Resolução nº 160/04, alterada pela Resolução nº 704/2017) trouxe as definições:

VERTICAIS	É um subsistema da sinalização viária cujo meio de comunicação está na posição vertical, normalmente em placa, fixado ao lado ou suspenso sobre a pista, transmitindo mensagens de caráter permanente e, eventualmente, variáveis, através de legendas e/ou símbolos pré-reconhecidos e legalmente instituídos. A sinalização vertical é classificada de acordo com sua função, compreendendo os seguintes tipos: – Sinalização de Regulamentação; – Sinalização de Advertência; – Sinalização de Indicação.
HORIZONTAIS	É um subsistema da sinalização viária que se utiliza de linhas, marcações, símbolos e legendas, pintados ou apostos sobre o pavimento das vias. Têm como função organizar o fluxo de veículos e pedestres; controlar e orientar os deslocamentos em situações com problemas de geometria, topografia ou frente a obstáculos; complementar os sinais verticais de regulamentação, advertência ou indicação. Em casos específicos, tem poder de regulamentação.

DISPOSITIVOS DE SINALIZAÇÃO AUXILIAR	Dispositivos Auxiliares são elementos aplicados ao pavimento da via, junto a ela, ou nos obstáculos próximos, de forma a tornar mais eficiente e segura a operação da via. São constituídos de materiais, formas e cores diversos, dotados ou não de refletividade, com as funções de: – incrementar a percepção da sinalização, do alinhamento da via ou de obstáculos à circulação; – reduzir a velocidade praticada; – oferecer proteção aos usuários; – alertar os condutores quanto a situações de perigo potencial ou que requeiram maior atenção.
LUMINOSOS	São dispositivos que se utilizam de recursos luminosos para proporcionar melhores condições de visualização da sinalização, ou que, conjugados a elementos eletrônicos, permitem a variação da sinalização ou de mensagens, como por exemplo: – Advertência de situação inesperada à frente; – mensagens educativas visando o comportamento adequado dos usuários da via; – orientação em praças de pedágio e pátios públicos de estacionamento; – informação sobre condições operacionais das vias; – orientação do trânsito para a utilização de vias alternativas; – regulamentação de uso da via.
SONOROS	Ver anexo II – tipos de sinais sonoros
GESTOS DO AGENTE DE TRÂNSITO E DO CONDUTOR	Ver anexo II – tipos de gestos do agente de trânsito e do condutor

Outra questão de suma importância é a exata escala de prevalência entre as formas de sinalização.

Veja como o CTB instituiu a ordem:

> ***Art. 89. A sinalização terá a seguinte ordem de prevalência:***
>
> ***I – as ordens do agente de trânsito sobre as normas de circulação e outros sinais;***
>
> ***II – as indicações do semáforo sobre os demais sinais;***
>
> ***III – as indicações dos sinais sobre as demais normas de trânsito.***

▸ **Como esse assunto foi cobrado em concurso?**

(UECE – Agente de Vistoria – Detran – CE/2018) A ordem de preferência da sinalização de trânsito é regulamentada da seguinte forma:

a) as ordens do agente de trânsito sobre as normas de circulação e outros sinais.

b) as indicações do semáforo sobre as demais normas de trânsito.

c) as indicações dos sinais sobre as ordens do agente de trânsito.

d) as normas de circulação sobre os demais sinais.

Gabarito: Alternativa A

9.4. SINALIZAÇÃO DEFEITUOSA

Outro tema que também merece destaque é o que toca à **insuficiência ou incorreta utilização da sinalização.**

Se por exemplo um veículo é estacionado em local proibido, **mas a sinalização estava encoberta ou apagada, não poderá o condutor ser responsabilizado (não será punido) por tal infração, uma vez que a informação restou prejudicada**.

Ainda se por motivo de sinalização defeituosa, irregular ou similar ocorrer algum prejuízo a terceiros, **será o órgão ou entidade de trânsito com circunscrição sore a via quem irá arcar com os danos causados.**

9.5. QUESTÕES DE CONCURSOS SOBRE SINALIZAÇÃO

▸ **Como esse assunto foi cobrado em concurso?**

(Prefeitura de Itapema/SC – 2016) Conforme a sinalização nacional de trânsito, as placas abaixo significam respectivamente:

a) Proibido parar e Pista em "S"

b) Proibido buzinar e Pista em desnível

c) Proibido estacionar e Pista sinuosa

d) Proibido ultrapassar e Pista escorregadia

Gabarito: alternativa D

▸ **Como esse assunto foi cobrado em concurso?**

(Prefeitura de Quixadá/CE – 2016) De acordo com os apitos do policial de trânsito, um silvo breve significa:

a) Pare.

b) Acenda a lanterna.

c) Diminua a marcha.

d) Pare lentamente o veículo.

e) Atenção! Siga!

Gabarito: Alternativa E conforme anexo II do CTB

▸ Como esse assunto foi cobrado em concurso?

(Prefeitura de Quixadá/CE – 2016) Conforme o art. 87 do Código de Trânsito Brasileiro – CTB, os sinais de trânsito classificam-se em, exceto:

a) Verticais.

b) Horizontais.

c) Dispositivos de sinalização auxiliar.

d) Luminosos.

e) Diagonais.

Gabarito: Alternativa E

▸ Como esse assunto foi cobrado em concurso?

(CRO/PR – 2016) A sinalização de trânsito é um conjunto de sinais de tráfego e dispositivos de segurança colocados na via pública com o objetivo de garantir sua utilização adequada, possibilitando melhor fluidez no trânsito e maior segurança dos veículos e pedestres que nela circulam. Nesse sentido, correlacione o tipo de sinalização com sua finalidade ou conceito.

I. Sinalização de Regulamentação.

II. Sinalização de Advertência.

III. Sinalização de Indicação.

IV. Sinalização Horizontal.

( ) Tem por finalidade alertar os usuários da via para condições potencialmente perigosas, indicando sua natureza. A forma padrão é quadrada, devendo uma das diagonais ficar na posição vertical, e as cores são amarela e preta.

( ) Tem por finalidade informar aos usuários as condições, as proibições, as obrigações ou as restrições no uso das vias. Suas mensagens são imperativas e o desrespeito a elas constitui infração. Sua forma padrão é a circular, e as cores são vermelha, preta e branca.

( ) É um subsistema da sinalização viária que se utiliza de linhas, marcações, símbolos e legendas, pintados ou apostos sobre o pavimento das vias. Em determinadas situações, em caso de desobediência, uma penalidade pode ser gerada.

( ) Tem por finalidade identificar as vias e os locais de interesse, bem como orientar condutores de veículos quanto aos percursos, destinos, distâncias e serviços auxiliares, podendo também ter como função a educação do usuário. Suas mensagens possuem caráter informativo ou educativo.

A classificação na sequência correta, de cima para baixo, é:

a) I, III, II, IV.

b) II, I, IV, III.

c) IV, II, I, III.

d) III, IV, I, II.

e) II, IV, III, I.

Gabarito: Alternativa B

▸ Como esse assunto foi cobrado em concurso?

(ITAIPU BINACIONAL – 2016) As placas (1) e (2) indicam, respectivamente:

a) Proibido parar e saliência ou lombada.

b) Proibido parar e pista irregular.

c) Proibido estacionar e pista irregular.

d) Proibido estacionar e saliência ou lombada

e) Proibido estacionar e depressão na pista.

Gabarito: Alternativa C

▸ Como esse assunto foi cobrado em concurso?

(Prefeitura do Rio de Janeiro – 2016) De acordo com o Código Brasileiro de Trânsito, a sinalização terá a seguinte ordem **crescente** de prevalência:

a) I – as indicações do semáforo sobre os demais sinais; II – ordens do agente de trânsito sobre as normas de circulação e outros sinais; III – as indicações dos sinais sobre as demais normas de trânsito

b) I – as indicações do semáforo sobre os demais sinais; II – as indicações dos sinais sobre as demais normas de trânsito; III – ordens do agente de trânsito sobre as normas de circulação e outros sinais

c) I – as indicações dos sinais sobre as demais normas de trânsito; II – as indicações do semáforo sobre os demais sinais; III – ordens do agente de trânsito sobre as normas de circulação e outros sinais

d) I – ordens do agente de trânsito sobre as normas de circulação e outros sinais; II – as indicações do semáforo sobre os demais sinais; III – as indicações dos sinais sobre as demais normas de trânsito

Gabarito: Alternativa C

▸ Como esse assunto foi cobrado em concurso?

(CRC/MG – 2015) Quanto à sinalização de trânsito, de acordo com a legislação vigente, é correto afirmar que

a) os sinais que os condutores realizam quando executam alguma manobra prevalecem sobre as demais normas de trânsito.

b) as indicações do semáforo prevalecem sobre as ordens emanadas por gestos de agentes da autoridade de trânsito.

c) as ordens do agente da autoridade de trânsito são utilizadas apenas para auxiliar na fluidez do trânsito, não prevalecendo sobre as normas e regras de circulação.

d) as ordens emanadas por agentes da autoridade de trânsito prevalecem sobre as regras de circulação e as normas definidas por outros sinais de trânsito.

e) a desobediência às ordens emanadas por agentes da autoridade de trânsito não são passíveis de multa.

Gabarito: Alternativa D

Capítulo X

Veículos

O Capítulo IX do CTB trata dos **"veículos"**, e traz principalmente no seu artigo 96 um tema de extrema importância para as provas quando **classifica os vários tipos de veículos presentes no ordenamento jurídico.**

São **3 os tipos de veículos classificados no CTB, sendo divididos quanto à tração, espécie e categoria.**

> **Como esse assunto foi cobrado em concurso?**
>
> **(DETRAN/SP – 2013)** De acordo com o art. 96 do CTB, os veículos se classificam quanto
>
> a) à espécie, ao gênero e à finalidade.
>
> b) à tração, ao gênero e à espécie.
>
> c) ao gênero, à categoria e à finalidade.
>
> d) à tração, à espécie e à categoria.
>
> e) à espécie, à categoria e à finalidade.
>
> **Gabarito:** Alternativa D

Desta forma, iremos analisar cuidadosamente **cada conceito** necessário ao foco deste estudo utilizando sempre os conceitos trazidos pela própria legislação no **anexo I do CTB.**

10.1. CLASSIFICAÇÃO DOS VEÍCULOS QUANTO À TRAÇÃO

Tração é a forma pela qual o veículo se **movimenta**, podendo ser: **automotor, elétrico, reboque, semirreboque, tração animal ou propulsão humana.**

10.1.1. Veículo automotor

Veículo automotor: Todo veículo a motor de propulsão que **circule por seus próprios meios**, e que serve normalmente para o transporte viário de pessoas e coisas, ou para a **tração** viária de veículos utilizados para o transporte de pessoas e coisas.

O termo compreende os veículos conectados a uma linha elétrica e que **não** circulam sobre trilhos (ônibus elétrico).

10.1.2. Veículo elétrico

Veículo elétrico: Se os veículos conectados a uma linha elétrica que não circulam sobre trilhos como o ônibus elétrico por exemplo, pertencem à categoria de veículo automotor, aos veículos elétricos propriamente ditos e especificados aqui, só restaram o entendimento de que estes serão os que transitam sobre trilhos, como o **bonde**, que por definição é um veículo de propulsão elétrica que se move sobre trilhos.

10.1.3. Veículo de propulsão humana

Veículo de propulsão humana: Estes veículos não são tracionados por motor ou força elétrica, e precisam de uma força externa para se movimentarem, no caso, a força humana.

O código apresenta dois tipos destes veículos:

Bicicleta - veículo de propulsão humana, dotado de duas rodas, não sendo, para efeito deste Código, similar à motocicleta, motoneta e ciclomotor.

Caro de mão - veículo de propulsão humana utilizado no transporte de pequenas cargas.

10.1.4. Veículo de tração animal

Veículo de tração animal: É o veículo que necessita da força animal para sua locomoção.

No Código de Trânsito Brasileiro encontramos dois tipos:

Carroça	Veículo de tração animal destinado ao transporte de carga.
Charrete	Veículo de tração animal destinado ao transporte de pessoas.

10.1.5. Reboque e semirreboque

Tanto o **reboque** quanto o **semirreboque** são veículos **incapazes de se movimentarem por seus próprios meios (tração), sempre dependentes para isso, de um veículo automotor para serem tracionados.**

O **reboque** é destinado a ser engatado atrás de um veículo automotor como na imagem abaixo.

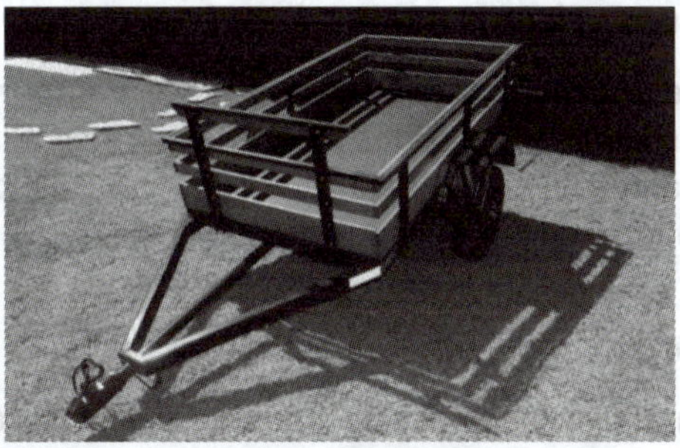

Quando temos a combinação de veículos sendo o primeiro um veículo automotor e o outro um reboque, chamamos de **veículo conjugado**.

Já o **semirreboque**, também tem a característica de ser um veículo que não se desloca pela sua própria força e necessita de um veículo automotor para exercer a tração.

Ele tem por característica principal ter um ou mais eixos que se **apoia** na sua **unidade tratora ou é a ela ligado por meio de articulação.**

Importante salientar desde já que tanto o reboque quanto o semirreboque devem ser registrados e licenciados conforme preveem os artigos 120 e 130 do CTB:

> *Art. 120. Todo veículo automotor, elétrico, articulado, reboque ou semi-reboque, deve ser registrado perante o órgão executivo de trânsito do Estado ou do Distrito Federal, no Município de domicílio ou residência de seu proprietário, na forma da lei.*
>
> *Art. 130. Todo veículo automotor, elétrico, articulado, reboque ou semi-reboque, para transitar na via, deverá ser licenciado anualmente pelo órgão executivo de trânsito do Estado, ou do Distrito Federal, onde estiver registrado o veículo.*

10.2. CLASSIFICAÇÃO DOS VEÍCULOS QUANTO À ESPÉCIE

Quanto à **espécie**, o CTB apresenta uma extensa e importante classificação, a qual destacaremos os conceitos trazidos pelo anexo I, sem a necessidade de repetir definições já presentes na classificação anterior (tração), pois alguns presentes naquela classificação também se encontram nesta.

10.2.1. De passageiros

O código em seu artigo 96 elenca 12 tipos de veículos de passageiros, sendo eles:

> 1 - **bicicleta;**
>
> 2 - **ciclomotor**: veículo de duas ou três rodas, provido de um motor de combustão interna, cuja cilindrada não exceda a cinquenta centímetros cúbicos (3,05 polegadas cúbicas) e cuja velocidade máxima de fabricação não exceda a cinquenta quilômetros por hora.
>
> 3 - **motoneta**: veículo automotor de duas rodas, dirigido por condutor em posição sentada.
>
> 4 - **motocicleta**: veículo automotor de duas rodas, com ou sem *side-car*, dirigido por condutor em posição montada.
>
> 5 - **triciclo**;
>
> 6 - **quadriciclo**;
>
> 7 - **automóvel**;
>
> 8 - **micro-ônibus**: veículo automotor de transporte coletivo com capacidade para até vinte passageiros.
>
> 9 - **ônibus**: veículo automotor de transporte coletivo com capacidade para mais de vinte passageiros, ainda que, em virtude de adaptações com vista à maior comodidade destes, transporte número menor.
>
> 10 - **bonde**: veículo de propulsão elétrica que se move sobre trilhos.
>
> 11 - **reboque ou semi-reboque;**
>
> 12 - **charrete;**

▸ Como esse assunto foi cobrado em concurso?

(EPTC - 2012) O veículo automotor de transporte coletivo com capacidade para até 20 passageiros é denominado:

a) Ônibus.

b) Utilitário.

c) Micro-ônibus.

d) Camioneta.

Gabarito: Alternativa C

▸ Como esse assunto foi cobrado em concurso?

(DETRAN/MT – 2015) Mario Aventureiro acaba de adquirir uma bicicleta de corridas. De acordo com a Lei N.º 9.503/1997, Código de Trânsito Brasileiro (CTB), a bicicleta é classificada como veículo de

a) tração animal e de carga.

b) carga e aprendizagem.

c) reboque e de tração animal.

d) propulsão humana e de passageiro.

Gabarito: Alternativa D

▸ Como esse assunto foi cobrado em concurso?

(DETRAN/SP – 2013) Quanto à espécie, um ônibus é um veículo:

a) de carga.

b) de passageiro.

c) especial

d) de tração.

e) misto.

Gabarito: Alternativa B

10.2.2. De carga

Os veículos de carga que são os destinados ao transporte de **carga, podendo transportar dois passageiros, exclusive o condutor. Sendo:**

1 – motoneta;

2 – motocicleta;

3 – triciclo;

4 – quadriciclo;

5 – caminhonete: veículo destinado ao transporte de carga com peso bruto total de até três mil e quinhentos quilogramas.

6 – caminhão;

7 – reboque ou semi-reboque;

8 – carroça;

9 – carro-de-mão;

▸ **Como esse assunto foi cobrado em concurso?**

(FCC - Analista de Trânsito - Detran - MA/2018) Atenção: A questão está alicerçada na Lei nº 9.503, de 23 de setembro de 1997, que institui o Código de Trânsito Brasileiro, consideradas as alterações posteriores e principais Resoluções.

Considere os seguintes veículos:

I. Motoneta.

II. Triciclo.

III. Charrete.

IV. Carroça.

V. Carro de mão.

Quanto à espécie, são exemplos de veículos de carga os que constam APENAS em

a) I, II e III.

b) I, II e IV.

c) I, III e V.

d) III, IV e V.

e) I, II, IV e V.

Gabarito: Alternativa E

10.2.3. Misto

O veículo misto é o automotor destinado ao transporte **simultâneo de carga e passageiro,** sendo:

1 - **camioneta**: veículo misto destinado ao transporte de passageiros e carga no mesmo compartimento.

2 - **utilitário**: veículo misto caracterizado pela versatilidade do seu uso, inclusive fora de estrada.

3 - **outros**;

▸ **Como esse assunto foi cobrado em concurso?**

(DETRAN/PB - 2013) Em relação à classificação dos veículos quanto à espécie, de acordo com o Código de Trânsito Brasileiro, é correto afirmar:

a) Tanto a camioneta quanto o utilitário são veículos mistos.

b) Tanto a carroça quanto o caminhão-trator são veículos de carga

c) Tanto a bicicleta quanto a caminhonete são veículos de passageiros

d) Tanto o reboque quanto o automóvel são veículos de carga

e) Tanto o caminhão quanto a camioneta são veículos mistos

Gabarito: Alternativa A

10.2.4. De competição

Os **veículos de competição** estão previstos também no art. 110 do CTB, e sobre eles restou definido que por regra **não poderão circular nas vias públicas sem uma licença especial em horários e itinerário previamente fixados**.

Desta forma seria **ilegal** o trânsito como veículo "**comum**" nas ruas e avenidas de veículos modificados para competições.

10.2.5. De tração

Na classificação quanto à tração, o CTB elencou as seguintes espécies: **caminhão-trator, trator de rodas, trator de esteiras e trator misto.**

10.2.6. Especial

Restou à classificação "**Veículo especial**" aqueles que não se enquadram em qualquer das definições anteriores.

São exemplos:

A) **Trailer** – reboque ou semi-reboque tipo casa, com duas, quatro, ou seis rodas, acoplado ou adaptado à traseira de automóvel ou camionete, utilizado em geral em atividades turísticas como alojamento, ou para atividades comerciais.

B) **Motor-casa (motor-home)** – veículo automotor cuja carroçaria seja fechada e destinada a alojamento, escritório, comércio ou finalidades análogas.

10.2.7. De coleção

Os veículos de coleção são aqueles que mesmo tendo sido fabricados **há mais de trinta anos, original ou modificado, possui valor histórico próprio.**

De acordo com o art. 1º da Resolução nº 56/98 do CONTRAN (alterada pela Resolução nº 127/01), **são 4 os requisitos para que um veículo se enquadre nesta categoria:**

> *Art. 1º São considerados veículos de coleção aqueles que atenderem, cumulativamente, aos seguintes requisitos:*
>
> ***I – ter sido fabricado há mais de trinta anos;***
>
> ***II – conservar suas características originais de fabricação;***
>
> ***III – integrar uma coleção;***
>
> ***IV – apresentar Certificado de Originalidade, reconhecido pelo Departamento Nacional de Trânsito – DENATRAN.***

10.3. CLASSIFICAÇÃO DOS VEÍCULOS QUANTO À CATEGORIA

A terceira classificação é quanto à **categoria**, e esta é definida pela **finalidade do veículo.**

Neste quesito é importante que o aluno **decore** esta classificação sem maiores aprofundamentos, uma vez que em provas e concursos não são exigidos outros conhecimentos além destas informações.

Quanto à categoria temos veículos:

- ***Oficiais;***
- ***De representações diplomáticas, de repartições consulares de carreira ou organismos internacionais acreditados junto ao Governo brasileiro;***
- ***Particulares;***
- ***De aluguel;***
- ***De aprendizagem.***

▸ **Como esse assunto foi cobrado em concurso?**

(LIQUIGÁS – 2013) Segundo o CTB, os veículos são classificados quanto à tração, à espécie e à categoria.

Corresponde a classificação quanto à categoria o seguinte tipo de veículo:

a) triciclo

b) elétrico

c) particular

d) trator de rodas

e) utilitário

Gabarito: Alternativa C

10.4. CARACTERÍSTICAS DO VEÍCULO E MODIFICAÇÕES

O art. 97 do CTB informa que as **características dos veículos, suas especificações básicas, configuração e condições essenciais para registro, licenciamento e circulação serão estabelecidas pelo CONTRAN**, em função de suas aplicações.

Efetivamente o Conselho Nacional de Trânsito dedicou uma infinidade de resoluções para tratar do tema, como por exemplo:

Resolução nº 129/01 – Estabelece os requisitos de segurança e dispensa a obrigatoriedade do uso de capacete para o condutor e passageiros do triciclo automotor com cabine fechada, quando em circulação somente em vias urbanas.

Resolução nº 210/06 – Estabelece os limites de peso e dimensões para veículos que transitem por vias terrestres e dá outras providências.

Resolução nº 216/06 – Fixa exigências sobre condições de segurança e visibilidade dos condutores em pára-brisas em veículos automotores, para fins de circulação nas vias públicas.

Resolução nº 280/08 – Dispõe sobre a inspeção periódica do Sistema de Gás Natural instalado originalmente de fábrica, em veículo automotor

No que tange **às modificações nas características de fábrica, as mesmas apenas poderão ocorrer com autorização da autoridade competente.**

> **Como esse assunto foi cobrado em concurso?**
>
> **(MPU – 2010)** O proprietário de veículo tem autonomia de fazer ou de ordenar modificações nas características de fábrica do seu veículo, desde que, **posteriormente**, encaminhe à autoridade competente documento em que seja especificada cada uma das alterações feitas.
>
> **Gabarito:** ERRADO

A condução de veículo com características alteradas sem autorização configura infração grave:

> *Art. 230. **Conduzir o veículo:***
>
> *[...]*
>
> *VII – **com a cor ou característica alterada;***
>
> *Infração – **grave;***
>
> *Penalidade – **multa;***
>
> *Medida administrativa – retenção do veículo para regularização;*

Mais uma novidade trazida pela lei nª 14.071/20 é a possibilidade de alteração do diâmetro externo do conjunto formado por roda e pneu dos veículos classificados na espécie misto, tipo utilitário, carroçaria jipe, observadas restrições impostas pelo fabricante e exigências fixadas pelo Contran.

Quanto aos **veículos blindados**, o parágrafo único do art. 106 (adicionado pela citada lei acima), assevera que no caso de blindagem de veículo, **NÃO será exigido qualquer outro documento ou autorização para o registro ou licenciamento.**

10.5. PESO E DIMENSÕES DOS VEÍCULOS

De forma a prestigiar a **segurança** nas vias terrestres abertas à circulação, o art. 99 do CTB tutela que **apenas** poderão transitar nas citadas vias, veículos cujo **peso e dimensões atendam aos limites estabelecidos pelo CONTRAN.**

A propósito, a Resolução nº 210/06 do CONTRAN foi editada para estabelecer os limites de **peso e dimensões** para veículos que transitem por vias terrestres.

Veja a íntegra do importante artigo 99:

> *Art. 99.* ***Somente poderá transitar pelas vias terrestres o veículo cujo peso e dimensões atenderem aos limites estabelecidos pelo CONTRAN.***
>
> *§ 1º* ***O excesso de peso será aferido por equipamento de pesagem ou pela verificação de documento fiscal, na forma estabelecida pelo CONTRAN.***
>
> *§ 2º* ***Será tolerado um percentual sobre os limites de peso bruto total e peso bruto transmitido por eixo de veículos à superfície das vias, quando aferido por equipamento, na forma estabelecida pelo CONTRAN.***
>
> *§ 3º Os equipamentos fixos ou móveis utilizados na pesagem de veículos serão aferidos de acordo com a metodologia e na periodicidade estabelecidas pelo CONTRAN, ouvido o órgão ou entidade de metrologia legal.*

Sobre **limites e suas exceções**, o CONTRAN editou a Resolução nº 520/15 (alterada pelas Resoluções nºs 610/16 e 702/2017), que dispõe sobre os requisitos mínimos para a circulação de veículos com **dimensões excedentes** aos limites estabelecidos pelo CONTRAN.

▸ Como esse assunto foi cobrado em concurso?

(TRF/2º Região – 2017) De acordo com o CTB, é **INCORRETO** afirmar que:

a) Somente poderá transitar pelas vias terrestres o veículo cujo peso e dimensões atenderem aos limites estabelecidos pelo CONTRAN.

b) Nenhum proprietário ou responsável poderá, sem prévia autorização da autoridade competente, fazer ou ordenar que sejam feitas no veículo modificações de suas características de fábrica.

c) Em nenhuma hipótese será tolerado um percentual sobre os limites de peso bruto total e peso bruto transmitido por eixo de veículos à superfície das vias, mesmo quando aferido por equipamento, na forma estabelecida pelo CONTRAN.

d) Nenhum veículo ou combinação de veículos poderá transitar com lotação de passageiros, com peso bruto total, ou com peso bruto total combinado com peso por eixo, superior ao fixado pelo fabricante, nem ultrapassar a capacidade máxima de tração da unidade tratora.

Gabarito: Alternativa C

10.6. AUTORIZAÇÃO ESPECIAL DE TRÂNSITO

Um tema muito interessante também para provas de concursos é o referente ao transporte de **carga indivisível** feito mediante **autorização especial de trânsito (AET)**. Estas autorizações são destinadas exatamente para viabilizar o transporte destas cargas diferenciadas.

De modo elucidativo, veja a definição constante no site do DETRAN de Minas Gerais:

> *"Conforme Resolução 11/04 do DNIT,* ***carga indivisível é a carga unitária, representada por uma única peça estrutural ou por um conjunto de peças fixadas pro rebitagem, solda ou outro processo, para fins de utilização direta como peça acabada, ou ainda, materiais implementos, partes estruturais, máquinas ou parte de máquinas e equipamentos, cujas dimensões e/ou peso excedem os limites fixados pelo CONTRAN.***
>
> *O transporte desse tipo de carga requer, geralmente, a utilização de veículos especiais e projeto específico de transporte com base em legislação dos órgãos com jurisdição sobre a via e em respeito as limitações da infraestrutura.*
>
> *O condutor para estar apto a dirigir nesta modalidade requer o conhecimento de condições especiais de trânsito, sinalização do veículo e da carga, e outras medidas específicas de segurança para trafegar nas estradas, bem como para segurança de propriedade de terceiros e da própria rodovia."*

O Código de Trânsito antes da alteração trazida pela lei nª 14.071/20, tratava o tema da seguinte forma: (artigo 101)

> *Art. 101. **Ao veículo ou combinação de veículos utilizado no transporte de carga indivisível**, que não se enquadre nos limites de peso e dimensões estabelecidos pelo CONTRAN, poderá ser concedida, pela autoridade com circunscrição sobre a via, autorização especial de trânsito, com prazo certo, válida para cada viagem, atendidas as medidas de segurança consideradas necessárias.*
>
> *§ 1º A autorização será concedida mediante requerimento que especificará as características do veículo ou combinação de veículos e de carga, o percurso, a data e o horário do deslocamento inicial.*
>
> *§ 2º **A autorização não exime o beneficiário da responsabilidade por eventuais danos que o veículo ou a combinação de veículos causar à via ou a terceiros.***
>
> *§ 3º Aos guindastes autopropelidos ou sobre caminhões poderá ser concedida, pela autoridade com circunscrição sobre a via, autorização especial de trânsito, com prazo de seis meses, atendidas as medidas de segurança consideradas necessárias.*

Com a alteração, o artigo 101 substituiu a expressão **"carga indivisível" por "carga que não se enquadre nos limites de peso e dimensões estabelecidos pelo Contran"** e trouxe também outra alteração muito importante, qual seja: Agora a autorização não se destina exclusivamente para cada viagem. Doravante pode ser **para cada viagem ou por um período determinado.** Veja:

> Art. 101. Ao veículo ou à combinação de veículos utilizados no transporte de **carga que não se enquadre nos limites de peso e dimensões estabelecidos pelo Contran**, poderá ser concedida, pela autoridade com circunscrição sobre a via, autorização especial de trânsito, **com prazo certo, válida para cada viagem ou por período,** atendidas as medidas de segurança consideradas necessárias, conforme regulamentação do Contran.

10.7. IDENTIFICAÇÃO DO VEÍCULO

Os critérios de identificação dos veículos estão previstos nos artigos 114 a 117 do CTB, sendo que as questões de prova costumam se concentrar nos artigos **114 e 115** conforme veremos em seguida.

Dada a literalidade das questões, é importante o conhecimento de cada um dos artigos:

> *Art. 114. **O veículo será identificado obrigatoriamente por caracteres gravados no chassi ou no monobloco,** reproduzidos em outras partes, conforme dispuser o CONTRAN.*
>
> *§ 1º A gravação será realizada pelo fabricante ou montador, de modo a identificar o veículo, seu fabricante e as suas características, além do ano de fabricação, que não poderá ser alterado.*
>
> *§ 2º As **regravações**, quando necessárias, dependerão de prévia autorização da autoridade executiva de trânsito e somente serão processadas por*

estabelecimento por ela credenciado, mediante a comprovação de propriedade do veículo, mantida a mesma identificação anterior, inclusive o ano de fabricação.

§ 3º ***Nenhum proprietário poderá, sem prévia permissão da autoridade executiva de trânsito, fazer, ou ordenar que se faça, modificações da identificação de seu veículo.***

Art. 115. O veículo será identificado externamente por meio de placas dianteira e traseira, sendo esta lacrada em sua estrutura, obedecidas as especificações e modelos estabelecidos pelo CONTRAN.

§ 1º ***Os caracteres das placas serão individualizados para cada veículo e o acompanharão até a baixa do registro, sendo vedado seu reaproveitamento.***

§ 2º ***As placas com as cores verde e amarela da Bandeira Nacional serão usadas somente pelos veículos de representação pessoal do Presidente e do Vice-Presidente da República, dos Presidentes do Senado Federal e da Câmara dos Deputados, do Presidente e dos Ministros do Supremo Tribunal Federal, dos Ministros de Estado, do Advogado-Geral da União e do Procurador-Geral da República.***

§ 3º Os veículos de representação dos Presidentes dos Tribunais Federais, dos Governadores, Prefeitos, Secretários Estaduais e Municipais, dos Presidentes das Assembléias Legislativas, das Câmaras Municipais, dos Presidentes dos Tribunais Estaduais e do Distrito Federal, e do respectivo chefe do Ministério Público e ainda dos Oficiais Generais das Forças Armadas terão ***placas especiais,*** *de acordo com os modelos estabelecidos pelo CONTRAN.*

§ 4º Os aparelhos automotores destinados a puxar ou a arrastar maquinaria de qualquer natureza ou a executar trabalhos de construção ou de pavimentação são sujeitos ao registro na repartição competente, se transitarem em via pública, dispensados o licenciamento e o emplacamento.

§ 4º-A. Os tratores e demais aparelhos automotores destinados a puxar ou a arrastar maquinaria agrícola ou a executar trabalhos agrícolas, desde que facultados a transitar em via pública, são sujeitos ao registro único, sem ônus, em cadastro específico do Ministério da Agricultura, Pecuária e Abastecimento, acessível aos componentes do Sistema Nacional de Trânsito.

§ 5º ***O disposto neste artigo não se aplica aos veículos de uso bélico.***

§ 6º ***Os veículos de duas ou três rodas são dispensados da placa dianteira.***

§ 7º Excepcionalmente, mediante autorização específica e fundamentada das respectivas corregedorias e com a devida comunicação aos órgãos de trânsito competentes, os veículos utilizados por membros do Poder Judiciário e do Ministério Público que exerçam competência ou atribuição criminal poderão temporariamente ter ***placas especiais,*** *de forma a impedir a identificação de seus usuários específicos, na forma de regulamento a ser emitido, conjuntamente, pelo Conselho Nacional de Justiça – CNJ, pelo Conselho Nacional do Ministério Público – CNMP e pelo Conselho Nacional de Trânsito – CONTRAN.*

§ 8º Os veículos artesanais utilizados para trabalho agrícola (jericos), para efeito do registro de que trata o § 4º-A, ficam dispensados da exigência prevista no art. 106.

§ 9º As placas que possuírem tecnologia que permita a identificação do veículo ao qual estão atreladas são dispensadas da utilização do lacre previsto no caput, na forma a ser regulamentada pelo Contran.

Art. 116. Os veículos de propriedade da União, dos Estados e do Distrito Federal, devidamente registrados e licenciados, somente quando estritamente usados em serviço reservado de caráter policial, poderão usar placas particulares, obedecidos os critérios e limites estabelecidos pela legislação que regulamenta o uso de veículo oficial.

Art. 117. Os veículos de transporte de carga e os coletivos de passageiros deverão conter, em local facilmente visível, a inscrição indicativa de sua tara, do peso bruto total (PBT), do peso bruto total combinado (PBTC) ou capacidade máxima de tração (CMT) e de sua lotação, vedado o uso em desacordo com sua classificação.

A Resolução nº 24/98 do CONTRAN, alterada pela Resolução nº 581/16, estabelece o **critério de identificação de veículos, a que se refere o art. 114 do Código de Trânsito Brasileiro.**

▸ Como esse assunto foi cobrado em concurso?

(Prefeitura de Matões/MA – 2015) São veículos que dispensam o uso de placa dianteira:

I. Veículos de duas rodas.

II. Veículos de três rodas.

III. Veículos oficiais.

Está(ão) correto(s):

a) Apenas I.

b) Apenas II.

c) I e II.

d) II e III.

e) I, II e III.

Gabarito: Alternativa C. Conforme o § 6º do art. 115 do CTB

▸ **Como esse assunto foi cobrado em concurso?**

(DETRAN/MT – 2015) Sobre a identificação do veículo, marque V para as afirmativas verdadeiras e F para as falsas.

( ) Os veículos de duas ou três rodas não são dispensados de placa dianteira.

( ) O veículo será identificado obrigatoriamente por caracteres gravados no chassi ou no monobloco, reproduzidos em outras partes, conforme dispuser o CONTRAN.

( ) É de responsabilidade do fabricante ou montador a gravação do chassi, de modo a identificar o veículo, seu fabricante e as suas características, além do ano de fabricação, que não poderá ser alterado.

( ) Os caracteres das placas dos veículos serão individualizados para cada veículo e o acompanharão até a baixa do registro, momento em que será permitido o seu reaproveitamento.

Assinale sequência correta.

a) F, F, V, V

b) V, F, F, V

c) V, V, F, F

d) F, V, V, F

Gabarito: Alternativa D

▸ **Como esse assunto foi cobrado em concurso?**

(DETRAN/MT – 2015) A Lei N.º 9.503/1997, Código de Trânsito Brasileiro (CTB), dispõe que as placas com as cores verde e amarela da bandeira nacional serão usadas pelos veículos de representação pessoal do:

a) Presidente da Assembleia Legislativa e do Prefeito.

b) Presidente do Superior Tribunal de Justiça e do Governador.

c) Presidente do Senado Federal e do Presidente do Supremo Tribunal Federal.

d) Presidente do Tribunal de Justiça do Estado e dos Oficiais Generais das Forças Armadas.

Gabarito: Alternativa C

Como esse assunto foi cobrado em concurso?

(DETRAN/MT – 2015) Em relação às normas de identificação de veículos previstas no Código de Trânsito Brasileiro (CTB), assinale a afirmativa INCORRETA.

a) O veículo será identificado externamente por meio de placas dianteira e traseira, sendo esta lacrada em sua estrutura, obedecidas às especificações e modelos estabelecidos pelo Conselho Nacional de Trânsito.

b) Os veículos de transporte de carga e os coletivos de passageiros deverão conter a inscrição indicativa de sua tara, do peso bruto total, do peso bruto total combinado ou capacidade máxima de tração e de sua lotação.

c) O veículo será identificado obrigatoriamente por caracteres gravados no chassi ou no monobloco, reproduzidos em outras partes, conforme dispuser o Conselho Nacional de Trânsito.

d) Qualquer proprietário ou responsável poderá fazer ou ordenar que seja feita, quando necessária e preservando-se os dados originais, regravação no chassi, sem prévia autorização.

Gabarito: Alternativa D. Conforme o §3º do art. 114 do CTB.

Capítulo XI

Registro de Veículos

O registro dos veículos (automotor, elétrico, articulado, reboque e semi--reboque) é um procedimento indispensável para a legalidade de sua utilização e registro de propriedade junto à Administração Pública, uma vez que apenas com tal registro o veículo irá constar no RENAVAM (registro nacional de veículos automotores).

O documento gerado com o registro é o **CRV – Certificado de Registro de Veículo.**

Estes devem ser registrados no órgão executivo de trânsito do Estado ou do Distrito Federal, no Município de domicílio ou residência de seu proprietário.

Duas importantes exceções devem ser pontuadas aqui.

A primeira, é que é possível que haja o registro de veículos de **propulsão humana e de tração animal.** Neste caso a competência será **municipal**, e caberá a cada município definir as regras para tanto.

A segunda é que de acordo com o art. 129-A do CTB, *"o registro dos tratores e demais aparelhos automotores destinados a puxar ou a arrastar maquinaria agrícola ou a executar trabalhos agrícolas será efetuado, sem ônus, pelo Ministério da Agricultura, Pecuária e Abastecimento, diretamente ou mediante convênio."*

Mas atenção.

Existe um tipo de veículo em especial **que não será registrado na forma aqui narrada.** Este é o **veículo de uso bélico**.

Como visto, com o registro do veículo é gerado o CRV, e para que este documento seja feito, o proprietário do veículo **deverá apresentar** (dependendo do caso): a nota fiscal fornecida pelo fabricante ou revendedor, ou documento equivalente expedido por autoridade competente ou o documento fornecido pelo Ministério das Relações Exteriores, quando se tratar de veículo importado por membro de missões diplomáticas, de repartições consulares de carreira, de representações de organismos internacionais e de seus integrantes.

11.1. SUBSTITUIÇÃO DO CRV

O registro do veículo, diferentemente do licenciamento, não necessita de atualizações periódicas. Caso não haja alteração do veículo ou de aspectos ligados ao proprietário, é possível que o CRV nunca seja alterado.

Todavia existem circunstâncias que obrigam a expedição de um novo documento.

São elas:

- A transferência de propriedade;
- A mudança do Município de domicílio ou residência do proprietário;
- A alteração de qualquer característica do veículo;
- A mudança de categoria.

Sendo assim, fora estas situações o CRV continuará **imutável**.

É importante salientar o **tempo** que o interessado terá para fazer tal alteração.

Fora a hipótese de transferência de propriedade que deverá ser feita em **até 30 dias**, em todas as demais a providência deverá ser de **imediato**.

Note que caso ocorra a alteração do domicílio ou residência no **mesmo** Município (por exemplo, o proprietário se mudou para a casa do outro da rua), **não há** a necessidade de alteração do CRV, pois o município continua o mesmo.

Sobre a transferência de propriedade, o comprador terá o prazo de 30 dias para efetuar a transferência.

Todavia, o artigo 134 do CTB com a redação dada pela lei nª 14.071/20, fazendo referência ao prazo acima, institui que se a transferência não for feita no prazo em questão pelo comprador, o **vendedor** deverá no prazo de **60 dias** encaminhar ao órgão executivo de trânsito do Estado ou do Distrito Federal, cópia autenticada do comprovante de transferência de propriedade, devidamente assinado e datado, **sob pena de ter que se responsabilizar solidariamente pelas penalidades impostas e suas reincidências até a data da comunicação.**

▸ **Como esse assunto foi cobrado em concurso?**

(CODAR - 2016) NÃO será obrigatória a expedição de novo Certificado de Registro de Veículo quando:

a) For alterada qualquer característica do veículo.

b) For transferida a propriedade.

c) Houver mudança de categoria.

d) O proprietário mudar de endereço dentro do mesmo município.

Gabarito: Alternativa D.

Neste caso o proprietário deverá **comunicar** o seu novo endereço em **30 dias** e aguardará o novo licenciamento para alterar o Certificado de Licenciamento Anual.

▸ Como esse assunto foi cobrado em concurso?

(DETRAN/MT - 2015) Sobre o registro de veículos pelo Sistema Nacional de Trânsito (SNT), assinale a afirmativa correta.

a) Registrado o veículo, expedir-se-á o Certificado de Registro de Veículo de acordo com os modelos e especificações estabelecidos pelo órgão executivo de trânsito do Estado ou do Distrito Federal.

b) No caso de transferência de propriedade, o prazo para o proprietário adotar as providências necessárias à efetivação da expedição do novo Certificado de Registro de Veículo é de sessenta dias.

c) No caso de mudança de domicílio ou residência para outro Município pelo proprietário, as providências necessárias à efetivação da expedição do novo Certificado de Registro de Veículo deverão ser imediatas.

d) Todo veículo automotor, elétrico, articulado, reboque ou semirreboque, deve ser registrado perante o órgão executivo de trânsito do Município.

Gabarito: Alternativa C.

São motivos que impedem a expedição do novo CRV, a existência de:

- Débitos fiscais;
- Multas de trânsito;
- Multas ambientais;

Tais débitos vinculadas ao veículo, independentemente da responsabilidade pelas infrações cometidas, **são óbices legais ao ato da expedição.**

11.2. CASOS ESPECIAIS

Sobre os veículos de propulsão humana, os de tração animal, tratores e demais aparelhos automotores destinados a trabalhos agrícolas, o CTB traz as seguintes informações dignas de nota:

> Art. 129. O ***registro e o licenciamento dos veículos de propulsão humana e dos veículos de tração animal obedecerão à regulamentação estabelecida em legislação municipal do domicílio ou residência de seus proprietários.***
>
> Art. 129-A. ***O registro dos tratores e demais aparelhos automotores destinados a puxar ou a arrastar maquinaria agrícola ou a executar trabalhos agrícolas será efetuado, sem ônus, pelo Ministério da Agricultura, Pecuária e Abastecimento, diretamente ou mediante convênio.***

Infração relacionada

> Art. 233. ***Deixar de efetuar o registro de veículo no prazo de trinta dias, junto ao órgão executivo de trânsito, ocorridas as hipóteses previstas no art. 123:***
>
> Infração - média;
>
> Penalidade - multa;
>
> Medida administrativa - remoção do veículo."

Capítulo XII

Licenciamento

O Código conceitua o **licenciamento** como sendo o **"procedimento anual, relativo a obrigações do proprietário de veículo, comprovado por meio de documento específico (Certificado de Licenciamento Anual)."**

O **porte do comprovante do licenciamento é obrigatório, e a sua ausência caracteriza a infração prevista no art. 232 do CTB:**

> *Art. 232.* ***Conduzir veículo sem os documentos de porte obrigatório referidos neste Código:***
>
> *Infração – leve;*
>
> *Penalidade – multa;*
>
> *Medida administrativa – retenção do veículo até a apresentação do documento.*

Todavia, não haverá infração quando no momento da fiscalização for possível ter acesso ao devido sistema informatizado para verificar se o veículo está licenciado.

De acordo com o código (art. 130), os veículos que deverão ser licenciados são:

- *Veículo automotor;*
- *Elétrico;*
- *Articulado,*
- *Reboque*
- *Semi-reboque.*

Assim como o **registro**, os veículos de **uso bélico não** serão **registrados** na forma do art. 130 do CTB.

O **licenciamento será anual e feito pelo órgão executivo de trânsito do Estado, ou do Distrito Federal**, onde estiver registrado o veículo, sendo considerado licenciado apenas quando todos os débitos relativos a tributos, encargos e multas de trânsito e ambientais, vinculados ao veículo, independentemente da responsabilidade pelas infrações cometidas estiverem quitados, sendo que o **primeiro** licenciamento será feito **simultaneamente** ao registro.

Como esse assunto foi cobrado em concurso?

(UECE - Assistente de Atividade de Trânsito e Transporte - Detran - CE/2018) No que diz respeito ao licenciamento de veículos, assinale a afirmação verdadeira.

a) O veículo somente será considerado licenciado estando quitados os débitos relativos a tributos, encargos e multas de trânsito e ambientais, vinculados ao veículo, independentemente da responsabilidade pelas infrações cometidas.

b) Todo veículo automotor, elétrico, articulado, bélico, reboque ou semirreboque, para transitar na via, deverá ser licenciado anualmente pelo órgão executivo de trânsito do Estado, ou do Distrito Federal, onde estiver registrado o veículo.

c) O primeiro licenciamento será feito apenas após o registro.

d) Os veículos novos estão sujeitos ao licenciamento e terão sua circulação regulada pelo CONTRAN durante o trajeto entre a fábrica e o Município de destino.

Gabarito: Alternativa A

Veja que conduzir veículo que não esteja devidamente registrado e licenciado é uma infração gravíssima prevista no inciso V do art. 130 do CTB.

Uma **exceção** muito importante deve ser anotada aqui.

Muito embora o licenciamento seja um requisito necessário para a circulação dos veículos, **os veículos novos não estão sujeitos ao licenciamento** e os mesmos terão sua circulação regulada pelo CONTRAN durante o trajeto entre a fábrica e o Município de destino.

A mesma regra se aplica aos **veículos importados** durante o trajeto entre a alfândega ou entreposto alfandegário e o Município de destino.

> Art. 135. *Os veículos de aluguel, destinados ao transporte individual ou coletivo de passageiros de linhas regulares ou empregados em qualquer serviço remunerado, para registro, licenciamento e respectivo emplacamento de característica comercial, deverão estar devidamente autorizados pelo poder público concedente.*

Como esse assunto foi cobrado em concurso?

(DETRAN/MT - 2015) De acordo com o disposto no Código de Trânsito Brasileiro (CTB), considere as assertivas abaixo.

I - O veículo somente será considerado licenciado estando quitados os débitos relativos a tributos, encargos e multas de trânsito e ambientais, vinculados ao veículo, independentemente da responsabilidade pelas infrações cometidas.

II – É obrigatório o porte do Certificado de Licenciamento Anual.

III – Os veículos novos estão sujeitos ao licenciamento e terão sua circulação regulada pelos Conselhos Estaduais de Trânsito (CETRAN), durante o trajeto entre a fábrica e o Município de destino.

IV – Os veículos de aluguel não necessitam de autorização concedida pelo poder público para registro, licenciamento e respectivo emplacamento de característica comercial.

Estão **corretas** as assertivas

a) I e II.

b) II e III.

c) III e IV.

d) I e IV.

Gabarito: Alternativa A.

Como esse assunto foi cobrado em concurso?

(SURG – 2014) Utilizando-se as disposições do Código de Trânsito Brasileiro relativas ao licenciamento de veículos, identifique a alternativa **INCORRETA:**

a) Todo veículo automotor, elétrico, articulado, reboque ou semirreboque, ou de uso bélico, para transitar na via, deverá ser licenciado anualmente pelo órgão executivo de trânsito do Estado, ou do Distrito Federal, onde estiver registrado o veículo.

b) O veículo somente será considerado licenciado estando quitados os débitos relativos a tributos, encargos e multas de trânsito e ambientais, vinculados ao veículo, independentemente da responsabilidade pelas infrações cometidas.

c) Ao licenciar o veículo, o proprietário deverá comprovar sua aprovação nas inspeções de segurança veicular e de controle de emissões de gases poluentes e de ruído.

d) Os veículos novos não estão sujeitos ao licenciamento e terão sua circulação regulada pelo CONTRAN durante o trajeto entre a fábrica e o Município de destino.

Gabarito: Alternativa A. Como visto, os veículos de uso bélico não são licenciados.

Como esse assunto foi cobrado em concurso?

(DETRAN/RJ – 2013) Assinale a alternativa CORRETA sobre licenciamento, conforme previsto pelo Código de Trânsito Brasileiro (CTB).

a) No caso de transferência de residência ou domicílio, não será válido, durante o exercício, o licenciamento de origem.

b) Os veículos novos não estão sujeitos ao licenciamento e terão sua circulação regulada pelo SISCSV (Sistema de Certificação de Segurança Veicular e Vistorias) durante o trajeto entre a fábrica e o Município de destino.

c) O Certificado de Licenciamento Anual será expedido ao veículo licenciado, vinculado ao Certificado de Registro, no modelo e especificações estabelecidos pelo SINIAV (Sistema Nacional de Identificação Automática de Veículos).

d) Todo veículo automotor, elétrico, articulado, reboque ou semi-reboque, para transitar na via, não precisa ser licenciado anualmente pelo órgão executivo de trânsito do Estado, ou do Distrito Federal, onde estiver registrado o veículo.

e) O veículo somente será considerado licenciado estando quitados os débitos relativos a tributos, encargos e multas de trânsito e ambientais, vinculados ao veículo, independentemente da responsabilidade pelas infrações cometidas.

Gabarito: Alternativa E

Ainda tratando do tema licenciamento, é importante frisar a importância do **recall** dada pela lei nº 14.071/20.

De acordo com os §§ 4ºe 5 º do art. 131 do CTB, uma vez efetivado o recall (chamamento de consumidores para substituição ou reparo de veículos), o proprietário do veículo deverá atender o chamado em **até 1 ano** contado da data da comunicação.

Em caso de desatendimento, esta informação deverá constar no Certificado de Licenciamento Anual.

Com esta inclusão, o veículo **somente poderá ser licenciado** quando for comprovado o atendimento o recall.

Capítulo XIII

Da Condução de Escolares

O tópico da condução de escolares tem sido pouco cobrado em provas de concursos e geralmente exige o conhecimento de duas informações por parte dos candidatos, sendo elas:

1 – **Os requisitos para circulação de veículos destinados à condução coletiva de escolares, e**

2 – **Os requisitos para ser um condutor de escolares**

Neste sentido, vejamos os artigos 136 e 138 do CTB que tratam dos temas:

> *Art. 136. Os veículos especialmente destinados à condução coletiva de escolares somente poderão circular nas vias com autorização emitida pelo órgão ou entidade executivos de trânsito dos Estados e do Distrito Federal, exigindo-se, para tanto:*
>
> *I – registro como veículo de passageiros;*
>
> *II – inspeção semestral para verificação dos equipamentos obrigatórios e de segurança;*
>
> *III – pintura de faixa horizontal na cor amarela, com quarenta centímetros de largura, à meia altura, em toda a extensão das partes laterais e traseira da carroçaria, com o dístico ESCOLAR, em preto, sendo que, em caso de veículo de carroçaria pintada na cor amarela, as cores aqui indicadas devem ser invertidas;*
>
> *IV – equipamento registrador instantâneo inalterável de velocidade e tempo;*
>
> *V – lanternas de luz branca, fosca ou amarela dispostas nas extremidades da parte superior dianteira e lanternas de luz vermelha dispostas na extremidade superior da parte traseira;*
>
> *VI – cintos de segurança em número igual à lotação;*
>
> *VII – outros requisitos e equipamentos obrigatórios estabelecidos pelo CONTRAN.*
>
> *Art. 138. O condutor de veículo destinado à condução de escolares deve satisfazer os seguintes requisitos:*
>
> *I – ter idade superior a vinte e um anos;*
>
> *II – ser habilitado na categoria D;*
>
> *III – (VETADO)*
>
> IV – não ter cometido mais de uma infração gravíssima nos 12 (doze) últimos meses;
>
> *V – ser aprovado em curso especializado, nos termos da regulamentação do CONTRAN.*

Como esse assunto foi cobrado em concurso?

(Prefeitura de São Luís/MA - 2017) Para circular nas vias, veículos de transporte escolar devem:

a) ter cinto de segurança apenas para o motorista.

b) ter equipamento registrador instantâneo e inalterável de velocidade e tempo.

c) ter faixa horizontal pintada na cor vermelha, a meia altura, em toda a extensão das partes laterais e traseira da carroçaria, com o dístico ESCOLAR em branco.

d) ter autorização emitida pelo DENATRAN.

e) ser equipados com lanternas de luz vermelha nas extremidades da parte inferior dianteira.

Gabarito: Alternativa B

Em paralelo a este tema, é importante ressaltar a recente alteração do CTB feita pela lei nº 13.855/19 que teve por objeto tornar mais gravosa as infrações previstas no inciso XX do art. 230 e VIII do art. 231. Veja:

> *Art. 230. Conduzir o veículo:*
>
> *XX - sem portar a autorização para condução de escolares, na forma estabelecida no art. 136:*
>
> *Infração - gravíssima;*
>
> *Penalidade - multa (cinco vezes);*
>
> *Medida administrativa - remoção do veículo;*
>
> *Art. 231. Transitar com o veículo:*
>
> *VIII - efetuando transporte remunerado de pessoas ou bens, quando não for licenciado para esse fim, salvo casos de força maior ou com permissão da autoridade competente:*
>
> *Infração - gravíssima;*
>
> *Penalidade - multa;*
>
> *Medida administrativa - remoção do veículo;*

A importância dada ao tema pelo Congresso Nacional tornando mais gravosas as penas para as condutas acima, certamente será tema de questões de prova.

Capítulo XIV

Habilitação

Condutor habilitado é aquele que demonstrou para o Poder Público através de exames, que atende **todos os requisitos legais para a condução de veículos automotores e elétricos.**

A habilitação é apenas a certificação de que o indivíduo reúne (ao menos momentaneamente) as exigências legais, e está apto a **exercer o seu direito de dirigir.**

O capítulo XIV do Código de Trânsito Brasileiro é dedicado a este tema e guarda algumas questões muito importantes para provas de concursos.

A forma de cobrança mais uma vez é basicamente o conhecimento da lei seca, e por este motivo iremos **facilitar** este entendimento de modo a potencializar ainda mais as suas chances de acerto.

De acordo com o art. **140 do CTB**, a habilitação é exigida para a condução de veículos automotores e elétricos, e a verificação do atendimento dos requisitos para tanto será feita através de exames realizados junto ao órgão ou entidade executivos do Estado ou do Distrito Federal, do domicílio ou residência do candidato, ou na sede estadual ou distrital do próprio órgão.

O documento de habilitação (seja ele a CNH – Carteira nacional de habilitação –, a PPD – Permissão para dirigir –, ou a ACC – Autorização para conduzir ciclomotor) **é de porte obrigatório no momento da condução dos veículos e deve ser apresentado em sua via original**, sob pena da caracterização da infração de trânsito prevista no art. 232 do CTB:

> *Art. 232. Conduzir veículo sem os documentos de porte obrigatório referidos neste Código:*
>
> *Infração – leve;*
>
> *Penalidade – multa;*
>
> *Medida administrativa – retenção do veículo até a apresentação do documento.*

Importante lembrar que com o advento da Resolução nº 684/2017, tornou-se válido também o porte da chamada **"CNH digital"**.

Deste modo, a CNH continua sendo um documento de porte obrigatório, mas poderá ser apresentada de forma física ou eletrônica.

Muito embora o CTB afirme que será exigida a habilitação para a condução de veículos automotores e elétricos, **é possível que a condução de veículos de propulsão humana e aqueles de tração animal sejam condicionados à aquisição de uma autorização que ficará a cargo dos Municípios.**

Ou seja, caso seja do interesse do Município, o mesmo pode exigir que os condutores dos meios de locomoção acima citados sejam compelidos a se **habilitarem** também.

Ao menos por enquanto esta não é prática usual no Brasil, e o código não dedica outros detalhes ao tema.

Sendo assim, doravante os tópicos serão sempre destinados à **regra geral**.

14.1. REQUISITOS PARA A HABILITAÇÃO

Quando falamos em processo de habilitação, devemos considerar o capítulo XIV do CTB, mas também a Resolução nº 168/04 do CONTRAN que estabelece Normas e Procedimentos para a formação de condutores de veículos automotores e elétricos, a realização dos exames, a expedição de documentos de habilitação, os cursos de formação, especializados e de reciclagem.

Muito embora a mesma não seja um objeto constante de provas, existem algumas peculiaridades lá existentes que devem ser anotadas.

Por exemplo:

De acordo com o art. 140 do CTB, são **requisitos para a habilitação:**

> **I - ser penalmente imputável;**
>
> **II - saber ler e escrever;**
>
> **III - possuir Carteira de Identidade ou equivalente.**

Já no art. 2º da citada Resolução, além dos requisitos acima mencionados, temos ainda a exigência de que o candidato tenha o cadastro de pessoa física - CPF, veja:

> Art. 2º O candidato à obtenção da Autorização para Conduzir Ciclomotor - ACC, da Carteira Nacional de Habilitação - CNH, solicitará ao órgão ou entidade executivo de trânsito do Estado ou do Distrito Federal, do seu domicílio ou residência, ou na sede estadual ou distrital do próprio órgão ou entidade, a abertura do processo de habilitação para o qual deverá preencher os seguintes requisitos:
>
> I - ser penalmente imputável;
>
> II - saber ler e escrever;
>
> III - possuir documento de identidade;
>
> **IV - possuir Cadastro de Pessoa Física - CPF.**

Note que este detalhe foi objeto de prova:

> **Como esse assunto foi cobrado em concurso?**
>
> **(Quadrix – CRO/PR – 2016)** São requisitos obrigatórios para se candidatar à carteira de habilitação de condução de veículos, exceto:
>
> a) ser penalmente imputável.
>
> b) saber ler e escrever.
>
> c) possuir documento de identidade ou equivalente.
>
> d) apresentar certidão de quitação eleitoral.
>
> e) possuir Cadastro de Pessoa Física.
>
> **Gabarito:** Alternativa D.

14.2. REGRAS SOBRE APRENDIZAGEM

O tema da aprendizagem (momento que antecede os exames), também guarda algumas informações importantes para possíveis questionamentos de prova.

Por este motivo destaco abaixo os pontos mais importantes dos artigos 155, 156 e 158 do CTB que tratam do tema:

> *Art. 155. A formação de condutor de veículo automotor e elétrico será realizada por* ***instrutor autorizado pelo órgão executivo de trânsito dos Estados ou do Distrito Federal,*** *pertencente ou não à entidade credenciada.*
>
> *Parágrafo único. Ao aprendiz será expedida* ***autorização para aprendizagem****, de acordo com a regulamentação do CONTRAN, após aprovação nos exames de aptidão física, mental, de primeiros socorros e sobre legislação de trânsito.*
>
> *Art. 156. O* ***CONTRAN*** *regulamentará o credenciamento para prestação de serviço pelas auto-escolas e outras entidades destinadas à formação de condutores e às exigências necessárias para o exercício das atividades de instrutor e examinador.*
>
> *Art. 157. (VETADO)*
>
> *Art. 158. A aprendizagem* ***só*** *poderá realizar-se:*
>
> *I – nos termos, horários e locais estabelecidos pelo* ***órgão executivo de trânsito****;*
>
> *II –* ***acompanhado o aprendiz por instrutor autorizado****.*
>
> *§ 1º* ***Além*** *do aprendiz e do instrutor, o veículo utilizado na aprendizagem poderá conduzir* ***apenas mais um acompanhante****.*

14.3. EXAMES

Como dito, para ser habilitado o candidato deve reunir os requisitos acima listados, e também ser aprovado nos exames previstos na legislação, sendo estes dispostos na **seguinte ordem (art. 147):**

I – de aptidão física e mental;

II – (VETADO)

III – escrito, sobre legislação de trânsito;

IV – de noções de primeiros socorros, conforme regulamentação do CONTRAN;

V – de direção veicular, realizado na via pública, em veículo da categoria para a qual estiver habilitando-se.

Todos estes exames, com exceção dos de direção veicular, poderão ser aplicados não apenas pelo Poder Público, mas também por entidades privadas desde que estejam credenciadas pelo órgão executivo de trânsito estadual.

Caso haja reprovação do candidato no exame escrito ou de direção, o mesmo poderá repetir o exame apenas depois de 15 dias da divulgação do resultado.

Atenção para o detalhe citado acima.

O prazo **é a partir da divulgação do resultado e não da realização da prova.**

▸ Como esse assunto foi cobrado em concurso?

(UFMT – DETRAN/MT – 2015) Carlos Estudioso foi reprovado no exame de direção veicular. De acordo com a Lei N.º 9.503/1997, Código de Trânsito Brasileiro (CTB), Carlos poderá repetir o exame **a partir** da divulgação do resultado, no mínimo, em

a) 30 dias.

b) 15 dias.

c) 20 dias.

d) 45 dias.

Gabarito: Alternativa B

14.4. PERMISSÃO PARA DIRIGIR

Uma vez aprovado nos exames, o candidato receberá a **PPD (permissão para dirigir).**

Ao contrário do que muitos pensam, a PPD autoriza que o agora habilitado conduza licitamente o veículo por qualquer via aberta à circulação, sejam elas vias urbanas ou rurais.

A Permissão para dirigir, todavia **não é sinônimo de CNH.**

A **PPD** é o documento conferido ao condutor recém aprovado, e **tem validade de apenas um ano.**

Durante este período o condutor será fiscalizado com mais rigor do que aqueles que já estão de posse da CNH. Isto porque durante o período de validade

da PPD (um ano), o condutor não poderá cometer nenhuma infração de natureza grave ou gravíssima, ou mesmo ser reincidente em infração média.

Caso alguma das hipóteses acima ocorra, a PPD será cancelada e a CNH não será conferida ao condutor, tendo este que **reiniciar** todo o processo de habilitação.

> *Art. 148. Os exames de habilitação, exceto os de direção veicular, poderão ser aplicados por entidades públicas ou privadas credenciadas pelo órgão executivo de trânsito dos Estados e do Distrito Federal, de acordo com as normas estabelecidas pelo CONTRAN.*
>
> *§ 1º A formação de condutores deverá incluir, obrigatoriamente, curso de direção defensiva e de conceitos básicos de proteção ao meio ambiente relacionados com o trânsito.*
>
> ***§ 2º Ao candidato aprovado será conferida Permissão para Dirigir, com validade de um ano.***
>
> ***§ 3º A Carteira Nacional de Habilitação será conferida ao condutor no término de um ano, desde que o mesmo não tenha cometido nenhuma infração de natureza grave ou gravíssima ou seja reincidente em infração média.***
>
> ***§ 4º A não obtenção da Carteira Nacional de Habilitação, tendo em vista a incapacidade de atendimento do disposto no parágrafo anterior, obriga o candidato a reiniciar todo o processo de habilitação.***
>
> *(...)*

▸ Como esse assunto foi cobrado em concurso?

(FCC – Assistente – Detran – MA/2018) A Carteira Nacional de Habilitação será conferida ao condutor portador de Permissão para Dirigir ao término de

a) doze meses, desde que ele não tenha cometido nenhuma infração de natureza grave ou gravíssima ou seja reincidente em infração média.

b) vinte e quatro meses, desde que ele não tenha cometido nenhuma infração de natureza grave ou gravíssima ou seja reincidente em infração média.

c) dezoito meses, desde que ele não tenha cometido nenhuma infração de natureza grave ou gravíssima ou seja reincidente em infração média.

d) dezoito meses, desde que ele não tenha cometido nenhuma infração de natureza gravíssima, grave ou média.

e) seis meses, desde que ele não tenha cometido nenhuma infração de natureza média ou seja reincidente em infração média por uma única vez.

Gabarito: Alternativa A

▸ **Como esse assunto foi cobrado em concurso?**

(IDIB - PREFEITURA DE GOIANA/PE - 2020)

João recebeu de seus pais um carro ao completar dezoito anos. Após realizar todos os exames exigidos em lei, começa a dirigir regularmente. Alguns meses depois, João comete a infração prevista no artigo 198, ou seja, deixa de dar passagem pela esquerda, quando solicitado. Nesse caso, é correto concluir que João

a) não poderá receber a Carteira Nacional de Habilitação por ter cometido uma infração de natureza grave.

b) não poderá obter a Carteira Nacional de Habilitação por ter cometido uma infração média.

c) ainda poderá obter a CNH, desde que, neste ínterim, não seja reincidente em outra infração média nem cometa uma infração grave ou gravíssima.

d) ainda poderá obter a CNH, mas terá que refazer o exame de direção veicular e uma nova prova sobre legislação de trânsito e primeiros socorros.

Gabarito: Alternativa C

14.5. CONDUTOR ESTRANGEIRO

O Código não esqueceu das hipóteses de **pessoas habilitadas em outro país**, e trouxe o tema em seu bojo, sendo este regulamentado pela Resolução nº 360/10 do CONTRAN que dispõe sobre a habilitação do candidato ou condutor estrangeiro para direção de veículos em território nacional.

Em síntese são **4 possíveis hipóteses**, todas previstas na citada resolução, sendo elas:

1 - **Condutor estrangeiro habilitado em país que tenha acordo com o Brasil (art. 1º da resolução);**

2 - **Condutor estrangeiro habilitado em país cuja habilitação não é reconhecida pelo Brasil (art. 2º)**

3 - **Condutor brasileiro habilitado em outro pais (art. 3º)**

4 - **Estrangeiro não habilitado (art. 4º)**

Note as regras específicas do tema (Resolução nº 360/10, alterada pela Resolução nº 671/2017):

> *Art. 1º. O condutor de veículo automotor,* ***oriundo de país estrangeiro e nele habilitado****, desde que* ***penalmente imputável no Brasil****, poderá dirigir no Território Nacional* ***quando*** *amparado por convenções ou acordos internacionais, ratificados e aprovados pela República Federativa do Brasil e, igualmente,*

*pela adoção do Princípio da Reciprocidade, **no prazo máximo de 180 (cento e oitenta) dias**, respeitada a validade da habilitação de origem.*

*§ 1° O prazo a que se refere o caput deste artigo **iniciar-se-á a partir da data de entrada no âmbito territorial brasileiro.***

§ 2º O órgão máximo Executivo de Trânsito da União informará aos demais órgãos ou entidades do Sistema Nacional de Trânsito a que países se aplica o disposto neste artigo.

*§ 3° O condutor de que trata o caput deste artigo deverá portar a carteira de habilitação estrangeira, dentro do prazo de validade, **acompanhada** do seu documento de identificação.*

*§ 4° O condutor estrangeiro, **após o prazo de 180 (cento e oitenta) dias** de estada regular no Brasil, pretendendo continuar a dirigir veículo automotor no âmbito territorial brasileiro, **deverá submeter-se aos Exames de aptidão Física e Mental e Avaliação Psicológica, nos termos do artigo 147 do CTB**, respeitada a sua categoria, com vistas à obtenção da Carteira Nacional de Habilitação.*

§ 5º Na hipótese de mudança de categoria deverá ser obedecido o estabelecido no artigo 146 do Código de Trânsito Brasileiro.

§ 6° O disposto nos parágrafos anteriores não terá caráter de obrigatoriedade aos diplomatas ou cônsules de carreira e àqueles a eles equiparados.

*Art. 2º. **O condutor de veículo automotor, oriundo de país estrangeiro e nele habilitado**, em estada regular, desde que penalmente imputável no Brasil, detentor de habilitação **não reconhecida** pelo Governo brasileiro, poderá dirigir no Território Nacional mediante a **troca** da sua habilitação de origem pela equivalente nacional junto ao órgão ou entidade executiva de trânsito dos Estados ou do Distrito Federal **e** ser aprovado nos **Exames** de Aptidão Física e Mental, Avaliação Psicológica e de Direção Veicular, respeitada a sua categoria, com vistas à obtenção da Carteira Nacional de Habilitação.*

*Art. 3°. Ao **cidadão brasileiro habilitado no exterior** serão aplicadas as regras estabelecidas nos **artigos 1° ou 2°, respectivamente, comprovando que mantinha residência normal naquele País por um período não inferior a 06 (seis) meses quando do momento da expedição da habilitação.***

Parágrafo único. A comprovação de residência mencionada no 'caput' deste artigo, para habilitações oriundas de países fronteiriços (Uruguai, Paraguai, Argentina, Colômbia, Peru, Bolívia, Venezuela, Guiana, Guiana Francesa, Suriname), Chile e Equador, se dará com a apresentação de Atestado, Declaração ou Certidão da autoridade consular do Brasil no respectivo país.

*Art. 4°. **O estrangeiro não habilitado**, com estada regular no Brasil, pretendendo habilitar-se para conduzir veículo automotor no Território Nacional, deverá satisfazer todas as exigências previstas na legislação de trânsito brasileira em vigor.*

*Art. 5°. **Quando o condutor habilitado em país estrangeiro cometer infração de trânsito, cuja penalidade implique na proibição do direito de dirigir**, a autoridade de trânsito competente tomará as seguintes providências com base* *no artigo 42 da Convenção sobre Trânsito Viário, celebrada em Viena e promulgada pelo Decreto nº 86.714, de 10 de dezembro de 1981:*

I – recolher e reter o documento de habilitação, até que expire o prazo da suspensão do direito de usá-la, ou até que o condutor saia do território nacional, se a saída ocorrer antes de expirar o prazo;

II – comunicar à autoridade que expediu ou em cujo nome foi expedido o documento de habilitação, a suspensão do direito de usá-la, solicitando que notifique ao interessado da decisão tomada;

III – indicar no documento de habilitação, que o mesmo não é válido no território nacional, quando se tratar de documento de habilitação com validade internacional. Parágrafo único. Quando se tratar de missão diplomática, consular ou a elas equiparadas, as medidas cabíveis deverão ser tomadas pelo Ministério das Relações Exteriores.

Art. 6º. ***O condutor com Habilitação Internacional para Dirigir, expedida no Brasil, que cometer infração de trânsito cuja penalidade implique na suspensão ou cassação do direito de dirigir, terá o recolhimento e apreensão desta, juntamente com o documento de habilitação nacional, ou pelo órgão ou entidade executivo de trânsito do Estado ou do Distrito Federal.***

Parágrafo único. A Carteira Internacional expedida pelo órgão ou entidade executiva de trânsito do Estado ou do Distrito Federal ***não*** *poderá substituir a CNH.*

Agora que já entendemos os conceitos primários do capítulo habilitação, podemos adentrar no assunto mais cobrado em prova, ou seja, **as categorias de habilitação.**

14.6. CATEGORIAS DE HABILITAÇÃO

Atualmente o CTB apresenta cinco categorias dispostas em seu artigo 143, sendo elas:

I – ***Categoria A*** *– condutor de veículo motorizado de duas ou três rodas, com ou sem carro lateral;*

II – ***Categoria B*** *– condutor de veículo motorizado, não abrangido pela categoria A, cujo peso bruto total não exceda a três mil e quinhentos quilogramas e cuja lotação não exceda a oito lugares, excluído o do motorista;*

Vale ressaltar que os habilitados na **categoria B também** estão autorizados a conduzir veículo automotor da espécie **motor-casa** (veículo automotor cuja carroçaria seja fechada e destinada a alojamento, escritório, comércio ou finalidades análogas), cujo peso não exceda a 6.000 kg (seis mil quilogramas), ou cuja lotação **não exceda a 8 (oito) lugares, excluído o do motorista**.

*III - **Categoria C** - condutor de veículo motorizado utilizado em transporte de carga, cujo peso bruto total exceda a três mil e quinhentos quilogramas;*

*IV - **Categoria D** - condutor de veículo motorizado utilizado no transporte de passageiros, cuja lotação exceda a oito lugares, excluído o do motorista;*

*V - **Categoria E** - condutor de combinação de veículos em que a unidade tratora se enquadre nas categorias B, C ou D e cuja unidade acoplada, reboque, semirreboque, trailer ou articulada tenha 6.000 kg (seis mil quilogramas) ou mais de peso bruto total, ou cuja lotação exceda a 8 (oito) lugares.*

▸ Como esse assunto foi cobrado em concurso?

(Vunesp - Agente de Polícia - PC - SP/2018) Assinale a alternativa que corretamente define a categoria de habilitação.

a) Categoria C - condutor de veículo motorizado utilizado em transporte de carga, cujo peso bruto total exceda a três mil e quinhentos quilogramas.

b) Categoria B - condutor de veículo motorizado de duas ou três rodas, com ou sem carro lateral.

c) Categoria E - condutor de veículo motorizado utilizado no transporte de passageiros, cuja lotação exceda a oito lugares, excluído o do motorista.

d) Categoria A - condutor de veículo motorizado cujo peso bruto total não exceda a três mil e quinhentos quilogramas e cuja lotação não exceda a oito lugares, excluído o do motorista.

e) Categoria D - condutor de combinação de veículos em que a unidade tratora se enquadre nas categorias B e C e cuja unidade acoplada, reboque, semirreboque, trailer ou articulada tenha 6000 kg (seis mil quilogramas) ou mais de peso bruto total, ou cuja lotação exceda a 8 (oito) lugares.

Gabarito: Alternativa A

Além das categorias acima listadas, devemos lembrar também da **ACC (autorização para conduzir ciclomotor).**

Esta categoria também está prevista na já citada resolução nº 168/04.

O **ciclomotor** é o veículo de 2 (duas) ou 3 (três) rodas, provido de motor de combustão interna, cuja cilindrada não exceda a 50 cm3 (cinquenta centímetros cúbicos), equivalente a 3,05 pol3 (três polegadas cúbicas e cinco centésimos), ou de motor de propulsão elétrica com potência máxima de 4 kW (quatro quilowatts), e cuja velocidade máxima de fabricação não exceda a 50 Km/h (cinquenta quilômetros por hora).

▸ Como esse assunto foi cobrado em concurso?

(Serctam - Prefeitura de Quixadá/CE-2016) Os candidatos poderão habilitar-se nas categorias de A a E. Marque a alternativa **errada**.

a) Categoria A - condutor de veículo motorizado de duas rodas, com ou sem carro lateral.

b) Categoria B - condutor de veículo motorizado, não abrangido pela categoria A, cujo peso bruto total não exceda a três mil e quinhentos quilogramas e cuja lotação não exceda a oito lugares, excluído o do motorista.

c) Categoria C - condutor de veículo motorizado utilizado em transporte de carga, cujo peso bruto total exceda a três mil e quinhentos quilogramas.

d) Categoria D - condutor de veículo motorizado utilizado no transporte de passageiros, cuja lotação exceda a oito lugares, excluído o do motorista;

e) Categoria E - condutor de combinação de veículos em que a unidade tratora se enquadre nas Categorias B, C ou D e cuja unidade acoplada, reboque, semi-reboque ou articulada, tenha seis mil quilogramas ou mais de peso bruto total, ou cuja lotação exceda a oito lugares, ou, ainda, seja enquadrado na categoria trailer.

Gabarito: Alternativa A. O erro está em dizer apenas duas rodas, quando na verdade são duas ou três rodas.

▸ Como esse assunto foi cobrado em concurso?

(Prefeitura do Rio de Janeiro - 2016) A habilitação para conduzir veículo automotor e elétrico será apurada por meio de exames. O candidato que se habilitar na categoria C pode conduzir:

a) combinação de veículos em que a unidade tratora se enquadre nas categorias B ou C e cuja unidade acoplada, reboque, semirreboque, trailer ou articulada tenha 6.000 kg ou mais de peso bruto total, ou cuja lotação exceda a oito lugares

b) veículo motorizado utilizado no transporte de passageiros, cuja lotação exceda a oito lugares, excluído o do motorista

c) veículo motorizado utilizado em transporte de carga, cujo peso bruto total exceda a 3.500 kg

d) veículo motorizado de duas ou três rodas, com ou sem carro lateral.

Gabarito: Alternativa C.

▸ Como esse assunto foi cobrado em concurso?

(FGV – DPE/RO – 2015) José, habilitado na categoria 'B ', é demandado por seu chefe, que lhe pede para conduzir veículo com lotação superior a nove lugares. Nesse caso, José:

a) poderá conduzir veículo motorizado de duas ou três rodas, com ou sem carro lateral;

b) não poderá conduzir o veículo, pois motoristas habilitados na categoria 'B' podem conduzir veículos com no máximo oito passageiros, excluído o condutor;

c) poderá conduzir veículo motorizado, de duas rodas, com carro lateral;

d) poderá conduzir veículo motorizado com unidade acoplada;

e) poderá conduzir veículo motorizado, cuja função seja de transporte de carga.

Gabarito: Alternativa B.

14.7. REQUISITOS PARA MUDANÇA E ADIÇÃO DE CATEGORIA

O Código e trânsito permite a **adição** e a **mudança de categoria** desde que respeitados alguns requisitos.

Em primeiro lugar cabe diferenciar os institutos.

Adição é caracterizada pela obtenção da categoria "A" pelo condutor **que já tem alguma outra entre a "B" e a "E"**, ou a aquisição da categoria "B" pelo condutor que já possui a categoria "A"

B ou C ou D ou E + A = **ADIÇÃO**
A + B = **ADIÇÃO**

Nesta hipótese a CNH poderá ficar da seguinte forma:

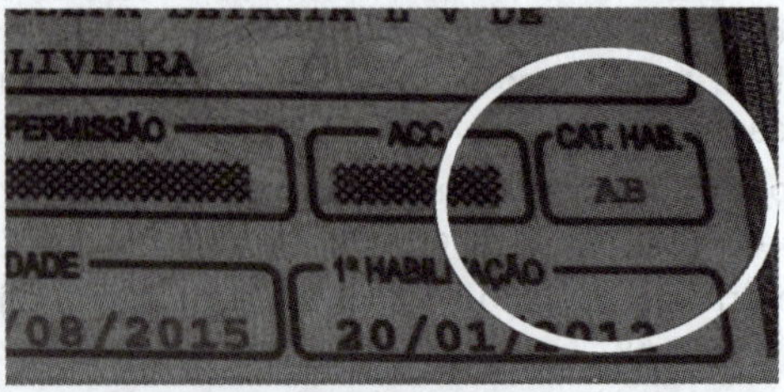

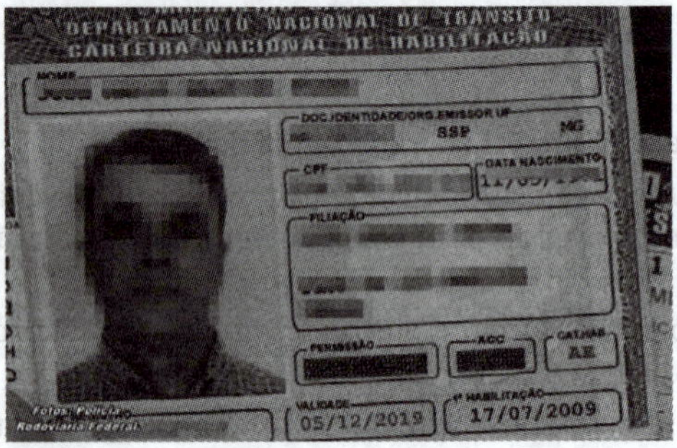

Já a **mudança** é caracterizada pela alteração (mudança efetivamente) de uma categoria para outra.

Por exemplo: **Mudança de B para C**

O estudo dos requisitos essenciais para a adição ou mudança são muito cobrados em provas de concursos.

Vejamos um a um como a legislação os trata.

Uma norma importante e inicial que deve ser lembrada é a prevista no **art. 146** que assevera que para conduzir veículos de **outra categoria o condutor deverá realizar exames complementares exigidos para habilitação na categoria pretendida.**

1ª Hipótese – ADIÇÃO

Para a adição de categoria o CTB não fixou nenhum requisito especial como tempo ou idade.

2ª Hipótese – MUDANÇA de B para C

Para habilitar-se na categoria **C, aquele já habilitado na categoria B, é preciso estar habilitado no mínimo há um ano na categoria B e não ter cometido nenhuma infração grave ou gravíssima, ou ser reincidente em infrações médias, durante os últimos doze meses.**

3ª Hipótese – MUDANÇA de B para D

Para habilitar-se na categoria D **aquele já habilitado na categoria B, é preciso ser maior de 21 anos e estar habilitado no mínimo há 2 anos na categoria B, não ter cometido nenhuma infração gravíssima durante os últimos doze meses e ser aprovado em curso especializado e em curso de treinamento de prática veicular em situação de risco, nos termos da normatização do CONTRAN.**

* A mudança de B para E **não** é permitida pelo CTB.

4ª Hipótese – MUDANÇA de C para D

Para habilitar-se na categoria D **aquele já habilitado na categoria C, é preciso ser maior de 21 anos e estar habilitado no mínimo há 1 ano na categoria C, não ter cometido nenhuma infração gravíssima durante os últimos doze meses e ser aprovado em curso especializado e em curso de treinamento de prática veicular em situação de risco, nos termos da normatização do CONTRAN.**

5ª Hipótese – MUDANÇA de C para E

Para habilitar-se na categoria E **aquele já habilitado na categoria C, é preciso ser maior de 21 anos e estar habilitado no mínimo há 1 ano na categoria C, não ter cometido nenhuma infração gravíssima durante os últimos doze meses e ser aprovado em curso especializado e em curso de treinamento de prática veicular em situação de risco, nos termos da normatização do CONTRAN.**

6ª Hipótese – MUDANÇA de D para E

Para habilitar-se na categoria E **aquele já habilitado na categoria D, é preciso ser maior de 21 anos e não ter cometido nenhuma infração gravíssima durante os últimos doze meses. Neste caso não há necessidade de período de tempo em categoria anterior.**

▸ Como esse assunto foi cobrado em concurso?

(SUSAM/2014) Para habilitar-se nas categorias D e/ou E ou para conduzir veículo de transporte coletivo de passageiros, de escolares, de emergência ou de produto perigoso, o candidato deve atender ao seguinte requisito:

a) ser maior de 23 anos.

b) estar habilitado no mínimo há cinco anos na categoria B.

c) estar habilitado no mínimo há cinco anos na categoria C.

d) não ter cometido nenhuma infração grave ou gravíssima nos últimos doze meses.

e) não ter cometido nenhuma infração média nos últimos seis meses.

Gabarito: Alternativa D

▸ Como esse assunto foi cobrado em concurso?

(DETRAN/MA – 2013) Leia o fragmento a seguir.

A Categoria de habilitação C destina-se aos condutores de veículos motorizados utilizados em transporte de carga cujo peso bruto total excede a 3.500 kg.

Para habilitar-se nessa categoria o condutor deve estar habilitado no mínimo há_____ na categoria B e não ter cometido nenhuma infração grave ou gravíssima, ou ser reincidente em infrações médias, durante os últimos_______ .

Assinale a alternativa que completa corretamente as lacunas.

a) seis meses / doze meses.

b) um ano / doze meses.

c) um ano / seis meses.

d) dois anos / quatro meses.

e) dois anos / doze meses.

Gabarito: Alternativa B

▸ Como esse assunto foi cobrado em concurso?

(DETRAN/PB – 2013) Para habilitar-se nas categorias D e E, o condutor deve entre outros requisitos, estar habilitado no mínimo há:

a) um ano na categoria B, quando pretender a categoria D.

b) um ano na categoria D, quando pretender a categoria E.

c) um ano na categoria C, quando pretender a categoria E.

d) dois anos na categoria B, quando pretender a categoria E.

e) dois anos na categoria C, quando pretender a categoria E.

Gabarito: Alternativa C

14.8. CONDUTOR DE AMBULÂNCIAS

Quanto ao condutor de ambulâncias, o código fixou uma norma específica e que deve ser guardada para o dia da prova:

> *Art. 145-A. Além do disposto no art. 145, para conduzir ambulâncias, o candidato deverá **comprovar treinamento especializado e reciclagem em cursos específicos a cada 5 (cinco) anos**, nos termos da normatização do Contran.*

14.9. CASOS ESPECIAIS

Alguns casos especiais tratados pelo código neste panorama devem ser lembrados.

Trata-se da **condução do trator de roda, o trator de esteira, o trator misto ou o equipamento automotor destinado à movimentação de cargas ou execução de trabalho agrícola, de terraplenagem, de construção ou de pavimentação.**

De acordo com o CTB, estes só podem ser conduzidos na via pública por condutor habilitado nas categorias C, D ou E.

> *Art. 144. O trator de roda, o trator de esteira, o trator misto ou o equipamento automotor destinado à movimentação de cargas ou execução de trabalho agrícola, de terraplenagem, de construção ou de pavimentação só podem ser conduzidos na via pública por condutor habilitado nas categorias* ***C, D ou E****.*

Complementando a informação deste tópico, tome nota de que o trator de roda e os equipamentos automotores destinados a executar trabalhos agrícolas poderão ser conduzidos em via pública também por condutor habilitado na categoria B.

14.10. VALIDADE DA CNH

Outro tópico importante para sua prova é o que trata da **validade da CNH.**

O prazo de validade da Carteira pode variar, mas sempre estará condicionada ao prazo de vigência do exame de aptidão física e mental do condutor.

O referido exame terá três regras de validades importantes para a prova de concurso:

Prazo de validade	Hipótese
10 anos	Condutores com idade inferior a 50 anos.
5 anos	Condutores com idade igual ou superior a 50 anos e inferior a 70 anos.
3 anos	Condutores com idade igual ou superior a 70 anos.
Prazo menor do que os anteriores	Quando houver indícios de deficiência física ou mental, ou de progressividade de doença que possa diminuir a capacidade para conduzir o veículo.

Sobre o vencimento da validade da CNH, de acordo com o § 12 do art. 159 informa (com redação dada pela lei n 14.071/20) que os órgãos ou entidades executivos de trânsito dos Estados e do Distrito Federal deverão enviar por meio eletrônico, com 30 (trinta) dias de antecedência, aviso de vencimento da validade da Carteira Nacional de Habilitação a todos os condutores cadastrados no Renach com endereço na respectiva unidade da Federação.

Atenção! Caso a CNH esteja vencida, depreende-se do inciso V do art. 162 que o condutor ainda poderá conduzir licitamente durante o prazo de 30 dias.

Somente a partir do dia seguinte existirá infração.

Veja:

> *Art. 162. Dirigir veículo:*
>
> *[...]*
>
> *V – com validade da Carteira Nacional de Habilitação vencida há mais de trinta dias:*
>
> *Infração – gravíssima;*
>
> *Penalidade – multa;*
>
> *Medida administrativa – recolhimento da Carteira Nacional de Habilitação e retenção do veículo até a apresentação de condutor habilitado;*

Como esse assunto foi cobrado em concurso?

(CEBRASPE – PF - 2019) Dirigindo seu veículo automotor, Caio foi abordado por policial rodoviário federal, que constatou que a validade de sua carteira nacional de habilitação estava vencida havia mais de trinta dias. Nessa situação, Caio será multado, sua carteira de habilitação será recolhida e seu veículo será removido.

( ) Certo ( ) Errado

Gabarito: Errado. A medida administrativa é de retenção e não remoção do veículo.

Como esse assunto foi cobrado em concurso?

(UECE – Agente de Trânsito – Detran – CE/2018) Assinale a opção que corresponde a uma infração considerada gravíssima.

a) Deixar o condutor de prestar socorro à vítima de acidente de trânsito quando solicitado pela autoridade e seus agentes.

b) Estacionar o veículo nas esquinas e a menos de cinco metros do bordo do alinhamento da via transversal.

c) Dirigir veículo com validade da Carteira Nacional de Habilitação vencida há mais de trinta dias.

d) Estacionar o veículo impedindo a movimentação de outro veículo.

Gabarito: Alternativa C

Como esse assunto foi cobrado em concurso?

(FUNCAB – FACELI – 2015) Após a data de vencimento da CNH, o condutor tem que solicitar a sua renovação junto ao DETRAN em até:

a) 10 dias.

b) 15 dias.

c) 20 dias.

d) 30 dias.

e) 60 dias.

Gabarito: Alternativa D

14.11. INFRAÇÕES RELACIONADAS

Basicamente as infrações relacionadas ao tema de habilitação estão previstas nos artigos 162, 163, 164 e 232 do CTB, os quais são de **conhecimento obrigatório:**

Art. 162. Dirigir veículo:

I – sem possuir Carteira Nacional de Habilitação, Permissão para Dirigir ou Autorização para Conduzir Ciclomotor:

Infração – gravíssima;

Penalidade – multa (três vezes);

Medida administrativa – retenção do veículo até a apresentação de condutor habilitado;

II – com Carteira Nacional de Habilitação, Permissão para Dirigir ou Autorização para Conduzir Ciclomotor cassada ou com suspensão do direito de dirigir:

Infração – gravíssima;

Penalidade – multa (três vezes);

Medida administrativa – recolhimento do documento de habilitação e retenção do veículo até a apresentação de condutor habilitado;

III – com Carteira Nacional de Habilitação ou Permissão para Dirigir de categoria diferente da do veículo que esteja conduzindo:

Infração – gravíssima;

Penalidade – multa (duas vezes);

Medida administrativa – retenção do veículo até a apresentação de condutor habilitado;

IV – (VETADO)

V – com validade da Carteira Nacional de Habilitação vencida há mais de trinta dias:

Infração – gravíssima;

Penalidade – multa;

Medida administrativa – recolhimento da Carteira Nacional de Habilitação e retenção do veículo até a apresentação de condutor habilitado;

VI – sem usar lentes corretoras de visão, aparelho auxiliar de audição, de prótese física ou as adaptações do veículo impostas por ocasião da concessão ou da renovação da licença para conduzir:

Infração – gravíssima;

Penalidade – multa;

Medida administrativa – retenção do veículo até o saneamento da irregularidade ou apresentação de condutor habilitado.

Art. 163. Entregar a direção do veículo a pessoa nas condições previstas no artigo anterior:

Infração – as mesmas previstas no artigo anterior;

Penalidade – as mesmas previstas no artigo anterior;

Medida administrativa – a mesma prevista no inciso III do artigo anterior.

Art. 164. Permitir que pessoa nas condições referidas nos incisos do art. 162 tome posse do veículo automotor e passe a conduzi-lo na via:

Infração – as mesmas previstas nos incisos do art. 162;

Penalidade – as mesmas previstas no art. 162;

Medida administrativa – a mesma prevista no inciso III do art. 162.

Art. 232. Conduzir veículo sem os documentos de porte obrigatório referidos neste Código:

Infração – leve;

Penalidade – multa;

Medida administrativa – retenção do veículo até a apresentação do documento.

14.12. EXAME TOXICOLÓGICO

Em 2015 a Lei nº 13.103 alterou o CTB para exigir que os **condutores habilitados nas categorias C, D e E se submetessem a exames toxicológicos como condição tanto para a habilitação quanto para a renovação da CNH**.

Com a edição da lei nª 14.071/20 houve uma pequena alteração no *caput* do art. 148-A, substituindo a previsão de "submeter-se" por "comprovar resultado negativo em exame toxicológico".

De acordo com o §2º do art. 148-A do CTB, além do exame acima, os condutores das categorias C, D e E com **idade inferior a 70 anos serão submetidos a novo exame a cada período de 2 anos e 6 meses** a partir da obtenção ou renovação da CNH, independentemente da validade dos demais exames previstos no inciso I do caput do art. 147 do CTB.

O objetivo do exame é averiguar se os condutores destes veículos mais pesados teriam feito o uso de substâncias psicoativas capazes de comprometer a capacidade de direção.

Sobre o período de detecção, foi estipulado o prazo mínimo de 90 dias.

Caso o condutor seja reprovado no exame, será punido com a suspensão do direito de dirigir por 3 meses.

Os **efeitos da suspensão** apenas cessarão quando transcorrido o período da pena e em **novo exame o resultado for negativo.**

Muito embora a suspensão do direito de dirigir em regra seja aplicada com a penalidade acessória do curso de reciclagem (previsão esta expressa no art. 261, §2º do CTB), no caso específico aqui tratado **não** haverá a aplicação de outras penalidades, **nem mesmo a do curso de reciclagem.**

Vale ressaltar que no caso de resultado positivo, é garantido o direito à contraprova e recurso administrativo, sem efeito suspensivo.

O resultado do exame será divulgado **apenas** para o condutor.

As normas de participação dos laboratórios aptos a realizarem os exames estão descritos no §7º do art. 148-A do CTB:

> *§ 7º O* ***exame*** *será realizado, em regime de livre concorrência, pelos laboratórios credenciados pelo Departamento Nacional de Trânsito - DENATRAN, nos termos das normas do Contran,* ***vedado aos entes públicos:***
>
> *I - fixar preços para os exames;*
>
> *II - limitar o número de empresas ou o número de locais em que a atividade pode ser exercida; e*
>
> *III - estabelecer regras de exclusividade territorial.*

Com a edição da lei nº 14.071/20 também tivemos a adição de nova previsão infracional relativa ao exame toxicológico.

Veja:

> Art. 165-B. Conduzir veículo para o qual seja exigida habilitação nas categorias C, D ou E sem realizar o exame toxicológico previsto no § 2º do art. 148-A deste Código, após 30 (trinta) dias do vencimento do prazo estabelecido:
>
> Infração - gravíssima;
>
> Penalidade - multa (cinco vezes) e suspensão do direito de dirigir por 3 (três) meses, condicionado o levantamento da suspensão à inclusão no Renach de resultado negativo em novo exame.
>
> Parágrafo único. Incorre na mesma penalidade o condutor que exerce atividade remunerada ao veículo e não comprova a realização de exame toxicológico periódico exigido pelo § 2º do art. 148-A deste Código por ocasião da renovação do documento de habilitação nas categorias C, D ou E."

Capítulo XV

Penalidades

O capítulo XVI do CTB é dedicado às **penalidades** que podem ser aplicadas aos infratores da legislação.

O conceito de infração de trânsito está previsto no artigo 161 do CTB com redação dada pela Lei nº 14.071/20, sendo então considerada **infração de trânsito a inobservância de qualquer preceito deste Código ou da legislação complementar.**

A citada lei revogou o parágrafo único deste artigo que também previa como infração a violação a certos preceitos das resoluções do CONTRAN.

"Penalidades", é um tema extremamente cobrado em provas de concursos e exige total atenção do candidato.

Como é sabido, toda e qualquer penalidade **somente** pode **aplicada após** regular processo legal onde sejam conferidos os direitos do **contraditório e da ampla defesa.**

Antes de estudarmos uma a uma as penalidades, você deve conhecer as pessoas que podem sofrer estas reprimendas, e por isso neste momento iremos analisar as **responsabilidades** previstas no CTB como antecedente fundamental para o entendimento das penas.

15.1. RESPONSABILIDADES

O art. 257 do código informa que são passíveis de **penalidades** as seguintes figuras:

Condutor, proprietário do veículo, embarcador, transportador, além de outros casos específicos atinentes a pessoas jurídicas.

Muito embora não esteja explícito, deve ser ressaltado que também os **pedestres e ciclistas** poderão cometer infrações de trânsito e sofrer penalidades conforme já vimos no art. 254 e 255.

Sobre a responsabilidade das pessoas citadas no início deste tópico, os seis primeiros parágrafos do art. **257** são fundamentais para o entendimento da aplicação das penalidades que serão estudadas em seguida, veja:

> *§ 1º Aos* ***proprietários e condutores de veículos*** *serão impostas* ***concomitantemente*** *as penalidades de que trata este Código toda vez que houver* ***responsabilidade solidária*** *em infração dos preceitos que lhes couber observar, respondendo cada um de per si pela falta em comum que lhes for atribuída.*

> *§ 2º Ao **proprietário** caberá **sempre** a **responsabilidade pela infração referente à prévia regularização e preenchimento das formalidades e condições exigidas para o trânsito do veículo na via terrestre, conservação e inalterabilidade de suas características, componentes, agregados, habilitação legal e compatível de seus condutores**, quando esta for exigida, e outras disposições que deva observar.*
>
> *§ 3º Ao **condutor** caberá a responsabilidade pelas infrações decorrentes de **atos praticados na direção do veículo**.*
>
> *§ 4º O **embarcador** é responsável pela infração relativa ao **transporte de carga com excesso de peso** nos eixos ou no peso bruto total, **quando** simultaneamente for o **único** remetente da carga e o peso declarado na nota fiscal, fatura ou manifesto for inferior àquele aferido.*
>
> *§ 5º O **transportador** é o responsável pela infração relativa ao **transporte de carga com excesso de peso** nos eixos ou **quando** a carga **proveniente** de mais de um embarcador ultrapassar o peso bruto total.*
>
> *§ 6º O **transportador e o embarcador são solidariamente responsáveis** pela infração relativa ao excesso de peso bruto total, se o peso declarado na nota fiscal, fatura ou manifesto for superior ao limite legal.*

Muita atenção para as diferenças destacadas acima, principalmente entre as responsabilidades do **condutor e do proprietário**.

É muito comum vermos uma confusão quanto a este tópico.

Vamos a um exemplo:

Imagine que **João** seja **proprietário** de um automóvel e o empresta a Felipe que é devidamente habilitado. Felipe por sua vez pratica a conduta infracional prevista no art. 218, III do CTB:

> *Art. 218. **Transitar em velocidade superior à máxima permitida para o local, medida por instrumento ou equipamento hábil**, em rodovias, vias de trânsito rápido, vias arteriais e demais vias:*
>
> *[...]*
>
> *III – quando a velocidade for **superior à máxima em mais de 50%** (cinquenta por cento):*
>
> *Infração – gravíssima;*
>
> Penalidade - multa (três vezes) e suspensão do direito de dirigir.

Veja que nesta situação, a infração cometida não teve nenhuma relação com o **proprietário** do veículo, sendo assim a **responsabilidade** pela infração será de Felipe (condutor não proprietário).

Todavia, em infrações como esta onde não foi feita a **abordagem** do condutor e não se pode saber ao certo quem estava na direção do veículo, a **notificação de autuação** informando o registro da suposta infração será enviada para o **proprietário do veículo**, e neste documento constará um campo específico onde será possível que ele, no prazo de **15 dias** faça a chamada **indicação de condutor,** atitude esta que tem o objetivo de informar quem era o condutor na ocasião flagrada, desonerando assim o proprietário da responsabilidade.

Para diminuir a necessidade de tantos processos relacionados à indicação de condutor, bem como para abarcar os casos em que embora em nome de uma pessoa, o veículo seja conduzido na maioria das vezes por outra, o CTB foi alterado pela Lei nº 13.495/17 e agora é possível que o proprietário indique o **principal condutor do veículo**. Nesta hipótese, ao aceitar a indicação o condutor terá o seu nome registrado em campo próprio do cadastro do veículo no RENAVAM, **e com isso a presunção da responsabilidade já será dele e não mais do proprietário.**

Com a mudança, o art. 257 do CTB teve a alteração da redação de seu parágrafo 7º e a adição dos parágrafos 10º e 11º:

> § 7º Não sendo imediata a identificação do infrator, o principal condutor ou o proprietário do veículo terá quinze dias de prazo, após a notificação da autuação, para apresentá-lo, na forma em que dispuser o Conselho Nacional de Trânsito (Contran), ao fim do qual, não o fazendo, será considerado responsável pela infração o principal condutor ou, em sua ausência, o proprietário do veículo.
>
> § 10. O proprietário poderá indicar ao órgão executivo de trânsito o principal condutor do veículo, o qual, após aceitar a indicação, terá seu nome inscrito em campo próprio do cadastro do veículo no Renavam.
>
> § 11. O principal condutor será excluído do Renavam:
>
> I – quando houver transferência de propriedade do veículo;
>
> II – mediante requerimento próprio ou do proprietário do veículo;
>
> III – a partir da indicação de outro principal condutor.

O §7º acima sofreu nova alteração com a lei nº 14.071/20 tendo doravante o **prazo de 30 dias para a apresentação do condutor.**

Veja:

> § 7º Quando não for imediata a identificação do infrator, o principal condutor ou o proprietário do veículo terá o prazo de 30 (trinta) dias, contado da notificação da autuação, para apresentá-lo, na forma em que dispuser o Contran, e, transcorrido o prazo, se não o fizer, será considerado responsável pela infração o principal condutor ou, em sua ausência, o proprietário do veículo.

> **Como esse assunto foi cobrado em concurso?**
>
> **(UECE - Agente de Vistoria - Detran - CE/2018)** O principal condutor será excluído do RENAVAM
>
> a) somente mediante requerimento próprio.
>
> b) quando o condutor cometer três infrações gravíssimas no período de 12(doze) meses.
>
> c) a partir da indicação de outro principal condutor.
>
> d) somente mediante requerimento do proprietário do veículo.
>
> **Gabarito:** Alternativa C

Mesmo nesta hipótese (indicação do real condutor), o ônus pelo pagamento da multa **sempre** será do **proprietário** na forma do art. 1 da Resolução nº 108 do CONTRAN:

> *Art. 1º Fica estabelecido que o **proprietário** do veículo **será sempre responsável pelo pagamento da penalidade de multa**, independente da infração cometida, até mesmo quando o condutor for indicado como condutor-infrator nos termos da lei, não devendo ser registrado ou licenciado o veículo sem que o seu proprietário efetue o pagamento do débito de multas, excetuando-se as infrações resultantes de excesso de peso que obedecem ao determinado no art. 257 e parágrafos do Código de Trânsito Brasileiro.*

Caso a indicação de condutor **não** seja feita no prazo (e não conste o registro de principal condutor), o **proprietário** será considerado o responsável pela infração e terá que arcar com (no exemplo da infração acima):

O valor da multa + Suspensão do direito de dirigir (lembre-se que o exemplo citado foi o presente no inciso III do art. 218 do CTB) + Curso de Reciclagem.

Finalizando este tema, imagine outro quadro:

A **empresa X é proprietária de** um veículo, e assim como na hipótese anterior, Felipe comete a infração prevista no inciso III do art. 218 do CTB.

Como o veículo está no nome de **pessoa jurídica**, caso **não** seja feita a indicação de condutor, quem iria arcar com a **penalidade de suspensão do direito de dirigir e o curso de reciclagem? (Lembre-se que a responsabilidade pelo pagamento da multa é sempre do proprietário).**

Neste caso ninguém seria punido com a suspensão e a reciclagem, e é exatamente por este motivo que de modo a impedir esta conduta por parte das empresas, que o CTB previu no **§ 8º do art. 257** que se **após** o prazo de 15 dias não houver identificação do infrator sendo o veículo de propriedade de **pessoa jurídica**, **será**

lavrada nova multa ao proprietário do veículo, mantida a originada pela infração, cujo valor é o da multa multiplicada pelo número de infrações iguais cometidas no período de doze meses.

Este tema foi regulamentado pela Resolução nº 710/17 do CONTRAN.

Como esse assunto foi cobrado em concurso?

(TRANSCON – 2014) Numere a coluna II de acordo com a coluna I, associando corretamente a responsabilidade pelas infrações:

COLUNA I

1. Proprietário
2. Condutor
3. Embarcador
4. Transportador
5. Pessoa Física ou Jurídica expressamente mencionada no CTB

COLUNA II

( ) Caberá a responsabilidade pelas infrações decorrentes de atos praticados na direção do veículo.

( ) Caberá sempre a responsabilidade pela infração referente à prévia regularização e preenchimento das formalidades e condições exigidas para o trânsito do veículo na via terrestre, conservação e inalterabilidade de suas características, componentes, agregados, habilitação legal e compatível de seus condutores, quando esta for exigida e outras disposições que deva observar.

( ) Responsável pela infração relativa ao transporte de carga com excesso de peso nos eixos ou quando a carga proveniente de mais de um embarcador ultrapassar o peso bruto total.

( ) Responsável por infração de trânsito, não vinculada a veículo ou à sua condução, expressamente mencionada no CTB.

( ) Responsável pela infração relativa ao transporte de carga com excesso de peso nos eixos ou no peso bruto total, quando simultaneamente for o único remetente da carga e o peso declarado na nota fiscal, fatura ou manifesto for inferior àquele aferido.

A sequência CORRETA, de cima para baixo, é:

a) 2, 1, 5, 4, 3;

b) 1, 2, 3, 5, 4;

c) 2, 1, 4, 5, 3;

d) 1, 2, 4, 5, 3.

Gabarito: Alternativa C

> **Como esse assunto foi cobrado em concurso?**
>
> **(SUCEN - 2013)** Segundo o Código de Trânsito Brasileiro, as penalidades serão impostas:
>
> a) Apenas ao condutor e ao proprietário do veículo.
>
> b) Apenas ao condutor do veículo, ao embarcador e ao transportador.
>
> c) Apenas ao condutor, ao proprietário do veículo e ao transportador.
>
> d) Apenas ao condutor, ao proprietário do veículo, ao embarcador e ao transportador.
>
> **Gabarito:** Alternativa D

Sobre a **responsabilidade pelas infrações e a respectiva atribuição de pontos**, a lei nº 14.071/20 deu novos contornos ao tema. Conforme se pode verificar no §4º do art. 259 do CTB:

> § 4º Ao condutor identificado será atribuída pontuação pelas infrações de sua responsabilidade, nos termos previstos no § 3º do art. 257 deste Código, exceto aquelas:
>
> I - praticadas por passageiros usuários do serviço de transporte rodoviário de passageiros em viagens de longa distância transitando em rodovias com a utilização de ônibus, em linhas regulares intermunicipal, interestadual, internacional e aquelas em viagem de longa distância por fretamento e turismo ou de qualquer modalidade, excluídas as situações regulamentadas pelo Contran conforme disposto no art. 65 deste Código;
>
> II - previstas no art. 221, nos incisos VII e XXI do art. 230 e nos arts. 232, 233, 233-A, 240 e 241 deste Código, sem prejuízo da aplicação das penalidades e medidas administrativas cabíveis;
>
> III - puníveis de forma específica com suspensão do direito de dirigir."

Note que agora com a mudança legislativa, acabou a celeuma sobre a implicação do que convencionou-se chamar de **infrações administrativas.**

Estas, que são violações da lei que não geram perigos aos usuários da via, a partir de agora NÃO irão gerar pontos.

Tais infrações são as identificadas no inciso II acima demonstrado.

15.2. CLASSIFICAÇÃO DAS INFRAÇÕES

Todas as penalidades de trânsito são aplicadas necessariamente em virtude do cometimento de **infrações**. Neste sentido se faz necessário o conhecimento da classificação disposta no CTB, tanto em relação à gravidade, quanto aos valores e pontuação atribuída.

> *Art. 258. As* ***infrações punidas com multa classificam-se****, de acordo com sua* ***gravidade****, em quatro categorias:*

I – infração de natureza ***gravíssima****, punida com multa no* ***valor de R$ 293,47*** *(duzentos e noventa e três reais e quarenta e sete centavos);*

II – infração de natureza ***grave****, punida com multa no* ***valor de R$ 195,23*** *(cento e noventa e cinco reais e vinte e três centavos);*

III – infração de natureza ***média****, punida com multa no* ***valor de R$ 130,16*** *(cento e trinta reais e dezesseis centavos);*

IV – infração de natureza ***leve****, punida com multa no* ***valor de R$ 88,38*** *(oitenta e oito reais e trinta e oito centavos).*

§ 2º Quando se tratar de multa agravada, o fator multiplicador ou índice adicional específico é o previsto neste Código.

Art. 259. A cada infração cometida são computados os seguintes números de ***pontos****:*

I – ***gravíssima – sete pontos****;*

II – ***grave – cinco pontos****;*

III – ***média – quatro pontos****;*

IV – ***leve – três pontos****.*

Tipo de infração	Valor da multa	Número de pontos
Leve	R$ 88,38	3
Média	R$ 130,16	4
Grave	R$ 195,23	5
Gravíssima*	R$ 293,47	7

▸ Como esse assunto foi cobrado em concurso?

(UFG – Técnico – Transportes – UFG/2018) O Art. 259 do Código de Trânsito Brasileiro traz as pontuações para cada categoria de infração de trânsito cometida. São elas:

a) gravíssima – 4 pontos; grave – 3 pontos; média – 2 pontos; leve – 1 ponto.

b) gravíssima – 7 pontos; grave – 5 pontos; média – 4 pontos; leve – 3 pontos.

c) gravíssima – 10 pontos; grave – 8 pontos; média – 6 pontos; leve – 4 pontos.

d) gravíssima – 8 pontos; grave – 6 pontos; média – 5 pontos; leve – 4 pontos.

Gabarito: Alternativa B

Não se esqueça que existem certas situações onde os valores das multas serão bem maiores do que os aqui listados.

São as denominadas **multas agravadas**.

Nestas situações, a infração de natureza **gravíssima** (somente ela) poderá ser aumentada caso a caso.

Logo, teremos a multa gravíssima (R$ 293,47) multiplicada pela quantidade prevista no tipo infracional.

Por exemplo:

> *Art. 202. Ultrapassar outro veículo:*
>
> *I – pelo acostamento;*
>
> *II – em interseções e passagens de nível;*
>
> ***Infração – gravíssima;***
>
> *Penalidade – **multa (cinco vezes).***
>
> *Art. 203. Ultrapassar pela contramão outro veículo:*
>
> *I – nas curvas, aclives e declives, sem visibilidade suficiente;*
>
> *II – nas faixas de pedestre;*
>
> *III – nas pontes, viadutos ou túneis;*
>
> *IV – parado em fila junto a sinais luminosos, porteiras, cancelas, cruzamentos ou qualquer outro impedimento à livre circulação;*
>
> *V – onde houver marcação viária longitudinal de divisão de fluxos opostos do tipo linha dupla contínua ou simples contínua amarela:*
>
> ***Infração – gravíssima;***
>
> *Penalidade – **multa (cinco vezes).***
>
> *Parágrafo único. Aplica-se em dobro a multa prevista no caput em caso de reincidência no período de até 12 (doze) meses da infração anterior.*
>
> *Art. 253-A. Usar qualquer veículo para, deliberadamente, interromper, restringir ou perturbar a circulação na via sem autorização do órgão ou entidade de trânsito com circunscrição sobre ela:*
>
> ***Infração – gravíssima;***
>
> *Penalidade – **multa (vinte vezes)** e suspensão do direito de dirigir por 12 (doze) meses;*
>
> *Medida administrativa – remoção do veículo.*

Sobre a forma de correção dos valores constantes na tabela original, o art. 319-A do CTB trouxe a seguinte informação:

> *Art. 319-A. Os valores de multas constantes deste Código poderão ser corrigidos monetariamente pelo Contran, respeitado o limite da variação do Índice Nacional de Preços ao Consumidor Amplo (IPCA) no exercício anterior.*

Parágrafo único. Os novos valores decorrentes do disposto no ***caput*** *serão divulgados pelo Contran com, no mínimo, 90 (noventa) dias de antecedência de sua aplicação.*

15.3. PENALIDADES EM ESPÉCIE

As penalidades de trânsito previstas no art. 256 do CTB são:

I – advertência por escrito;

II – multa;

III – suspensão do direito de dirigir;

IV – apreensão do veículo; (Revogado pela Lei nº 13.281, de 2016)

V – cassação da Carteira Nacional de Habilitação;

VI – cassação da Permissão para Dirigir;

VII – frequência obrigatória em curso de reciclagem.

Inicialmente você deve notar que a **apreensão do veículo** foi **revogada** em 2016 e que a **cassação da permissão para dirigir** embora **possa** ser cobrada em prova como uma **efetiva penalidade**, não tem no código ou em qualquer resolução do CONTRAN um procedimento próprio.

Portanto a única maneira deste tema específico ser cobrado em prova, é acerca da sua existência ou não no rol de penalidades previstas no código.

> **Como esse assunto foi cobrado em concurso?**
>
> **(CRC/MG – 2015)** São **exemplos** de penalidades previstas na legislação de trânsito a:
>
> a) suspensão do direito de dirigir e a apreensão do veículo; todavia a advertência por escrito não é considerada penalidade por não ter caráter pecuniário.
>
> b) cassação definitiva da Carteira Nacional de Habilitação, não havendo possibilidade de o condutor que sofrer essa penalidade voltar a dirigir em território brasileiro.
>
> c) cassação da permissão para dirigir; todavia a frequência obrigatória em curso de reciclagem não é considerada penalidade por não ter caráter pecuniário.
>
> d) advertência por escrito, por correio eletrônico ou por mensagem de texto via celular.
>
> e) frequência obrigatória em curso de reciclagem e a advertência por escrito.
>
> **Gabarito:** Alternativa E.

> **Como esse assunto foi cobrado em concurso?**
>
> **(DETRAN/MT - 2015)** Conforme estabelece o Código de Trânsito Brasileiro (CTB), Lei N.º 9.503/1997, NÃO é penalidade a ser aplicada pelas autoridades de trânsito em suas respectivas circunscrições:
>
> a) Advertência por escrito.
>
> b) Apreensão do veículo.
>
> c) Realização de teste de dosagem de alcoolemia.
>
> d) Frequência obrigatória em curso de reciclagem.
>
> **Gabarito:** Alternativa C

15.3.1. ADVERTÊNCIA POR ESCRITO

A **advertência por escrito** é uma penalidade que **apenas** poderá ser aplicada em substituição à penalidade de **multa** de trânsito.

A lei n 14.071/20 alterou os requisitos para a aplicação desta penalidade. Veja como ficou o artigo que trata do tema:

> Art. 267. Deverá ser imposta a penalidade de advertência por escrito à infração de natureza leve ou média, passível de ser punida com multa, caso o infrator não tenha cometido nenhuma outra infração nos últimos 12 (doze) meses.

Ou seja, a penalidade que **antes de aplicação discricionária da autoridade de trânsito, agora é um ato vinculado**, devendo ser aplicada quando reunidos os seguintes requisitos:

1: Infração leve ou média

2: Passível de ser punida com multa

3: Ser esta a 1ª infração cometida nos últimos 12 meses.

Se antes da alteração legislativa era difícil alcançar este benefício, com a alteração da lei, reunidos os requisitos acima, o condutor tem um **direito líquido e certo.**

15.3.2. Multa

A **multa** de trânsito é a penalidade **pecuniária** que será imposta e arrecadada pelo órgão ou entidade de trânsito com circunscrição sobre a via onde haja ocorrido a infração, de acordo com a competência estabelecida no CTB.

Atualmente os valores referentes às infrações de trânsito são os dispostos no art. 258 já mencionados no tópico 15.2.

15.3.2.1. *Infrações cometidas em outra unidade da federação e por veículo licenciado no exterior*

Os parágrafos 1º e 2º do art. 260 do CTB definem as regras de **arrecadação** e **comunicação** das infrações cometidas em localidades **diferentes** do local do licenciamento do veículo:

> *§ 1º As multas decorrentes de infração cometida em* **unidade da Federação diversa** *da do licenciamento do veículo serão arrecadadas e compensadas na forma estabelecida pelo CONTRAN.*
>
> *§ 2º As multas decorrentes de infração cometida em* **unidade da Federação diversa** *daquela do licenciamento do veículo poderão ser comunicadas ao órgão ou entidade responsável pelo seu licenciamento, que providenciará a notificação.*

Ressalte-se que nestas situações os órgãos de trânsito irão se valer do banco de dados do **RENAINF** (Registro Nacional de Infrações de Trânsito)

Já o parágrafo 4º do mesmo artigo cuidou da hipótese de infração cometida por **veículo licenciado no exterior.**

De acordo com esta regra, respeitado o princípio da **reciprocidade** o veículo somente poderá sair do País após o **pagamento da multa**.

15.3.2.2. *Destinação do valor das multas*

A multa de trânsito tem sua destinação vinculada, estando prevista no art. 320 do CTB:

> *A receita arrecadada com a cobrança das multas de trânsito será aplicada,* **exclusivamente**, *em* **sinalização, engenharia de tráfego, de campo, policiamento, fiscalização e educação de trânsito**.
>
> *§ 1º O percentual de* **cinco por cento** *do valor das multas de trânsito arrecadadas será depositado, mensalmente, na conta de fundo de âmbito nacional destinado à segurança e educação de trânsito.*
>
> *§ 2º O órgão* **responsável** *deverá publicar, anualmente, na rede mundial de computadores (internet), dados sobre a receita arrecadada com a cobrança de multas de trânsito e sua destinação.*

▸ **Como esse assunto foi cobrado em concurso?**

(Vunesp – Juiz Leigo – TJ – RJ/2018) De acordo com o Código Brasileiro de Trânsito (CTB), a receita arrecadada com a cobrança das multas de trânsito será aplicada, exclusivamente, em

a) recapeamento de vias e requalificação de corredores de ônibus.

b) fiscalização, educação de trânsito e despesas de pessoal em geral.

c) construção e manutenção de vias cicláveis, sinalização de trânsito e fiscalização.

d) sinalização, engenharia de tráfego, de campo, policiamento, fiscalização e educação de trânsito.

e) engenharia de tráfego, de campo, policiamento de fronteiras e despesas de arrecadação.

Gabarito: Alternativa D

Uma inovação interessante trazida pela Lei nº 13.281/16 foi a possibilidade de **integração** para a **ampliação** e o **aprimoramento** da **fiscalização** de trânsito entre os integrantes do SNT:

> **Art. 320-A. Os órgãos e as entidades do Sistema Nacional de Trânsito poderão integrar-se para a ampliação e o aprimoramento da fiscalização de trânsito, inclusive por meio do compartilhamento da receita arrecadada com a cobrança das multas de trânsito.**

15.3.3. Suspensão do direito de dirigir

A **suspensão do direito de dirigir** é uma penalidade que tem por característica ser **temporária e condicional**, uma vez que imposta a pena, a CNH somente será devolvida após o cumprimento do período determinado **e** da realização do curso de reciclagem, que neste caso será uma penalidade **acessória**.

15.3.3.1. Hipóteses de suspensão

O CTB em seu art. 261 apresenta **duas** hipóteses em que a **suspensão** poderá ocorrer, sendo elas por acúmulo de pontos ou pelo cometimento de infração específica.

A lei nº 14.071/20 alterou o antigo texto do inciso I que previa a suspensão do infrator que atingisse 20 pontos em 12 meses e estabeleceu uma gradação de 20 a 40 a depende do número infrações gravíssimas conforme texto abaixo:

> I – sempre que, conforme a pontuação prevista no art. 259 deste Código, o infrator atingir, no período de 12 (doze) meses, a seguinte contagem de pontos:
>
> a) 20 (vinte) pontos, caso constem 2 (duas) ou mais infrações gravíssimas na pontuação;
>
> b) 30 (trinta) pontos, caso conste 1 (uma) infração gravíssima na pontuação;
>
> c) 40 (quarenta) pontos, caso não conste nenhuma infração gravíssima na pontuação;
>
> *II – por **transgressão** às normas estabelecidas neste Código, cujas infrações preveem, de forma **específica**, a penalidade de suspensão do direito de dirigir.*

Para entender a primeira hipótese, imagine que no **dia 01/03/2022** o condutor tenha cometido uma infração gravíssima (5 pontos), e que deste dia **até o dia 01/03/2023** (ou seja, dentro de 12 meses contados da infração mais antiga), tenha cometido mais infrações que somados os pontos, totalizariam **30 pontos**.

Neste caso ele estará enquadrado na alínea b do inciso I do art. 261 e será suspenso (claro que após o regular processo administrativo onde lhe é assegurado o direito à ampla defesa e contraditório).

Se a hipótese for a mesma mas o condutor tiver cometido 2 infrações gravíssimas, a quantidade de pontos em 12 meses necessária para que o condutor seja suspenso, não será mais de 30 pontos, mas sim 20.

Outra inovação importante neste tema foi o referente **ao condutor que exerce atividade remunerada.**

Neste caso a suspensão ocorrerá sempre que houver o acúmulo (em 12 meses) de 40 ou mais pontos, independentemente da natureza destas infrações.

Aqui o Congresso foi além e permitiu que este profissional ao **atingir 30 pontos** participe de um **curso preventivo de reciclagem** (não é o curso que tem caráter punitivo).

Realizando o curso, o condutor profissional que esteja com 30 pontos (e menos de 40. Ou seja, até 39) terá a contagem zerada, o que permitirá que ele só venha a ser suspenso se no período de 12 meses (realizando o curso citado) acumular 80 pontos.

Já na **segunda hipótese** o condutor será suspenso quando praticar infração de trânsito que por si só cause a penalidade.

Aqui pode ser que o condutor nunca tenha praticado uma infração sequer, mas mesmo assim ao cometer uma infração que **por si só** cause suspensão, **será punido**.

Exemplos:

> *Art. 165-A. Recusar-se a ser submetido a teste, exame clínico, perícia ou outro procedimento que permita certificar influência de álcool ou outra substância psicoativa, na forma estabelecida pelo art. 277:*
>
> *Infração – gravíssima;*
>
> *Penalidade – multa (dez vezes) e **suspensão do direito de dirigir por 12 (doze) meses;***
>
> *Medida administrativa – recolhimento do documento de habilitação e retenção do veículo, observado o disposto no § 4º do art. 270.*
>
> *Parágrafo único. Aplica-se em dobro a multa prevista no **caput** em caso de reincidência no período de até 12 (doze) meses*

> *Art. 170. Dirigir ameaçando os pedestres que estejam atravessando a via pública, ou os demais veículos:*
>
> *Infração – gravíssima;*
>
> *Penalidade – multa e* ***suspensão do direito de dirigir;***
>
> *Medida administrativa – retenção do veículo e recolhimento do documento de habilitação.*

Outro fator de relevância é o fato de que a imposição da penalidade de suspensão **elimina automaticamente** os pontos computados para fins de **outras suspensões**.

Logo, se o condutor foi punido com a **suspensão** por um acúmulo de **40 pontos em 12 meses**, caso o mesmo atinja nova pontuação passível de suspensão, estes 40 pontos **não** poderão entrar no cômputo da nova pena, pois neste caso teríamos *bin in idem* (repetição de uma sanção sobre o mesmo fato).

▸ Como esse assunto foi cobrado em concurso?

(SEDS/TO – 2014) É uma infração que tem, entre outras penalidades, a suspensão do direito de dirigir:

a) deixar o condutor de usar cinto de segurança.

b) transpor, sem autorização, bloqueio viário policial.

c) transitar ao lado de outro veículo, perturbando o trânsito.

d) avançar o sinal vermelho do semáforo.

Gabarito: Alternativa B

Art. 210. Transpor, sem autorização, bloqueio viário policial:

Infração – gravíssima;

Penalidade – multa, apreensão do veículo e **suspensão do direito de dirigir;**

Medida administrativa – remoção do veículo e recolhimento do documento de habilitação.

15.3.3.2. Prazo de suspensão

Atualmente os prazos de suspensão previstos no CTB são os seguintes:

Hipótese	Prazo de suspensão
Suspensão por pontuação	– **De 6 meses a 1 ano e no caso de reincidência no período de 12 (doze) meses, de 8 (oito) meses a 2 (dois) anos**
Suspensão por infração com penalidade específica de suspensão	– **De 2 (dois) a 8 (oito) meses; ou** – **O período de suspensão específico previsto no próprio dispositivo infracional.**

Registre-se ainda que no caso de **reincidência** no período de 12 (doze) meses, o prazo de suspensão será de **8 (oito) a 18 (dezoito) meses**, respeitado o disposto no inciso II do art. 263.

> *Art. 263. A cassação do documento de habilitação dar-se-á:*
>
> *[...]*
>
> *II – no caso de reincidência, no prazo de doze meses, das infrações previstas no inciso III do art. 162 e nos arts. 163, 164, 165, 173, 174 e 175;*

A **CNH** do condutor suspenso **apenas** será **devolvida** após o cumprimento do prazo de suspensão **e** do curso de reciclagem.

> **Como esse assunto foi cobrado em concurso?**
>
> **(ELETROBRAS – 2015)** Com base no Código de Trânsito Brasileiro, quanto à penalidade de suspensão do direito de dirigir, assinale a alternativa correta.
>
> a) Aplica-se pelo prazo mínimo de um mês até o máximo de dois anos e, no caso de reincidência no período de 12 meses, pelo prazo mínimo de seis meses até o máximo de três anos.
>
> b) Aplica-se quando o infrator atingir, no período de 14 meses, a contagem de 20 pontos.
>
> c) Devolve-se a Carteira Nacional de Habilitação a seu titular imediatamente após cumprida a penalidade e o curso de reciclagem.
>
> d) Aplica-se quando o infrator atingir, no período de 12 meses, a contagem de 24 pontos.
>
> e) Recolhe-se a Carteira Nacional de Habilitação de forma definitiva, e seu titular é impedido de voltar a dirigir novamente.
>
> **Gabarito:** Alternativa C

15.3.3.3. Instauração do processo de suspensão

A já citada Lei nº 13.281/16 **inovou** no procedimento de penalidade de suspensão, e tal inovação foi regulamentado pela Resolução nº 723/18 do CONTRAN.

15.3.3.4. Condutores que exercem atividade remunerada

A Lei nº 13.281/16 trouxe uma inovação importante neste tema de suspensão.

Trata-se de uma diferenciação entre o condutor que exerce **atividade remunerada** e os demais condutores.

De acordo com os parágrafos 5º, 6º e 7º do art. 261, o condutor profissional (habilitado na categoria C, D ou E) quando atingir **14 pontos em um ano** poderá optar por participar de **curso preventivo de reciclagem**, sendo que ao final deste curso terá os **pontos eliminados, não podendo fazer esta opção novamente no período de 12 meses.**

Esta hipótese foi regulamentada pela Resolução nº 723/18 do CONTRAN da seguinte forma:

> Art. 9º Para fins de cumprimento do disposto nos §§ 5º, 6º e 7º do art. 261 do CTB, o órgão executivo de trânsito de registro do documento de habilitação do condutor aplicará a regulamentação prevista para o art. 268 do CTB.
>
> § 1º Para instauração do processo definido no caput, o condutor que, no período de 12 (doze) meses, for autuado por infrações cuja soma dos pontos atinja 14 (quatorze) pontos, poderá requerer junto ao órgão de registro do documento de habilitação a participação no curso preventivo de reciclagem.
>
> **§ 2º Também fará jus ao estabelecido no § 1º o condutor que, possuindo uma soma de pontos por infrações inferior a 14 (quatorze) pontos, no período de 12 (doze) meses, seja uma vez mais autuado, dentro desse período, e a soma dos pontos das infrações seja superior a 14 (quatorze) e não ultrapasse os 19 (dezenove) pontos.**
>
> **§ 3º Poderá fazer o requerimento o condutor que, mesmo já tendo atingido a soma exata de 14 (quatorze) pontos, no período de 12 (doze) meses, for autuado por infrações que não ultrapassem 19 (dezenove) pontos, sendo eliminada a pontuação, observado o disposto no §6º deste artigo.**
>
> § 4º Para fins de instauração, análise e deferimento do processo do curso preventivo de reciclagem, **não é necessário o trânsito em julgado** das infrações relacionadas no requerimento do condutor ou a existência da pontuação respectiva no RENACH.
>
> **§ 5º Novo requerimento para o curso preventivo de reciclagem só poderá ser realizado uma vez a cada período de 12 (doze) meses, contado da data de conclusão do último curso preventivo de reciclagem.**
>
> § 6º Concluído com êxito o curso preventivo de reciclagem, a **pontuação das infrações relacionadas será eliminada para todos os efeitos legais.**

15.3.4. Apreensão do veículo

A penalidade de apreensão do veículo foi **revogada** pela Lei nº 13.281/16.

Observe que o legislador não atualizou totalmente a norma, uma vez ser comum encontrarmos ainda a previsão da penalidade de apreensão do veículo ao longo do texto legal.

Ex:

> *Art. 234. Falsificar ou adulterar documento de habilitação e de identificação do veículo:*
>
> *Infração – gravíssima;*
>
> *Penalidade – multa e* ***apreensão do veículo;***
>
> *Medida administrativa – remoção do veículo.*

15.3.5. Cassação da CNH

A cassação da carteira nacional de habilitação poderá ocorrer em **três** hipóteses previstas no art. 263 do CTB:

> *I - quando, **suspenso** o direito de dirigir, o infrator **conduzir** qualquer veículo;*
>
> *II - no caso de **reincidência**, no prazo de doze meses, das infrações previstas no inciso III do art. 162 e nos arts. 163, 164, 165, 173, 174 e 175;*
>
> *III - quando **condenado judicialmente por delito de trânsito**, observado o disposto no art. 160.*

Diferentemente da suspensão, o prazo da cassação é fixo, e será de **dois anos**.

Ao final deste período o infrator poderá requerer sua reabilitação submetendo-se a todos os exames necessários à habilitação.

▸ Como esse assunto foi cobrado em concurso?

(TRT 2ª Região - 2014) O motorista infrator, ao ser punido com a penalidade de cassação da Carteira Nacional de Habilitação (CNH), poderá requerer sua reabilitação, submetendo-se a todos os exames necessários à habilitação, na forma estabelecida pelo CONTRAN, decorridos:

a) 48 meses da cassação da CNH.

b) 36 meses da cassação da CNH.

c) 18 meses da cassação da CNH.

d) 12 meses da cassação da CNH.

e) 24 meses da cassação da CNH.

Gabarito: Alternativa E

A cassação da CNH também está regulamentada pela Resolução nº 723/8 do CONTRAN.

▸ Como esse assunto foi cobrado em concurso?

(UECE - Agente de Vistoria - Detran - CE/2018) A cassação do documento de habilitação dar-se-á

a) quando o condutor for condenado judicialmente por qualquer crime.

b) quando, suspenso o direito de dirigir, o infrator conduzir qualquer veículo.

c) no caso de reincidência, no prazo de doze meses, de qualquer infração gravíssima.

d) somente por determinação expressa do CONTRAN.

Gabarito: Alternativa B

15.3.6. Cassação da permissão para dirigir

A cassação da PPD (não confundir com a cassação da CNH) tem previsão legal no art. 256.

Todavia não existe no CTB ou mesmo em resoluções do CONTRAN o procedimento ou mesmo os casos específicos em que tal pena ocorreria.

Desta forma, a **única** informação importante para a sua prova é a existência da previsão legal da cassação da PPD como uma penalidade de trânsito.

15.3.7. Frequência obrigatória em curso de reciclagem

A frequência obrigatória em curso de reciclagem pode ser tanto uma **penalidade acessória quanto principal**.

Será **acessória** quando **acompanhar a penalidade de suspensão do direito de dirigir e principal (e única) nos demais casos previstos no art. 268 do Código:**

> *Art. 268. O infrator será submetido a curso de reciclagem, na forma estabelecida pelo CONTRAN:*
>
> *I – revogado pela lei nº 14.071/20*
>
> ***II – quando suspenso do direito de dirigir;***
>
> *III – quando se envolver em acidente grave para o qual haja contribuído, independentemente de processo judicial;*
>
> *IV – quando condenado judicialmente por delito de trânsito;*
>
> *V – a qualquer tempo, se for constatado que o condutor está colocando em risco a segurança do trânsito;*
>
> *VI – revogado pela lei nº 14.071/20.*

Atente para o fato de que muito embora seja comum apenas a **aplicação** do inciso II do art. 268, existem várias outras possibilidades que devem ser lembradas conforme texto legal acima.

▸ Como esse assunto foi cobrado em concurso?

(DETRAN/RS – 2009) Quando o condutor será submetido a curso de reciclagem?

I. Quando condenado judicialmente por delito de trânsito.

II. Quando completar 40 anos.

III. Quando trocar de veículo por outro mais potente.

Quais estão corretas?

a) Apenas I.

b) Apenas II

c) Apenas III

d) Apenas I, II

e) Apenas II e III

Gabarito: Alternativa A

Capítulo

XVI

Medidas Administrativas

Medidas administrativas são **meios de coerção diretos** efetivados pela autoridade ou pelo agente da autoridade de trânsito, capazes de serem implementadas de **imediato** através da autoexecutoriedade (possibilidade de atuação administrativa sem uma prévia decisão judicial) e **sem** um processo administrativo com garantia do contraditório e da ampla defesa, como ocorre na aplicação de penalidades.

A utilização destas medidas tem por **objetivo prioritário a proteção à vida e à incolumidade física da pessoa**.

Atualmente o capítulo XVII do CTB trata do tema e elenca no artigo 269 as seguintes hipóteses:

> *Art. 269. A autoridade de trânsito ou seus agentes, na esfera das competências estabelecidas neste Código e dentro de sua circunscrição, deverá adotar as seguintes* ***medidas administrativas:***
>
> ***I – retenção do veículo;***
>
> ***II – remoção do veículo;***
>
> ***III – recolhimento da Carteira Nacional de Habilitação;***
>
> ***IV – recolhimento da Permissão para Dirigir;***
>
> ***V – recolhimento do Certificado de Registro;***
>
> ***VI – recolhimento do Certificado de Licenciamento Anual;***
>
> *VII – (VETADO)*
>
> ***VIII – transbordo do excesso de carga;***
>
> ***IX – realização de teste de dosagem de alcoolemia ou perícia de substância entorpecente ou que determine dependência física ou psíquica;***
>
> ***X – recolhimento de animais que se encontrem soltos nas vias e na faixa de domínio das vias de circulação, restituindo-os aos seus proprietários, após o pagamento de multas e encargos devidos.***
>
> ***XI – realização de exames de aptidão física, mental, de legislação, de prática de primeiros socorros e de direção veicular.***

▸ Como esse assunto foi cobrado em concurso?

Analise as proposições.

I - Medidas administrativas são providências de caráter complementar, exigidas para a regularização de situações infracionais, sendo, em grande parte, de aplicação momentânea e têm como objetivo prioritário impedir a continuidade da prática infracional, garantindo a proteção à vida e à incolumidade física das pessoas, e não se confundem com penalidades.

II - Compete à autoridade de trânsito com circunscrição sobre a via e seus agentes aplicar as medidas administrativas, considerando a necessidade de segurança e fluidez do trânsito.

III - A impossibilidade de aplicação de medida administrativa prevista para infração invalidará a autuação pela infração de trânsito, bem como a imposição das penalidades previstas.

A alternativa CORRETA é:

a) I, II e III são verdadeiras;

b) I e II são verdadeiras, III é falsa;

c) I e III são verdadeiras, II é falsa;

d) I é verdadeira, II e III são falsas.

Gabarito: Alternativa B

▸ Como esse assunto foi cobrado em concurso?

(UECE - Assistente de Atividade de Trânsito e Transporte - Detran - CE/2018) Assinale a opção que NÃO corresponde a uma medida administrativa aplicável por autoridade de trânsito ou seus agentes na esfera das competências estabelecidas no Código de Trânsito e dentro de sua circunscrição.

a) Recolhimento da Carteira Nacional de Habilitação.

b) Recolhimento do Certificado de Licenciamento Anual.

c) Multa.

d) Retenção do veículo.

Gabarito: Alternativa C

16.1. RETENÇÃO DO VEÍCULO

A **retenção do veículo** é a medida administrativa adequada a ser utilizada quando a irregularidade encontrada puder ser **sanada no local da infração**.

Neste caso haverá a autuação pela infração de trânsito cometida, e logo após ser acertada a situação que deu ensejo à retenção o veículo poderá ser liberado.

Exemplos de infrações com previsão desta medida administrativa:

> *Art. 228. Usar no veículo equipamento com som em volume ou frequência que não sejam autorizados pelo CONTRAN:*
>
> *Infração – grave;*
>
> *Penalidade – multa;*
>
> *Medida administrativa –* **retenção do veículo** *para regularização.*
>
> *Art. 235. Conduzir pessoas, animais ou carga nas partes externas do veículo, salvo nos casos devidamente autorizados:*
>
> *Infração – grave;*
>
> *Penalidade – multa;*
>
> *Medida administrativa –* **retenção do veículo** *para transbordo.*

Se porventura a irregularidade **não** puder ser sanada no local da infração, **excepcionalmente** o veículo poderá ser liberado e entregue a condutor habilitado **desde que** ofereça condições de segurança para circulação, mediante recolhimento do Certificado de Licenciamento Anual, contra apresentação de recibo, assinalando-se ao condutor prazo razoável, não superior a 30 (trinta) dias, para regularizar a situação, sendo ele considerado notificado para essa finalidade na mesma ocasião.

Nesta hipótese será dado um **prazo razoável** ao condutor para que este efetue a necessária regularização, e em seguida **estando o veículo regularizado o CLA será devolvido.**

Se na infração constatada for verificado que o condutor não tem condições de dirigir, o veículo poderá ser entregue à pessoa habilitada.

Caso **nenhum condutor habilitado comparecer** ao local da infração, haverá a implementação de outra medida administrativa, qual seja, a **remoção do veículo**.

Veja que neste caso a realização da medida administrativa é **vinculada**. Ou seja, ocorrendo o fato previsto na lei o agente ou a autoridade de trânsito deverá praticar o ato.

Mas o CTB apresenta duas exceções importantes à esta regra tornando discricionária tal medida (retenção do veículo). São as previstas no parágrafo 5º do art. 270:

> § 5º A **critério do agente, não** se dará a retenção imediata, quando se tratar de **veículo de transporte coletivo transportando passageiros** ou **veículo transportando produto perigoso ou perecível**, desde que ofereça condições de segurança para circulação em via pública.

▸ Como esse assunto foi cobrado em concurso?

(Prefeitura de Matões/MA – 2015) Uma das medidas administrativas, previstas no Código de Trânsito Brasileiro (CTB), consiste na manutenção do veículo no local em que se encontra, com a finalidade de que a irregularidade constatada seja sanada pelo condutor do veículo. Caso não seja possível sanar a irregularidade, o veículo deve ser liberado, mediante o recolhimento do Certificado de Licenciamento Anual. Trata-se da medida administrativa de:

a) Remoção de veículo.

b) Apropriação de veículo.

c) Retenção de veículo.

d) Transbordo de veículo.

e) Apreensão de veículo.

Gabarito: Alternativa C

▸ Como esse assunto foi cobrado em concurso?

(FACELI – 2015) Carlos foi flagrado conduzindo o seu veículo com o farol desregulado. Esta situação é considerada uma infração grave, com penalidade de multa e medida administrativa de:

a) retenção do veículo.

b) remoção do veículo.

c) apreensão do veículo.

d) recolhimento do CRV.

e) recolhimento da CNH.

Gabarito: Alternativa A

16.2. REMOÇÃO DO VEÍCULO

A **remoção** é caracterizada pela retirada do veículo da via e o seu transporte até um pátio da Administração Pública ou de empresa credenciada, ficando a partir de então sob a custódia estatal até que os motivos de sua remoção sejam superados.

O tema (remoção de veículos) sofreu forte alteração no CTB com o advento das **Leis nº 13.160/15, 13.281/16** e 14.071/20, sendo que esta última alterou o §9º do art.

271 para informar que "não caberá remoção nos casos em que a irregularidade **FOR** sanada no local da infração."

Como sempre, para saber as infrações que demandam a medida administrativa de remoção do veículo é necessário olhar **infração por infração.**

Neste sentido, cito alguns exemplos:

Art. 181. Estacionar o veículo:

I – nas esquinas e a menos de cinco metros do bordo do alinhamento da via transversal:

Infração – média;

Penalidade – multa;

Medida administrativa – ***remoção do veículo;***

II – afastado da guia da calçada (meio-fio) de cinquenta centímetros a um metro:

Infração – leve;

Penalidade – multa;

Medida administrativa – ***remoção do veículo;***

III – afastado da guia da calçada (meio-fio) a mais de um metro:

Infração – grave;

Penalidade – multa;

Medida administrativa – ***remoção do veículo;***

Art. 229. Usar indevidamente no veículo aparelho de alarme ou que produza sons e ruído que perturbem o sossego público, em desacordo com normas fixadas pelo CONTRAN:

Infração – média;

Penalidade – multa e apreensão do veículo;

Medida administrativa – ***remoção do veículo.***

Art. 234. Falsificar ou adulterar documento de habilitação e de identificação do veículo:

Infração – gravíssima;

Penalidade – multa e apreensão do veículo;

Medida administrativa – ***remoção do veículo.***

Art. 239. Retirar do local veículo legalmente retido para regularização, sem permissão da autoridade competente ou de seus agentes:

Infração – gravíssima;

Penalidade – multa e apreensão do veículo;

Medida administrativa – ***remoção do veículo.***

Como esse assunto foi cobrado em concurso?

(CEBRASPE – PF - 2019) O condutor estacionou o seu veículo sem observar a distância máxima permitida de afastamento da guia da calçada. Nessa situação, o condutor poderá ser multado e seu veículo, removido.

( ) Certo ( ) Errado

Gabarito: Certo. De acordo com o inciso III do artigo 181 do CTB.

Desta forma poderia ser enquadrada como abuso de poder a remoção do veículo em situações onde a irregularidade pudesse ser sanada no local da infração.

Uma vez removido o veículo, a restituição do mesmo somente se dará após o pagamento das **multas, taxas e despesas com remoção e estada**, além de outros encargos previstos na legislação específica e do reparo de qualquer componente ou equipamento obrigatório que não esteja em perfeito estado de funcionamento.

Veja que o entendimento disposto acima é o de que os reparos se darão no próprio pátio onde está o veículo.

Mas e se porventura tais reparos **não** puderem ser efetuados naquele local? O que poderá ser feito?

Nesta situação a autoridade responsável pela remoção irá, mediante autorização, **liberar o veículo** (na forma transportada) para reparo com prazo certo para a reapresentação do bem.

Muita polêmica já circundou o tema relacionado ao **tempo máximo de cobrança** dos dias de estadia que o veículo fica no pátio.

Atualmente, de acordo com o parágrafo 10 do art. 271 do CTB, o limite de tempo que será cobrado do proprietário é de **seis meses**.

> *§ 10. O pagamento das despesas de remoção e estada será correspondente ao período integral, contado em dias, em que efetivamente o veículo permanecer em depósito, limitado ao prazo de* ***6 (seis) meses.***
>
> *§ 11. Os* ***custos*** *dos serviços de remoção e estada prestados por particulares poderão ser pagos pelo proprietário diretamente ao contratado.*
>
> *§ 12. O disposto no § 11 não afasta a possibilidade de o respectivo ente da Federação estabelecer a cobrança por meio de* ***taxa*** *instituída em lei.*

Vale salientar ainda que no caso de efetiva comprovação de que houve algum tipo de abuso, seja na remoção ou mesmo no período em que ficou no pátio, a **responsabilidade pela devolução das quantias pagas será do ente público, na forma do parágrafo 13 do artigo acima citado.**

▸ Como esse assunto foi cobrado em concurso?

(SEDS/TO – 2014) Paula teve seu veículo imobilizado na via por falta de combustível. A medida administrativa prevista para essa infração é:

a) a retenção do veículo.

b) a apreensão do veículo

c) a remoção do veículo.

d) o recolhimento do CRLV.

Gabarito: Alternativa C.

Art. 180. Ter seu veículo imobilizado na via por falta de combustível:

Infração – média;

Penalidade – multa;

Medida administrativa – **remoção do veículo.**

Por fim, a Lei nº 13.160/15 deu nova redação ao art. 328 do CTB e esmiuçou o procedimento a ser realizado no caso de veículos removidos (embora o texto ainda cite a **apreensão**, lembre-se que tal penalidade fora revogada) e não reclamados pelo proprietário em **até 60 dias** da remoção do veículo.

Dada a sua importância e riqueza de detalhes, irei citar os principais termos:

> *Art. 328. O **veículo** apreendido ou **removido** a qualquer título e **não reclamado por seu proprietário dentro do prazo de sessenta dias**, contado da data de recolhimento, será **avaliado e levado a leilão**, a ser realizado preferencialmente por meio eletrônico.*
>
> *§ 1º Publicado o edital do leilão, a preparação poderá ser iniciada após trinta dias, contados da data de recolhimento do veículo, o qual será classificado em duas categorias:*
>
> *I – conservado, quando apresenta condições de segurança para trafegar; e*
>
> *II – sucata, quando não está apto a trafegar.*
>
> *§ 2º Se não houver oferta igual ou superior ao valor da avaliação, o lote será incluído no leilão seguinte, quando será arrematado pelo maior lance, desde que por valor não inferior a cinquenta por cento do avaliado.*
>
> *§ 3º **Mesmo classificado como conservado, o veículo que for levado a leilão por duas vezes e não for arrematado será leiloado como sucata.***
>
> *§ 4º É **vedado** o retorno do veículo leiloado como sucata à **circulação.***
>
> *§ 5º A cobrança das despesas com estada no depósito será **limitada ao prazo de seis meses.***
>
> *§ 6º Os **valores arrecadados** em leilão deverão ser utilizados para custeio da realização do leilão, dividindo-se os custos entre os veículos arrematados, proporcionalmente ao valor da arrematação, e destinando-se os valores remanescentes, na **seguinte ordem**, para:*

I - as despesas com remoção e estada;

II - os tributos vinculados ao veículo, na forma do § 10;

III - os credores trabalhistas, tributários e titulares de crédito com garantia real, segundo a ordem de preferência estabelecida no art. 186 da Lei nº 5.172, de 25 de outubro de 1966 (Código Tributário Nacional);

IV - as multas devidas ao órgão ou à entidade responsável pelo leilão;

V - as demais multas devidas aos órgãos integrantes do Sistema Nacional de Trânsito, segundo a ordem cronológica; e

VI - os demais créditos, segundo a ordem de preferência legal.

§ 7º Sendo insuficiente o valor arrecadado para quitar os débitos incidentes sobre o veículo, a situação será comunicada aos credores.

(...)

§ 11. Na hipótese de o **antigo proprietário** *reaver o veículo, por qualquer meio, os débitos serão novamente vinculados ao bem, aplicando-se, nesse caso, o disposto nos §§ 1º, 2º e 3º do art. 271.*

§ 12. Quitados os débitos, o **saldo remanescente** *será depositado em conta específica do órgão responsável pela realização do leilão e ficará à disposição do antigo proprietário, devendo ser expedida notificação a ele, no máximo em trinta dias após a realização do leilão, para o levantamento do valor no prazo de cinco anos, após os quais o valor será transferido, definitivamente, para o fundo a que se refere o parágrafo único do art. 320.*

§ 13. Aplica-se o disposto neste artigo, no que couber, ao **animal recolhido,** *a qualquer título, e não reclamado por seu proprietário no prazo de* **sessenta dias,** *a contar da data de recolhimento, conforme regulamentação do CONTRAN.*

§ 14. Se identificada a existência de restrição policial ou judicial sobre o prontuário do veículo, a autoridade responsável pela restrição será notificada para a retirada do bem do depósito, mediante a quitação das despesas com remoção e estada, ou para a autorização do leilão nos termos deste artigo.

§ 15. Se no prazo de 60 (sessenta) dias, a contar da notificação de que trata o § 14, não houver manifestação da autoridade responsável pela restrição judicial ou policial, estará o órgão de trânsito autorizado a promover o leilão do veículo nos termos deste artigo.

§ 16. Os veículos, sucatas e materiais inservíveis de bens automotores que se encontrarem nos depósitos há mais de 1 (um) ano poderão ser destinados à reciclagem, independentemente da existência de restrições sobre o veículo.

§ 17. O procedimento de hasta pública na hipótese do § 16 será realizado por lote de tonelagem de material ferroso, observando-se, no que couber, o disposto neste artigo, condicionando-se a entrega do material arrematado aos procedimentos necessários à descaracterização total do bem e à destinação exclusiva, ambientalmente adequada, à reciclagem siderúrgica, vedado qualquer aproveitamento de peças e partes.

§ 18. Os veículos sinistrados irrecuperáveis queimados, adulterados ou estrangeiros, bem como aqueles sem possibilidade de regularização perante o órgão de trânsito, serão destinados à reciclagem, independentemente do período em que estejam em depósito, respeitado o prazo previsto no ***caput*** *deste artigo, sempre que a autoridade responsável pelo leilão julgar ser essa a medida apropriada.*

16.3. RECOLHIMENTO DO DOCUMENTO DE HABILITAÇÃO

O art. 272 do CTB tutela que o **recolhimento dos documentos de habilitação** (o artigo cita apenas a CNH e a PPD, mas devemos lembrar que diante das circunstâncias poderemos ter também o recolhimento da ACC) dar-se-á mediante **recibo**, e ocorrerá em duas **situações**:

1 - Nos casos previstos no CTB;

2 - Quando houver **suspeita** de sua inautenticidade ou adulteração do documento de habilitação.

Ex:

Art. 173. Disputar corrida:

Infração - gravíssima;

Penalidade - multa (dez vezes), suspensão do direito de dirigir e apreensão do veículo;

Medida administrativa - ***recolhimento do documento de habilitação*** *e remoção do veículo.*

Art. 210. Transpor, sem autorização, bloqueio viário policial:

Infração - gravíssima;

Penalidade - multa, apreensão do veículo e suspensão do direito de dirigir;

Medida administrativa - remoção do veículo e ***recolhimento do documento de habilitação.***

▸ Como esse assunto foi cobrado em concurso?

(UECE - Agente de Trânsito - Detran - CE/2018) Com base no CTB, é correto afirmar que transpor, sem autorização, bloqueio viário policial constitui infração

a) grave, cuja penalidade corresponde a multa e apreensão do veículo, e a medida administrativa correspondente é a remoção do veículo.

b) gravíssima, cuja penalidade corresponde a multa, apreensão do veículo e suspensão do direito de dirigir, e as medidas administrativas correspondentes são a remoção do veículo e o recolhimento do documento de habilitação.

c) gravíssima, cuja penalidade corresponde a multa e suspensão do direito de dirigir, e a medida administrativa correspondente é o recolhimento do documento de habilitação.

d) grave, cuja penalidade corresponde a multa, e são tomadas as medidas administrativas de remoção do veículo e recolhimento do documento de habilitação.

Gabarito: Alternativa B

▶ **Como esse assunto foi cobrado em concurso?**

(DETRAN/MT – 2015) Assinale a alternativa que apresenta unicamente condutas que poderão, segundo o Código Brasileiro de Trânsito (CTB), resultar na medida administrativa de recolhimento do documento de habilitação e remoção do veículo.

a) Transportar criança em veículo automotor sem observância das normas de segurança especiais estabelecidas no Código de Trânsito Brasileiro (CTB); confiar ou entregar a direção de veículo à pessoa que, mesmo habilitada, por seu estado físico ou psíquico, não estiver em condições de dirigi-lo com segurança.

b) Dirigir ameaçando os pedestres que estejam atravessando a via pública, ou os demais veículos; ter seu veículo imobilizado na via por falta de combustível.

c) Disputar corrida; utilizar-se de veículo para demonstrar ou exibir manobra perigosa, mediante arrancada brusca, derrapagem ou frenagem com deslizamento ou arrastamento de pneus.

d) Promover, na via, competição, exibição e demonstração de perícia em manobra de veículo, ou deles participar, como condutor, sem permissão da autoridade de trânsito com circunscrição sobre a via; deixar o condutor, envolvido em acidente sem vítima, de adotar providências para remover o veículo do local, quando necessária tal medida para assegurar a segurança e a fluidez do trânsito.

Gabarito: Alternativa C. As infrações ali previstas estão respectivamente nos arts. 173 e 175 do CTB.

16.4. RECOLHIMENTO DO CERTIFICADO DE REGISTRO

O recolhimento do certificado de registro do veículo (CRV) é uma medida administrativa sem muito fundamento no CTB, uma vez que tal documento **não é de porte obrigatório.**

Todavia, como premissa de estudos considere que o disposto no art. 273 do CTB:

> *Art. 273. O recolhimento do Certificado de Registro dar-se-á mediante recibo, além dos casos previstos neste Código, quando:*

I – houver suspeita de inautenticidade ou adulteração;

II – se, alienado o veículo, não for transferida sua propriedade no prazo de trinta dias.

16.5. RECOLHIMENTO DO CRLV

O recolhimento do **certificado de licenciamento anual** ocorrerá nos casos previstos na lei como por exemplo:

Art. 240. Deixar o responsável de promover a baixa do registro de veículo irrecuperável ou definitivamente desmontado:

Infração – grave;

Penalidade – multa;

*Medida administrativa – **Recolhimento do Certificado de Registro e do Certificado de Licenciamento Anual.***

Também será aplicada quando ocorrerem os casos previstos no art. 274, sendo quando:

I – houver suspeita de inautenticidade ou adulteração;

II – se o prazo de licenciamento estiver vencido;

III – no caso de retenção do veículo, se a irregularidade não puder ser sanada no local.

16.6. TRANSBORDO DO EXCESSO DE CARGA

O Transbordo do excesso de carga é a medida administrativa necessária a permitir que o veículo com o qual esteja sendo cometida a infração possa **seguir viagem**.

Esta operação será feita e paga pelo **proprietário** sem prejuízo da **multa** que será aplicada pela infração.

Se não for possível a efetivação desta operação, o veículo será **removido** ao depósito e somente será liberado quando for sanada a irregularidade e pagas as despesas de remoção e estada.

Ex:

Art. 231. Transitar com o veículo:

*X – **excedendo a capacidade máxima de tração:***

Infração – de média a gravíssima, a depender da relação entre o excesso de peso apurado e a capacidade máxima de tração, a ser regulamentada pelo CONTRAN;

Penalidade – multa;

Medida Administrativa – retenção do veículo e **transbordo de carga excedente**.

Parágrafo único. Sem prejuízo das multas previstas nos incisos V e X, o veículo que transitar com excesso de peso ou excedendo à capacidade máxima de tração, não computado o percentual tolerado na forma do disposto na legislação, somente poderá continuar viagem após descarregar o que exceder, segundo critérios estabelecidos na referida legislação complementar.

▸ Como esse assunto foi cobrado em concurso?

(DETRAN/PB – 2013) São consideradas medidas administrativas:

a) multa e retenção do veículo

b) advertência por escrito e remoção do veículo.

c) transbordo de excesso de carga e recolhimento de Carteira Nacional de Habilitação.

d) cassação da Carteira Nacional de Habilitação e recolhimento do Certificado de Registro.

e) realização de teste de dosagem de alcoolemia e frequência obrigatória em curso de reciclagem.

Gabarito: Alternativa C.

16.7. REALIZAÇÃO DE TESTE DE DOSAGEM DE ALCOOLEMIA OU PERÍCIA DE SUBSTÂNCIA ENTORPECENTE OU QUE DETERMINE DEPENDÊNCIA FÍSICA OU PSÍQUICA

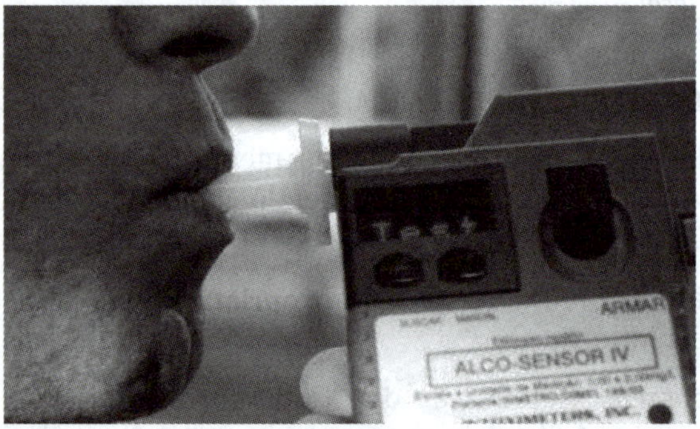

A medida administrativa em questão tem previsão no art. 277 do CTB:

*Art. 277. O condutor de veículo automotor envolvido em **acidente de trânsito** ou que for alvo de **fiscalização de trânsito** poderá ser submetido a **teste, exame clínico, perícia ou outro procedimento que, por meios técnicos ou científicos**, na forma disciplinada pelo Contran, permita certificar influência de **álcool** ou **outra substância psicoativa** que determine dependência.*

*§ 2º A infração prevista no art. 165 **também** poderá ser caracterizada mediante imagem, vídeo, constatação de sinais que indiquem, na forma disciplinada pelo Contran, alteração da capacidade psicomotora ou produção de quaisquer outras provas em direito admitidas.*

> *§ 3º **Serão** aplicadas as penalidades e medidas administrativas estabelecidas no art. 165-A deste Código ao condutor que se **recusar** a se submeter a qualquer dos procedimentos previstos no caput deste artigo.*

Este artigo (com exceção da recusa a se submeter aos testes) foi regulamentado pelo CONTRAN através da resolução nº 432/13.

O art. 3º da resolução traz o rol de mecanismos capazes de **comprovar** a infração prevista no art. 165:

> *Art. 3º A **confirmação** da alteração da capacidade psicomotora em razão da influência de álcool ou de outra substância psicoativa que determine dependência dar-se-á por meio de, pelo menos, um dos seguintes procedimentos a serem realizados no condutor de veículo automotor:*
>
> *I - exame de **sangue**;*
>
> *II - exames realizados por **laboratórios especializados**, indicados pelo órgão ou entidade de trânsito competente ou pela **Polícia Judiciária**, em caso de consumo de outras substâncias psicoativas que determinem dependência;*
>
> *III - teste em aparelho destinado à medição do **teor alcoólico** no ar alveolar (etilômetro);*
>
> *IV - verificação dos **sinais** que indiquem a alteração da capacidade psicomotora do condutor.*
>
> *§ 1º **Além** do disposto nos incisos deste artigo, também poderão ser utilizados prova **testemunhal, imagem, vídeo ou qualquer outro meio de prova** em direito admitido.*

▸ Como esse assunto foi cobrado em concurso?

(DETRAN/RO - 2014) A confirmação da alteração da capacidade psicomotora em razão da influência de álcool ou de outra substância psicoativa que determine dependência dar-se-á por meio de, pelo menos, um dos seguintes procedimentos a serem realizados no condutor de veículo automotor:

I. exame de sangue;

II. exames realizados por laboratórios especializados, indicados pelo órgão ou entidade de trânsito competente ou pela Polícia Judiciária, em caso de consumo de outras substâncias psicoativas que determinem dependência;

III. teste em aparelho destinado à medição do teor alcoólico no ar alveolar (etilômetro);

IV. verificação dos sinais que indiquem a alteração da capacidade psicomotora do condutor.

Segundo a Resolução CONTRAN n° 432/2013, estão corretas as afirmativas

a) I, II, III e IV.

b) II e IV, apenas.

c) I, II e III, apenas.

d) I, III e IV, apenas.

e) II, III e IV, apenas.

Gabarito: Alternativa A

▸ **Como esse assunto foi cobrado em concurso?**

(DETRAN/SP - 2013) Para aferição da alcoolemia na caracterização da infração administrativa do art. 165 do CTB, a resolução CONTRAN 432/2013 estabelece os seguintes critérios:

a) exame de sangue com qualquer concentração de álcool e sinais de alteração da capacidade psicomotora.

b) teste do etilômetro com medição igual ou superior a 0,05 miligrama (0,05 mg/L) de álcool por litro de ar expirado ou exame de sangue com concentração igual ou superior a 6 decigramas (6 dg/L) de álcool por litro de sangue.

c) teste do etilômetro com medição igual ou superior a 0,05 miligrama (0,05 mg/L) de álcool por litro de ar expirado mais sinais de alteração da capacidade psicomotora.

d) exame de sangue com qualquer concentração de álcool ou teste do etilômetro com medição igual ou superior a 0,05 miligrama (0,05 mg/L) de álcool por litro de ar expirado ou sinais de alteração da capacidade psicomotora.

e) teste do etilômetro com medição igual ou superior a 0,10 miligrama (0,10 mg/L) de álcool por litro de ar expirado mais sinais de alteração da capacidade psicomotora.

Gabarito: Alternativa D.

Muito embora a aplicação do art. 277, principalmente de seu parágrafo 3º (**recusa a se submeter aos testes**) gere muita polêmica doutrinária e jurisprudencial em relação a aspectos como o direito a não produção de provas contra si, e a suposta violação de outros direitos constitucionais, para fins de provas de concursos esta discussão é inócua, devendo o estudante focar nas questões com entendimentos pacificados capazes de serem cobrados em prova.

Um dos meios de verificação mais usuais é o teste do **etilômetro**, comumente conhecido como **bafômetro**, e tal fato não é por acaso, uma vez que o parágrafo 2º do art. 3º da Resolução nº 432/13 textualmente assevera que nos procedimentos de fiscalização deve-se **priorizar** a utilização do teste com **etilômetro**.

▸ **Como esse assunto foi cobrado em concurso?**

É um aparelho destinado à medição do teor alcoólico no ar alveolar, ou seja, mede a concentração de bebida alcoólica na corrente sanguínea de uma pessoa mediante a análise do ar pulmonar profundo. Sua principal aplicação é identificar condutores de veículos que estejam sob efeito de bebidas alcoólicas.

Trata-se do:

a) Odômetro.

b) Barômetro.

c) Altímetro.

d) Etilômetro.

e) Higrômetro.

Gabarito: Alternativa D

Note que pela redação atual do CTB, a medida administrativa consistente na realização (ou não) dos testes, pode revelar a ocorrência de uma das duas infrações possíveis, que muito embora tenham as mesmas penalidades são caracterizadas por elementos distintos.

Tais infrações são as capituladas nos artigos 165 e 165-A do CTB:

> *Art. 165.* ***Dirigir sob a influência de álcool ou de qualquer outra substância psicoativa que determine dependência:***
>
> *Infração – gravíssima;*
>
> *Penalidade – multa (dez vezes) e suspensão do direito de dirigir por 12 (doze) meses.*
>
> *Medida administrativa – recolhimento do documento de habilitação e retenção do veículo, observado o disposto no § 4º do art. 270 da Lei nº 9.503, de 23 de setembro de 1997 – do Código de Trânsito Brasileiro.*
>
> *Parágrafo único. Aplica-se em dobro a multa prevista no caput em caso de reincidência no período de até 12 (doze) meses.*
>
> *Art. 165-A.* **Recusar-se** *a ser submetido a teste, exame clínico, perícia ou outro procedimento que permita certificar influência de álcool ou outra substância psicoativa, na forma estabelecida pelo art. 277:*
>
> *Infração – gravíssima;*
>
> *Penalidade – multa (dez vezes) e suspensão do direito de dirigir por 12 (doze) meses;*
>
> *Medida administrativa – recolhimento do documento de habilitação e retenção do veículo, observado o disposto no § 4º do art. 270.*
>
> *Parágrafo único. Aplica-se em dobro a multa prevista no* ***caput*** *em caso de reincidência no período de até 12 (doze) meses*

Assim, a implementação da medida administrativa aqui analisada pode ensejar a verificação de qualquer uma das duas infrações **(arts. 165 ou 165-A)** sendo a primeira caracterizada materialmente por provas produzidas no momento da abordagem, e a segunda pela simples recusa do condutor a se submeter a qualquer dos procedimentos de verificação.

Como esse assunto foi cobrado em concurso?

(SPTC/GO – 2010) Motorista experiente, Tom encontrou-se com alguns amigos para um almoço. Durante o evento, ingeriu quatro chopes e três doses de cachaça. Após a sobremesa, ainda bebeu uma dose de licor e café. Saiu do restaurante, na condução do seu veículo, em direção à sua casa, distante um quilômetro e meio. Nesse percurso, foi abordado pela autoridade de trânsito. Com base nessa situação hipotética, assinale a alternativa correta.

a) Ante a exigência de submeter-se ao etilômetro, Tom pode recusar-se, já que ninguém pode constituir prova contra si, não havendo nenhuma consequência dessa sua atitude.

b) Por se tratar de crime de perigo concreto, a embriaguez de Tom ao volante somente será considerada crime se houver a exposição efetiva de perigo de pessoa determinada.

c) Apesar da recusa de Tom em submeter-se a exame de alcoolemia por meio do etilômetro, a embriaguez poderá ser constatada por qualquer outro meio pericial.

d) Somente será configurado crime, se, ao submeter-se a exame de alcoolemia, ficar constatada em Tom concentração de álcool por litro de sangue igual ou superior a dois decigramas ou a influência de qualquer outra substância psicoativa que determine dependência.

e) Não haverá caracterização de crime ou infração administrativa se não houver fundada suspeita da embriaguez, para que Tom seja abordado.

Gabarito: Alternativa C

Desta forma, lembre-se que pela literalidade atual do CTB a **simples recusa** à submissão a qualquer dos procedimentos que permitam certificar a influência de álcool ou outra substância psicoativa **é infração de trânsito.**

Como esse assunto foi cobrado em concurso?

(Cespe – Perito Criminal – PF/2018) Dois motoristas, Pedro e José, foram levados à central de flagrantes da polícia civil após terem sido parados em uma blitz no trânsito. Segundo a polícia civil, Pedro, de trinta e dois anos de idade, foi submetido ao teste do bafômetro, durante a blitz, e o resultado mostrou 0,68 miligramas de álcool por litro de ar expelido. Ele pagou fiança e deverá responder em liberdade por crime de trânsito. Conforme os policiais, José, de vinte e dois anos de idade, se recusou a submeter-se ao teste do bafômetro, mas o médico legista do Instituto Médico Legal (IML) que o examinou comprovou alteração da capacidade psicomotora em razão do consumo de substância psicoativa que determina dependência. José também pagou fiança para ser liberado.

Com relação a essa situação hipotética, julgue o item a seguir.

José cometeu infração administrativa, mas não crime, ao se recusar a fazer o teste do bafômetro.

( ) Certo ( ) Errado

Gabarito: Certo

> ▸ **Como esse assunto foi cobrado em concurso?**
>
> **(IDIB – PREFEITURA DE GOIANA/PE – 2020)**
>
> João, advogado criminalista, trafegava de forma imprudente em uma rodovia. Ao ser parado pela Polícia Rodoviária Federal, João logo afirma ter plena ciência de seus direitos e se recusa a realizar o teste de alcoolemia (também conhecido por "teste do bafômetro"), pois a própria Constituição Federal afirma que ninguém é obrigado a apresentar provas contra si mesmo. A recusa de João
>
> a) é tipificada como crime, previsto no Código de Trânsito Brasileiro, e João deverá pagar uma multa e ter o veículo apreendido.
>
> b) trata-se de infração de trânsito gravíssima e João deverá pagar uma multa e ter suspenso seu direito de dirigir por 12 meses.
>
> c) é tipificada como crime de trânsito e, caso seja condenado, poderá receber pena de reclusão por até quatro anos e multa.
>
> d) não é crime nem infração de trânsito, uma vez que não se pôde comprovar que João estava realmente embriagado.
>
> **Gabarito:** B, conforme previsão do art. 165-A do CTB.

16.8. RECOLHIMENTO DE ANIMAIS E REALIZAÇÃO DE EXAMES DE APTIDÃO

Os incisos X e XI do art. 269 do CTB trazem as duas últimas medidas administrativas, sendo elas:

> *X – **recolhimento de animais** que se encontrem soltos nas vias e na faixa de domínio das vias de circulação, restituindo-os aos seus proprietários, após o pagamento de multas e encargos devidos.*
>
> *XI – realização de **exames de aptidão física, mental, de legislação, de prática de primeiros socorros e de direção veicular**.*

O inciso X tem aplicação lógica.

Por sua vez o inciso XI traz uma medida administrativa que você provavelmente nunca verá na prática.

Já imaginou um agente de trânsito fazendo um ***quiz*** sobre a legislação ou exame prático de primeiros socorros durante uma blitz?

É uma previsão legal sem qualquer possibilidade de aplicação.

16.9. CONSEQUÊNCIAS E OUTRAS MEDIDAS PARA A PRÁTICA DOS CRIMES DE RECEPTAÇÃO, DESCAMINHO E CONTRABANDO

Recentemente o Código de Trânsito Brasileiro foi alvo de mais uma alteração pontual através da Lei n. 13.804/19 que tratou sobre medidas de prevenção e repressão ao contrabando, ao descaminho, ao furto, ao roubo e à receptação.

Muito embora a redação adotada não esteja diretamente ligada ao tema "medidas administrativas", a inovação legislativa fixou topograficamente ali o assunto através do artigo 278-A.

Doravante o condutor que utilizando veículo seja condenado pelos crimes de receptação, descaminho e contrabando, terá cassado seu documento de habilitação ou será proibido de obter a habilitação para dirigir veículo automotor pelo prazo de 5 (cinco) anos.

Após o decurso do prazo desta medida (que em verdade de assemelha aos conceitos de pena), o condutor condenado poderá requerer sua reabilitação, submetendo-se a todos os exames necessários à habilitação na forma prevista pelo próprio CTB.

O parágrafo segundo do citado artigo 278-A por sua vez apresenta sim hipótese de medida administrativa, sendo esta, todavia, adotada diretamente pelo Magistrado, eis que no caso do condutor preso em flagrante na prática de tais crimes, poderá o juiz, em qualquer fase da investigação ou da ação penal, se houver necessidade para a garantia da ordem pública, como medida cautelar, de ofício, ou a requerimento do Ministério Público ou ainda mediante representação da autoridade policial, decretar, em decisão motivada, a suspensão da permissão ou da habilitação para dirigir veículo automotor, ou a proibição de sua obtenção.

Como visto, em que pese apenas a informação acima tratar-se de uma forma de medida administrativa, esta não será levada a efeito pelos agentes ou pela autoridade de trânsito, mas sim pelo Magistrado, o que em verdade contraria o conceito do art. 269 do CTB quando afirma:

> *Art. 269. A autoridade de trânsito ou seus agentes, na esfera das competências estabelecidas neste Código e dentro de sua circunscrição, deverá adotar as seguintes medidas administrativas:*

Capítulo

XVII

Processo Administrativo de Trânsito

O processo administrativo de trânsito é o **procedimento** previsto no capítulo XVIII CTB e regulamentado por resoluções específicas do CONTRAN como por exemplo as de nº 723/18, 299 (alterada pela Alterada pela Resolução do Contran nº 692/2017) e 619 (alterada pela Resolução do Contran nº 697/2017).

Tem por característica garantir o **contraditório** e a **ampla defesa** ao infrator que poderá: se defender, produzir provas, apresentar recursos em todos os processos dos quais possam surtir efeitos desfavoráveis com a aplicação das penalidades previstas no capítulo XVI do código, dentre outros.

Antes de adentrarmos as minúcias indispensáveis para a sua prova, é importante desde já que você conheça alguns termos muito utilizados neste capítulo, termos estes presentes no art. 2º da resolução nº 619/16 do CONTRAN:

> *Art. 2º Para os fins previstos nesta Resolução, entende-se por:*
>
> *I – **Auto de Infração de Trânsito**: é o documento que dá início ao processo administrativo para imposição de punição, em decorrência de alguma infração à legislação de trânsito.*
>
> *II – **notificação de autuação**: é o procedimento que dá ciência ao proprietário do veículo de que foi cometida uma infração de trânsito com seu veículo. Caso a infração não tenha sido cometida pelo proprietário do veículo, deverá ser indicado o condutor responsável pelo cometimento da infração.*
>
> *III – **notificação de penalidade**: é o procedimento que dá ciência da imposição de penalidade bem como indica o valor da cobrança da multa de trânsito.*
>
> *IV – **autuador**: os órgãos e entidades executivos de trânsito e rodoviários competentes para julgar a defesa da autuação e aplicar penalidade de multa de trânsito;*
>
> *V – **arrecadador**: os órgãos e entidades executivos de trânsito e rodoviários que efetuam a cobrança e o recebimento da multa de trânsito (de sua competência ou de terceiros), sendo responsáveis pelo repasse dos 5% (cinco por cento) do valor da multa de trânsito à conta do Fundo Nacional de Segurança e Educação de Trânsito – FUNSET;*

O processo administrativo de trânsito se **inicia**, em regra, com o ato administrativo denominado **auto de infração de trânsito,** que é o ato pelo qual a infração é registrada.

De antemão é importante sabermos que **nem sempre duas infrações cometidas ao mesmo tempo (ainda que diferentes) poderão ser alvo de processo punitivo**.

Em primeiro lugar, veja o art. 266 do CTB:

> *Art. 266. Quando o infrator cometer, simultaneamente, duas ou mais infrações, ser-lhe-ão aplicadas, cumulativamente, as respectivas penalidades.*

Em segundo lugar devemos conhecer a diferenciação existente entre infrações concorrentes e concomitantes presente no Manual de Fiscalização de Trânsito, volume I, instituído pela Resolução nº 371/10 do CONTRAN:

> *O agente* ***só poderá registrar uma infração por auto e, no caso da constatação de infrações em que os códigos infracionais possuam a mesma raiz (os três primeiros dígitos), considerar-se-á apenas uma infração.***
>
> *Exemplo: condutor e passageiro sem usar o cinto de segurança, lavrar somente o auto de infração com o código 518-51 e descrever no campo 'Observações' a situação constatada (condutor e passageiro sem usar o cinto de segurança).*
>
> *As infrações* ***simultâneas*** *podem ser* ***concorrentes ou concomitantes:***
>
> *São* ***concorrentes*** *aquelas em que o cometimento de uma infração, tem como consequência o cometimento de outra.*
>
> *Por exemplo: ultrapassar pelo acostamento (art. 202) e transitar com o veículo pelo acostamento (art. 193).*
>
> *Nestes casos o agente deverá fazer um único AIT que melhor caracterizou a manobra observada.*
>
> *São* ***concomitantes*** *aquelas em que o cometimento de uma infração não implica no cometimento de outra na forma do art. 266 do CTB.*
>
> *Por exemplo: deixar de reduzir a velocidade do veículo de forma compatível com a segurança do trânsito ao ultrapassar ciclista (art. 220, XIII) e não manter a distância de 1,50m ao ultrapassar bicicleta (art. 201).*

▸ Como esse assunto foi cobrado em concurso?

(SEFAZ/BA - 2014) Analise as seguintes afirmações relacionadas à autuação, segundo o Manual Brasileiro de Fiscalização de Trânsito.

I. As infrações simultâneas podem ser concorrentes ou concomitantes.

II. São concorrentes aquelas em que o cometimento de uma infração tem como consequência o cometimento de outra. Por exemplo: ultrapassar pelo acostamento (art. 202) e transitar com o veículo pelo acostamento (art. 193). Nestes casos, o agente deverá fazer um único AIT, que melhor caracteriza a manobra observada.

III. São concorrentes aquelas em que o cometimento de uma infração tem como consequência o cometimento de outra. Por exemplo: ultrapassar pelo acostamento (art. 202) e transitar com o veículo pelo acostamento (art. 193). Nestes casos, o agente deverá fazer um único AIT, considerando a infração mais grave.

IV. São concomitantes aquelas em que o cometimento de uma infração não implica o cometimento de outra na forma do art. 266 do CTB. Por exemplo: deixar de reduzir a velocidade do veículo de forma compatível com a segurança do trânsito ao ultrapassar ciclista (art. 220, XIII) e não manter a distância de 1,50m ao ultrapassar bicicleta (art. 201).

Estão CORRETAS apenas:

a) I e III;

b) I e II;

c) I, II e IV;

d) II e IV.

Gabarito: Alternativa C

Sobre o auto de infração, o art. 280 do CTB informa que:

> *Art. 280. Ocorrendo infração prevista na legislação de trânsito, lavrar-se-á* ***auto de infração****, do qual constará:*
>
> *I – tipificação da infração;*
>
> *II – local, data e hora do cometimento da infração;*
>
> *III – caracteres da placa de identificação do veículo, sua marca e espécie, e outros elementos julgados necessários à sua identificação;*
>
> *IV – o* ***prontuário do condutor, sempre que possível****;*
>
> *V – identificação do órgão ou entidade e da autoridade ou agente autuador ou equipamento que comprovar a infração;*
>
> *VI – assinatura do infrator,* ***sempre que possível, valendo*** *esta como* ***notificação do cometimento da infração****.*

▸ **Como esse assunto foi cobrado em concurso?**

Ao preencher o auto, o Agente de Trânsito deve inserir nele informações imprescindíveis sob risco de eivá-lo de vicio. Dentre essas medidas, assinale abaixo aquela prescindível, quando não possível colhe-la:

a) Tipificação da infração.

b) O local, data e hora do cometimento da infração

c) Caracteres da placa de identificação do veículo, sua marca e espécie, e outros elementos julgados necessários a sua identificação

d) O prontuário do condutor

e) Identificação do órgão ou entidade e da autoridade ou agente autuador

Gabarito: Alternativa D

Desta forma, praticada qualquer conduta infracional prevista no capítulo XV do código, **deverá** a autoridade de trânsito ou seu agente lavrar o auto com as informações previstas acima.

Vale citar que o **DENATRAN** através da **Portaria 59/07** fixou campos de preenchimento **obrigatórios e facultativos**, como por exemplo o bloco 2 e 4 do Anexo II, relativos respectivamente à identificação do veículo e Identificação do Local, Data e Hora do Cometimento da Infração:

> ***ANEXO II***
>
> ***BLOCO 2*** *- IDENTIFICAÇÃO DO VEÍCULO*
>
> *CAMPO 1 - 'PLACA' Preenchimento* ***obrigatório****.*
>
> *CAMPO 2 - 'MARCA' Preenchimento* ***obrigatório****.*
>
> *CAMPO 3 - 'ESPÉCIE' Preenchimento* ***obrigatório****.*
>
> *CAMPO 4 - 'PAÍS' Preenchimento* ***obrigatório para veículos estrangeiros*** *- conforme tabela do ANEXO VI administrada pelo DENATRAN.*
>
> ***BLOCO 4*** *- IDENTIFICAÇÃO DO LOCAL, DATA E HORA DO COMETIMENTO DA INFRAÇÃO*
>
> *CAMPO 1 - 'LOCAL DA INFRAÇÃO' Preenchimento* ***obrigatório****.*
>
> *CAMPO 2 - 'DATA' Preenchimento* ***obrigatório****.*
>
> *CAMPO 3 - 'HORA' Preenchimento* ***obrigatório****.*
>
> *CAMPO 4 - 'CÓDIGO DO MUNICÍPIO' Preenchimento* ***não obrigatório****.*
>
> *CAMPO 5 - 'NOME DO MUNICÍPIO' Preenchimento* ***não obrigatório para infrações constatadas em estradas e rodovias****.*
>
> *CAMPO 6 - 'UF' Preenchimento* ***obrigatório****.*

▸ Como esse assunto foi cobrado em concurso?

(EPT-Maricá - 2015) No preenchimento do Auto de Infração, dispõe a Portaria Denatran nº 59/2007 que, no BLOCO 2 - IDENTIFICAÇÃO DO VEÍCULO, é de preenchimento facultativo, o Campo:

a) 1 - 'PLACA'

b) 2 - 'MARCA'

c) 3 - 'ESPÉCIE'

d) 4 - 'PAÍS'

Gabarito: Alternativa D

▸ Como esse assunto foi cobrado em concurso?

(DETRAN/RJ - 2013) De acordo com a Portaria nº 59, de 25 de Outubro de 2007, e seu Anexo II, são campos de preenchimento obrigatório do Auto de Infração, Bloco 4 - Identificação do Local, Data e Hora do Cometimento da Infração, mesmo em estradas e rodovias, os elencados abaixo, EXCETO:

a) CAMPO 1 - 'LOCAL DA INFRAÇÃO'

b) CAMPO 3 - 'HORA'

c) CAMPO 2 - 'DATA'

d) CAMPO 5 - 'NOME DO MUNICÍPIO'

e) CAMPO 6 - 'UF'

Gabarito: Alternativa D

▸ Como esse assunto foi cobrado em concurso?

(UECE – Assistente de Atividade de Trânsito e Transporte – Detran – CE/2018) Ocorrendo infração prevista na legislação de trânsito, lavrar-se-á auto de infração, no qual deve(m) constar

a) somente o local e a data do cometimento da infração.

b) o prontuário do condutor, em todos os casos.

c) a assinatura do infrator, sempre valendo esta como notificação do cometimento da infração.

d) caracteres da placa de identificação do veículo, sua marca e espécie, e outros elementos julgados necessários à sua identificação.

Gabarito: Alternativa D

Lembre-se que o **agente da autoridade de trânsito** poderá ser **servidor civil, estatutário ou celetista ou, ainda, policial militar designado pela autoridade de trânsito com jurisdição sobre a via no âmbito de sua competência**.

▸ Como esse assunto foi cobrado em concurso?

(SEFAZ/BA – 2014) O agente da autoridade de trânsito, credenciado, devidamente uniformizado conforme o padrão da instituição e no regular exercício de suas funções, competente para lavrar o auto de infração de trânsito (AIT), poderá ser:

a) Servidor civil, estatutário ou celetista ou, ainda, policial militar designado pela autoridade de trânsito com circunscrição sobre a via no âmbito de sua competência;

b) Servidor civil, apenas se for estatutário, ou, ainda, policial militar designado pela autoridade de trânsito com circunscrição sobre a via no âmbito de sua competência;

c) Servidor civil, estatutário ou celetista, empregado terceirizado contratado dentro das normas da legislação trabalhista brasileira, ou, ainda, policial militar designado pela autoridade de trânsito com circunscrição sobre a via no âmbito de sua competência;

d) Apenas servidor civil, estatutário ou celetista, designado pela autoridade de trânsito com circunscrição sobre a via no âmbito de sua competência.

Gabarito: Alternativa A.

As **formas de comprovação da infração de trânsito** estão previstas nos parágrafos 2º e 3º do art. 280:

> *§ 2º A infração deverá ser **comprovada** por **declaração da autoridade ou do agente da autoridade de trânsito, por aparelho eletrônico ou por equipamento audiovisual, reações químicas ou qualquer outro meio tecnologicamente disponível**, previamente regulamentado pelo CONTRAN.*
>
> *§ 3º Não sendo possível a autuação em flagrante, o agente de trânsito relatará o fato à autoridade no próprio auto de infração, informando os dados a respeito do veículo, além dos constantes nos incisos I, II e III, para o procedimento previsto no artigo seguinte.*

Note que muito embora a declaração do agente tenha **fé pública**, existirão certas infrações que **somente** poderão ser comprovadas por **aparelhos e medições técnicas**, como por exemplo a infração constante no art. 218 do código:

> *Art. 218. Transitar em **velocidade superior à máxima permitida para o local, medida por instrumento ou equipamento hábil**, em rodovias, vias de trânsito rápido, vias arteriais e demais vias:*
>
> *I - quando a velocidade for superior à máxima em até 20% (vinte por cento):*
>
> *Infração - média;*
>
> *Penalidade - multa;*
>
> *II - quando a velocidade for superior à máxima em mais de 20% (vinte por cento) até 50% (cinquenta por cento):*
>
> *Infração - grave;*
>
> *Penalidade - multa;*
>
> *III - quando a velocidade for superior à máxima em mais de 50% (cinquenta por cento):*
>
> *Infração - gravíssima;*
>
> Penalidade - multa (três vezes) e suspensão do direito de dirigir.

As infrações de excesso de velocidade, não podem de maneira alguma serem registradas sem a validação de um equipamento próprio e fiscalizado pelos órgãos de controle.

Uma vez produzido o AIT (auto de infração de trânsito), o mesmo será submetido ao crivo da autoridade de trânsito que fará a sua **análise prévia**.

Se for considerado regular (veja que até o momento o suposto infrator ainda não foi notificado acerca da infração), será determinada a **expedição** da primeira **notificação** do processo, chamada de **NA** (**notificação de autuação**).

Caso não seja considerado regular, o auto será **arquivado** antes mesmo de formar o contraditório.

Se a notificação de autuação (1ª notificação), **não for expedida em trinta dias**, o auto de infração será **arquivado** e o seu registro julgado insubsistente.

Ou seja, até o momento podemos ver que o auto de infração poderá ser arquivado basicamente por **dois motivos**:

1 - **Inconsistência** (por exemplo: erro no preenchimento de algum campo do auto)

2 - **Expedição** da notificação de autuação em prazo **superior a 30 dias** do cometimento da infração.

Aliás, é importante desmistificar um mito neste momento.

Muitas pessoas acreditam que se em **30 dias** contados da **data da infração**, a notificação **não chegar em suas casas**, o poder público **perde** o direito de puni-las.

Tal entendimento é um **engano**, pois como visto o prazo de 30 dias se refere à **expedição** da notificação.

Este termo é explicado pelo parágrafo 1º do art. 4º da resolução nº 619 do CONTRAN:

> *§ 1º Quando utilizada a remessa postal, a **expedição** se caracterizará pela **entrega da notificação da autuação pelo órgão ou entidade de trânsito à empresa responsável por seu envio**.*

Assim, a notificação de penalidade pode chegar na casa do proprietário do veículo muito depois de trinta dias contados da prática da infração, e não terá vício algum, pois os famigerados 30 dias são destinados à expedição e não à notificação.

> **▸ Como esse assunto foi cobrado em concurso?**
>
> **(DETRAN/RN - 2010)** De acordo com a Lei nº. 9503, de 23 de setembro de 1997 (Código de Trânsito Brasileiro), o auto de infração de trânsito será arquivado e seu registro julgado insubsistente se não for **expedida** a notificação da autuação, no prazo máximo de:

a) 24 horas.
b) 48 horas.
c) 5 dias.
d) 10 dias.
e) 30 dias.

Gabarito: Alternativa E

Vale lembrar que nem sempre será necessária a expedição da notificação de autuação, uma vez que o próprio AIT (auto de infração de trânsito) valerá como notificação, **se apresentar cumulativamente os seguintes requisitos**:

1 - For assinado pelo condutor;

2 - O condutor for o proprietário;

3 - O AIT contenha o prazo para a apresentação da defesa da autuação.

É uma exceção importantíssima! Mas cuidado, as questões que abordam a ocasião em que o AIT valerá como notificação de autuação, em geral exigem o conhecimento apenas no art. 280 do CTB (que traz apenas o requisito 1 acima), e não da Resolução nº 619/16 que elenca além do requisito 1, os requisitos 2 e 3.

Não é incomum vermos em questões de prova a mescla de informações. Veja um exemplo prático:

Como esse assunto foi cobrado em concurso?

Acerca do processo administrativo que incide em imposição de multa, é correto afirmar que:

a) É necessário a notificação da autuação ao infrator para imposição de multa de trânsito, apenas

b) É necessário a notificação da aplicação da pena decorrente da infração para imposição de multa de trânsito, apenas

c) O Auto de Infração valera como notificação da autuação quando colhida a assinatura do condutor e a infração for de responsabilidade do condutor.

d) O Auto de Infração valera como notificação da autuação quando for assinado pelo condutor e este for o proprietário do veículo.

e) Se não for expedida a notificação de autuação em 15 dias, o auto de infração deve ser arquivado.

Gabarito: Alternativa D. Perceba que o inciso VI do art. 280 do CTB não traz o requisito de ser o condutor o proprietário do veículo, mas que apenas tenha a assinatura do então condutor: VI - assinatura do infrator, sempre que possível, valendo esta como notificação do cometimento da infração.

▸ **Como esse assunto foi cobrado em concurso?**

(DETRAN/RJ- 2013) No caso de ocorrer infração prevista na legislação de trânsito de responsabilidade do proprietário, e este estiver conduzindo o veículo, e assinar o Auto de Infração, este valerá como:

a) Formulário de Identificação do Condutor.

b) Notificação da Autuação.

c) Defesa da Autuação.

d) Notificação de Penalidade de Multa.

e) Multa.

Gabarito: Alternativa B

▸ **Como esse assunto foi cobrado em concurso?**

(PRF/2019) Situação hipotética: Ao abordar um veículo em rodovia federal, o policial rodoviário federal constatou que o condutor, que era o proprietário do veículo, dirigia sem utilizar o cinto de segurança. O policial lavrou o auto de infração, que continha a assinatura do condutor e especificava o prazo para apresentação da defesa da autuação. **Assertiva:** Nessa situação, fica a PRF dispensada de expedir a notificação da autuação ao proprietário do veículo.

( ) Certo ( ) Errado

GABARITO: CERTO. A questão está de acordo com o previsto na Resolução nº 619 do CONTRAN.

De posse da notificação de autuação (ou tendo assinado o auto conforme requisitos acima), o proprietário do veículo poderá apresentar **defesa prévia** no **prazo que não será inferior a 30 dias** contado da data da expedição da notificação ou **indicar o real condutor no mesmo prazo** (caso o tipo de infração permita esta atitude), ou mesmo praticar as duas ações.

Esta é a redação do art. 281-A dada pela Lei nº 14.071/20:

> Art. 281-A. Na notificação de autuação e no auto de infração, quando valer como notificação de autuação, deverá constar o prazo para apresentação de defesa prévia, que não será inferior a 30 (trinta) dias, contado da data de expedição da notificação.

A **defesa prévia** é o momento em que o proprietário ou o condutor poderá utilizar o direito constitucional do contraditório e combater as informações trazidas na peça de acusação.

Caso seja **indeferida** a defesa, ou mesmo se o interessado **não a apresentar**, a autoridade de trânsito **aplicará a penalidade** e expedirá a segunda notificação chamada de **NP (notificação de penalidade) que deverá ser expedida em até 180**

dias contado data do cometimento da infração no caso em que a defesa prévia seja indeferida ou não apresentada no prazo. Ou em até 360 contados do mesmo fato anterior quando houver apresentação da defesa prévia tempestiva.

Se o prazo específico for descumprido acarretará na decadência do direito de aplicar a penalidade.

Estas hipóteses confusas e no mínimo contraditórias estão previstas no *caput* do art. 282 e em seu §6º e foram dadas pela Lei nº 14.071/20.

Para fins de concurso, basta decorar a letra fria da lei de modo a não confundir os prazos.

Sobre esta notificação, veja o que prescrevem os arts. 282 e 282-A do CTB:

> Art. 282. Caso a defesa prévia seja indeferida ou não seja apresentada no prazo estabelecido, será aplicada a penalidade e expedida notificação ao proprietário do veículo ou ao infrator, no prazo máximo de 180 (cento e oitenta) dias, contado da data do cometimento da infração, por remessa postal ou por qualquer outro meio tecnológico hábil que assegure a ciência da imposição da penalidade. (redação dada pela Lei nº 14.071/20)
>
> *§ 1º A notificação devolvida por desatualização do endereço do proprietário do veículo será considerada válida para todos os efeitos.*
>
> *§ 2º A notificação a pessoal de missões diplomáticas, de repartições consulares de carreira e de representações de organismos internacionais e de seus integrantes será remetida ao Ministério das Relações Exteriores para as providências cabíveis e cobrança dos valores, no caso de multa.*
>
> *§ 3º Sempre que a penalidade de multa for imposta a condutor, à exceção daquela de que trata o § 1º do art. 259, a notificação será encaminhada ao proprietário do veículo, responsável pelo seu pagamento.*
>
> *§ 4º Da notificação deverá constar a data do término do prazo para apresentação de recurso pelo responsável pela infração, que não será inferior a trinta dias contados da data da notificação da penalidade.*
>
> *§ 5º No caso de penalidade de multa, a data estabelecida no parágrafo anterior será a data para o recolhimento de seu valor.*
>
> § 6º Em caso de apresentação da defesa prévia em tempo hábil, o prazo previsto no **caput** deste artigo será de 360 (trezentos e sessenta) dias.
>
> § 7º O descumprimento dos prazos previstos no **caput** ou no § 6º deste artigo implicará a decadência do direito de aplicar a penalidade."
>
> Art. 282-A. O órgão do Sistema Nacional de Trânsito responsável pela autuação deverá oferecer ao proprietário do veículo ou ao condutor autuado a opção de notificação por meio eletrônico, na forma definida pelo Contran.
>
> § 1º O proprietário e o condutor autuado deverão manter seu cadastro atualizado no órgão executivo de trânsito do Estado ou do Distrito Federal.

§ 2º Na hipótese de notificação prevista no **caput** deste artigo, o proprietário ou o condutor autuado será considerado notificado 30 (trinta) dias após a inclusão da informação no sistema eletrônico e do envio da respectiva mensagem.

§ 3º O sistema previsto no **caput** *será certificado digitalmente, atendidos os requisitos de autenticidade, integridade, validade jurídica e interoperabilidade da Infraestrutura de Chaves Públicas Brasileira (ICP-Brasil).*

Esta notificação permite que o interessado faça a apresentação de **recurso junto à JARI** de modo a questionar e impugnar o julgamento da autoridade de trânsito na defesa prévia.

A **notificação de penalidade** permite **ainda** que o proprietário realize o **pagamento da multa de trânsito com desconto de 20%** do seu valor se pago até a data de vencimento expresso na notificação.

Veja que esta possibilidade de efetuar o pagamento com desconto de 20% **não** impede que o interessado apresente recurso contra o julgamento da defesa prévia.

Todavia, com o advento da **Lei nº 13.281/16** criou-se um novo sistema de descontos.

Com esta inovação, caso o proprietário **opte por não apresentar defesa prévia ou recurso**, poderá pagar a multa não com 20, mas com **40% de desconto**.

Veja:

Art. 284,

§ 1º Caso o infrator **opte** pelo sistema de notificação eletrônica, conforme regulamentação do Contran, e **opte por não apresentar defesa prévia nem recurso**, reconhecendo o cometimento da infração, poderá efetuar o pagamento da multa por **60% (sessenta por cento) do seu valor**, em qualquer fase do processo, até o vencimento da multa.

Registre-se que também **não** haverá cobrança de **juros moratórios ou a incidência de qualquer restrição para fins de licenciamento e transferência** enquanto não for encerrada a instância administrativa de julgamento de infrações e penalidades.

A lei nº 14.071/20 também trouxe outra inovação neste tema ao instituir no §5º do artigo 284 que na mesma plataforma do sistema de notificação eletrônica deverá ser disponibilizado campo destinado à apresentação de defesa prévia e recurso quando o **condutor não reconhecer o cometimento da infração**.

Sobre a necessidade da **dupla notificação** (notificação de autuação e de penalidade), o Superior Tribunal de Justiça reforçou tal necessidade editando a súmula nº 312:

> *"No processo administrativo para imposição de multa de trânsito, são necessárias as **notificações da autuação e da aplicação da pena** decorrente da infração"*

Caso o interessado opte por apresentar recurso à JARI **(terá prazo não inferior a 30 dias para apresenta-lo)**, poderá fazê-lo sem o pagamento da multa, e este será interposto junto à autoridade de trânsito que impôs a penalidade, e este por sua vez enviará o recurso à JARI dentro dos **10 dias úteis** subsequentes à sua apresentação.

> **▸ Como esse assunto foi cobrado em concurso?**
>
> **(CRO-SP – 2015)** A partir da notificação de penalidade, após uma infração, o proprietário do veículo poderá recorrer:
>
> a) à Circunscrição Regional de Trânsito.
>
> b) ao Departamento Estadual de trânsito.
>
> c) ao Departamento Nacional de Trânsito.
>
> d) ao Conselho Nacional de Trânsito.
>
> e) à Junta Administrativa de Recursos de Infrações.
>
> **Gabarito:** Alternativa E.

Antes de dar prosseguimento ao feito, a autoridade de trânsito deverá analisar se o recurso é **tempestivo**.

Se for verificado pela autoridade que o recurso foi interposto **fora do prazo**, deverá **indicar** tal situação no despacho que o encaminha.

> **▸ Como esse assunto foi cobrado em concurso?**
>
> **(DETRAN/MT – 2015)** As Juntas Administrativas de Recursos de Infrações (JARI) são órgãos colegiados, componentes do Sistema Nacional de Trânsito (SNT), responsáveis pelo julgamento dos recursos interpostos contra penalidades aplicadas conforme o Código de Trânsito Brasileiro (CTB). A respeito das normas de funcionamento e organização das JARI, assinale a afirmativa INCORRETA.
>
> a) Das decisões das Juntas Administrativas de Recursos de Infrações cabe recurso a ser interposto no prazo de trinta dias contados da publicação ou da notificação da decisão.

b) Junto a cada órgão ou entidade executivos de trânsito ou rodoviário do Sistema Nacional de Trânsito funcionarão Juntas Administrativas de Recursos de Infrações.

c) O recurso interposto frente à decisão da Junta Administrativa de Recursos de Infrações será apreciado no prazo de sessenta dias.

d) Quando houver apenas uma Junta Administrativa de Recursos de Infrações, nos casos em que o recurso contra decisão desta deva ser julgado por Colegiado Especial, tal recurso deverá ser julgado por membros dessa junta.

Gabarito: Alternativa C

O recurso **não** tem efeito suspensivo e deverá ser julgado em até 30 dias.

▸ Como esse assunto foi cobrado em concurso?

Ocorrendo infração prevista na legislação de trânsito, lavrar-se-á auto de infração. A autoridade de trânsito, na esfera da competência estabelecida no Código de Trânsito Brasileiro (CTB) e dentro de sua circunscrição, julgará a consistência do auto de infração e aplicará a penalidade cabível. Sobre a autuação, o julgamento e as penalidades, assinale a afirmativa correta.

a) Aplicada a penalidade, não é necessário notificar o proprietário do veículo, já que ele terá ciência da imposição da penalidade quando for realizar o licenciamento anual do veículo.

b) O agente da autoridade de trânsito competente para lavrar o auto de infração poderá ser servidor civil, estatutário ou celetista, ou ainda, policial militar designado pela autoridade de trânsito com jurisdição sobre a via no âmbito de sua competência.

c) Se a infração for cometida em localidade diversa daquela do licenciamento do veículo, o recurso deverá ser, obrigatoriamente, interposto no local da infração.

d) Interposto o recurso contra a penalidade aplicada, este terá efeito suspensivo.

Gabarito: Alternativa B.

Se por motivo de força maior, o prazo de julgamento (30 dias) for superado sem manifestação da junta, a **autoridade que impôs a penalidade**, de **ofício**, ou por **solicitação do recorrente**, **poderá** conceder-lhe **efeito suspensivo**.

Ou seja, de acordo com o CTB (art. 285, §3º), o efeito suspensivo **poderá** ser implementado, o que caracteriza a princípio um poder **discricionário**.

Outra questão importante trazida pelo código é a hipótese constante na infração ser cometida em **local diferente de onde está licenciado o veículo**.

Seria razoável exigir que o interessado apresentasse o recurso por exemplo no Rio de Janeiro (local da infração), se o mesmo residisse (e seu veículo fosse licenciado) em Vitória/ES?

Não seria. Por este motivo o CTB fez a seguinte previsão no art. 287:

> *Art. 287. Se a infração for cometida em* **localidade diversa daquela do licenciamento do veículo**, *o recurso* **poderá ser apresentado junto ao órgão ou entidade de trânsito da residência ou domicílio do infrator**.
>
> *Parágrafo único. A autoridade de trânsito que receber o recurso* **deverá remetê-lo**, *de pronto, à autoridade que impôs a penalidade acompanhado das cópias dos prontuários necessários ao julgamento.*

Desta forma a data do protocolo inclusive será aquela registrada no local de licenciamento.

Do julgamento feito pela JARI caberá **recurso** no **prazo de trinta dias**.

Ocorre que o recurso poderá ser apresentado tanto pelo **interessado primário** (condutor ou proprietário em regra), quanto pela **autoridade de trânsito** caso o julgamento feito pela JARI for contrário ao seu entendimento.

Este recurso poderá ser endereçado ao **CETRAN** / **CONTRANDIFE**, ou ao **colegiado especial integrado pelo Coordenador-Geral da JARI, pelo Presidente da Junta que apreciou o recurso e por mais um Presidente de Junta**.

Veja todas as hipóteses presentes no art. 289 do CTB:

> *Art. 289. O recurso de que trata o artigo anterior será apreciado no prazo* **de trinta dias:**
>
> I - tratando-se de penalidade imposta por órgão ou entidade da União, por colegiado especial integrado pelo Coordenador-Geral da Jari, pelo Presidente da Junta que apreciou o recurso e por mais um Presidente de Junta;
>
> *a) revogado pela lei nº 14.071/20*
>
> *b) revogado pela lei nº 14.071/20;*
>
> *II – tratando-se de penalidade imposta por órgão ou entidade de trânsito estadual, municipal ou do Distrito Federal, pelos* **CETRAN E CONTRANDIFE**, *respectivamente.*
>
> Parágrafo único. No caso do inciso I do **caput** deste artigo, quando houver apenas uma Jari, o recurso será julgado por seus membros.

▸ **Como esse assunto foi cobrado em concurso?**

(DETRAN/MT - 2015 - EPTC - 2012) Assinalar a alternativa que preenche a lacuna abaixo CORRETAMENTE:

Certo condutor teve decisão desfavorável por julgamento da JARI. Nesse caso, cabe recurso a ser interposto no prazo de ______ dias contados da publicação ou da notificação da decisão.

a) 10

b) 15

c) 30

d) 20

Gabarito: Alternativa C

O processo administrativo será **encerrado** em três hipóteses de acordo com o art. 290 do CTB, sendo eles:

> *I - o julgamento do recurso em **última instância**.*
>
> *II - a **não** interposição do recurso no prazo legal;*
>
> *III - o pagamento da multa, com reconhecimento da infração e **requerimento** de encerramento do processo na fase em que se encontra, sem apresentação de defesa ou recurso.*
>
> *Parágrafo único. **Esgotados** os recursos, as penalidades aplicadas nos termos deste Código serão cadastradas no RENACH.*

Este é o **procedimento** previsto no Código de Trânsito Brasileiro que deve ser usado como padrão em todos os processos punitivos que tenham como objetivo a aplicação de qualquer das penas previstas no art. 256 já estudados neste livro.

17.1. PASSO A PASSO DO PROCESSO ADMINISTRATIVO DE TRÂNSITO

De modo a exemplificar o passo a passo do processo administrativo desde o cometimento da infração até a aplicação da penalidade, veja o fluxograma abaixo.

Cometimento da infração

↓

O órgão autuador (DETRAN, DER, DNIT, PRF, MUNICÍPIO...) após julgar consistente o auto de infração terá **30 dias** para expedir a notificação de autuação **(NA)** (art. 281, § único, inciso II do CTB).

*Se o condutor for o proprietário do veículo, **assinar** o auto de infração e nele constar o prazo para a defesa, o auto de infração valerá como notificação de autuação **(NA)**.

(Fase da defesa prévia – defesa a ser julgada pela Autoridade de trânsito)
Prazo mínimo de 30 dias para apresentação de defesa prévia.

Acolhida a Defesa da Autuação, o Auto de Infração será cancelado, seu registro será arquivado e a autoridade de trânsito comunicará o fato ao proprietário do veículo.

Não sendo apresentada defesa da autuação no prazo previsto ou não sendo acolhida, a autoridade de trânsito **aplicará a penalidade correspondente** e expedirá a notificação de penalidade **(NP) em até 180 ou 360 dias a contar da data do cometimento da infração, dependendo da interpretação aplicada ao caso concreto na forma do caput do art. 282 ou do §6º do mesmo artigo do CTB.**

(Fase de recurso à JARI) Prazo mínimo de 30 dias para apresentação de **recurso à JARI** do órgão autuador (DETRAN, DER, DNIT, PRF, MUNICÍPIO...)

Se o recurso for indeferido cabe novo **recurso** no prazo de 30 dias para o CETRAN/CONTRANDIFE, CONTRAN, ou ao colegiado especial integrado pelo Coordenador-Geral da JARI, pelo Presidente da Junta que apreciou o recurso e por mais um Presidente de Junta. (art. 289 do CTB)1

Uma vez julgado este último recurso, estará encerrado o processo administrativo.

*Caso esta infração tenha como consequência, além da multa, a penalidade de suspensão do direito de dirigir, ou dê ensejo à cassação da CNH, o órgão ou entidade executivo de trânsito estadual (DETRAN), terá o prazo de 5 anos para instaurar o respectivo processo de suspensão ou cassação. Ultrapassado este prazo ocorre a prescrição.

1. Sobre a competência do CONTRAN, vide comentários do tópico anterior.

⬇

(Início do processo de aplicação de penalidade sobre a habilitação – suspensão e cassação)

(Res. 723/18) Art. 6º Esgotados todos os meios de defesa da infração na esfera administrativa, a pontuação prevista no art. 259 do CTB será considerada para fins de instauração de processo administrativo para aplicação da penalidade de suspensão do direito de dirigir

Art. 8º Para fins de cumprimento do disposto no inciso II do art. 3º, o processo de suspensão do direito de dirigir deverá ser instaurado da seguinte forma:

I – para as autuações de competência do órgão executivo de trânsito estadual de registro do documento de habilitação do infrator, quando o infrator for o proprietário do veículo, será instaurado processo único para aplicação das penalidades de multa e de suspensão do direito de dirigir, nos termos do § 10 do art. 261 do CTB;

⬇

II – para as demais autuações, o órgão ou entidade responsável pela aplicação da penalidade de multa, encerrada a instância administrativa de julgamento da infração, comunicará imediatamente ao órgão executivo de trânsito do registro do documento de habilitação, via RENAINF ou outro sistema, para que instaure processo administrativo com vistas à aplicação da penalidade de suspensão do direito de dirigir

(Fase de defesa prévia sobre habilitação) – O processo de penalidade sobre a habilitação tem início com a notificação do infrator sobre a penalidade – o interessado terá pelo menos 15 dias para apresentar sua defesa que será julgada pela Autoridade de trânsito.

Art. 13. Acolhidas as razões da defesa, o processo será arquivado, dando-se ciência ao interessado.

Art. 14. Não apresentada, não conhecida ou não acolhida a defesa, a autoridade de trânsito do órgão de registro do documento de habilitação aplicará a penalidade de suspensão do direito de dirigir.

⬇

(Fase de recurso à JARI) No caso de não acolhimento da defesa, cabe recurso à JARI no prazo de 30 dias.

⬇

(Última fase) No caso de não acolhimento do recurso pela JARI, cabe novo recurso na forma do art. 289 do CTB.

⬇

Com o julgamento deste último recurso encerra-se a instância administrativa.

Capítulo XVIII

Crimes de Trânsito

O capítulo referente aos **crimes de trânsito** no CTB é o de número XIX, e em provas de concursos é cobrado em sua **literalidade**, com **exceção** de certames para as carreiras de Magistratura, Ministério Público, Defensoria e análogos, uma vez ser **comum** a produção de questões que cobram de forma conexa os termos do Código de Trânsito Brasileiro, do Código penal, Código de Processo Penal, lei de contravenções penais e lei dos juizados especiais.

Tanto é que o art. 291 traz de imediato a informação de que aos crimes cometidos na direção de veículos automotores previstos no Código, **aplicam-se as normas gerais** do CP (Código Penal), CPP (Código de Processo Penal) e da Lei nº 9.099/95 (Lei dos juizados especiais), claro que **apenas quando não houver conflito entre estas normas e o CTB.**

O Código dividiu o capítulo em **duas seções**, uma referente às **disposições gerais** e outra destinada aos **crimes em espécie**.

Neste momento irei dividir os quatro principais temas presentes nas disposições gerais, de modo a facilitar o entendimento.

18.1. SUSPENSÃO OU PROIBIÇÃO DE SE OBTER A PERMISSÃO OU A HABILITAÇÃO PARA DIRIGIR VEÍCULO AUTOMOTOR

O artigo 292 inaugura o tema da **pena de suspensão ou proibição de se obter a permissão ou a habilitação para dirigir veículo automotor**, informando que tal punição poderá ser aplicada **isolada ou cumulativamente.**

Em primeiro lugar devemos lembrar que a suspensão em si pode ser aplicada tanto no âmbito **administrativo** quanto no **penal.**

É importante esta distinção para que não haja confusão entre os conceitos aqui delineados.

As penalidades tratadas neste capítulo (suspensão e proibição de obter a permissão ou a habilitação) terão a **duração de dois meses a cinco anos.**

Além da previsão expressa em alguns crimes, informa o art. 296 outra hipótese de aplicação desta pena:

> *Art. 296. Se o réu for **reincidente** na prática de **crime** previsto neste Código, o juiz **aplicará a penalidade de suspensão da permissão ou habilitação para dirigir veículo automotor, sem prejuízo das demais sanções penais cabíveis**.*

Caso o réu seja condenado e a **sentença condenatória transite em julgado**, se for o caso, o condutor punido será **intimado para entregar a PPD ou a CNH em 48 horas à autoridade judiciária.**

Se em virtude do crime cometido o condutor estiver recolhido em estabelecimento prisional, **o período da pena de suspensão ou proibição de obter a PPD ou habilitação iniciará apenas ao fim do cárcere.**

Efetivamente o caminho não poderia ser diverso, uma vez que se o condutor estiver preso e o período de suspensão estivesse sendo considerado, **tal penalidade seria inócua e não alcançaria o seu escopo.**

Outro ponto importante para provas de concursos é o previsto no art. 294 do CTB, que prevê a possibilidade de **decisão cautelar no curso do processo impedindo a obtenção de habilitação ou determinando a suspensão daquele que já é habilitado.**

> *Art. 294. Em qualquer fase da investigação ou da ação penal, havendo necessidade para a garantia da ordem pública, poderá o juiz, como* ***medida cautelar,*** *de ofício, ou a requerimento do Ministério Público ou ainda mediante representação da autoridade policial,* ***decretar, em decisão motivada, a suspensão da permissão ou da habilitação para dirigir veículo automotor, ou a proibição de sua obtenção.***
>
> *Parágrafo único. Da decisão que decretar a suspensão ou a medida cautelar, ou da que indeferir o requerimento do Ministério Público,* ***caberá recurso em sentido estrito, sem efeito suspensivo.***

▸ Como esse assunto foi cobrado em concurso?

(DETRAN/MT – 2015) No tocante às disposições gerais sobre os crimes de trânsito, assinale a assertiva correta.

a) Da decisão judicial ou medida cautelar que decretar a suspensão da permissão ou da habilitação para dirigir veículo automotor, caberá recurso de apelação.

b) A suspensão para dirigir veículo automotor ou a proibição de se obter a permissão para dirigir ou a habilitação será comunicada pela autoridade judiciária apenas ao Conselho Nacional de Trânsito (CONTRAN).

c) A penalidade de multa reparatória consiste no pagamento de quantia calculada pelo Conselho Nacional de Trânsito (CONTRAN), em favor de qualquer Fundo de Âmbito Nacional que seja destinado a programas de segurança e educação de trânsito. Além disso, a multa reparatória não poderá ser superior ao valor do prejuízo demonstrado no processo.

d) Em qualquer fase da investigação ou da ação penal, havendo necessidade para a garantia da ordem pública, poderá o juiz, como medida cautelar, de ofício, ou a requerimento do Ministério Público ou ainda mediante representação da autoridade policial, decretar, em decisão motivada, a suspensão da permissão ou da habilitação para dirigir veículo automotor, ou a proibição de sua obtenção.

Gabarito: Alternativa D

Aplicada a penalidade, esta será **comunicada** pela **autoridade judiciária ao CONTRAN e ao órgão de trânsito do Estado em que o indiciado ou réu for domiciliado ou residente na forma do art. 295 do CTB.**

18.2. MULTA REPARATÓRIA

A **multa reparatória não se confunde com a pena de multa prevista em alguns crimes como por exemplo no art. 306**:

> *Art. 306. Conduzir veículo automotor com capacidade psicomotora alterada em razão da influência de álcool ou de outra substância psicoativa que determine dependência:*
>
> *Penas – detenção, de seis meses a três anos,* ***multa*** *e suspensão ou proibição de se obter a permissão ou a habilitação para dirigir veículo automotor.*

A pena de multa (diferente da multa reparatória) tem previsão no art. 49 do Código Penal:

> *Art. 49 – A* ***pena de multa consiste no pagamento ao fundo penitenciário*** *da quantia fixada na sentença e calculada em dias-multa. Será, no mínimo, de 10 (dez) e, no máximo, de 360 (trezentos e sessenta) dias-multa.*
>
> *§ 1º – O valor do dia-multa será fixado pelo juiz não podendo ser inferior a um trigésimo do maior salário mínimo mensal vigente ao tempo do fato, nem superior a 5 (cinco) vezes esse salário.*

Já a **multa reparatória** com previsão no art. 297 do CTB **é paga à vítima ou seus sucessores mediante depósito judicial quando houver prejuízo material em resultante do crime e não poderá ser superior ao valor do prejuízo demonstrado no processo** (§1º do art. 297)

Por fim, outra informação de vital importância, é que caso haja **ação de indenização pelo dano (ação civil), o valor da multa reparatória será descontado, evitando assim o enriquecimento ilícito.**

▸ **Como esse assunto foi cobrado em concurso?**

(UECE – Administrador – Detran – CE/2018) No que concerne à penalidade de multa prevista nos crimes de trânsito, é correto afirmar que

a) a multa reparatória poderá ser superior ao valor do prejuízo demonstrado no processo.

b) a multa prevista nos crimes de trânsito é a mesma prevista nas demais infrações previstas no Código de Trânsito Brasileiro – CTB.

c) na indenização civil do dano, o valor da multa reparatória será descontado.

d) a penalidade de multa reparatória consiste no pagamento, mediante depósito judicial em favor da vítima, ou seus sucessores, de quantia, ainda que não haja prejuízo material resultante do crime.

Gabarito: Alternativa C

18.3. CIRCUNSTÂNCIAS AGRAVANTES

O CTB em seu artigo 298 traz um rol de **circunstâncias em que as penas serão sempre agravadas.**

De acordo com o texto legal, são hipóteses que **sempre agravam as penalidades dos crimes de trânsito ter o condutor do veículo cometido a infração:**

▸ Como esse assunto foi cobrado em concurso?

(CEBRASPE - PF - 2019) Alfredo, conduzindo seu veículo automotor sem placas, atropelou um pedestre. Alessandro, dirigindo um veículo de categoria diversa das que sua carteira de habilitação permitia, causou lesão corporal culposa em um transeunte, ao atingi-lo. Nessas situações, as penas impostas a Alfredo e a Alessandro serão agravadas, devendo o juiz aplicar as penas-base com especial atenção à culpabilidade e às circunstâncias e consequências do crime.

( ) Certo ( ) Errado

Gabarito: Certo

AGRAVANTES
I – com dano potencial para duas ou mais pessoas ou com grande risco de grave dano patrimonial a terceiros;
II – utilizando o veículo sem placas, com placas falsas ou adulteradas;
III – sem possuir Permissão para Dirigir ou Carteira de Habilitação;
IV – com Permissão para Dirigir ou Carteira de Habilitação de categoria diferente da do veículo;
V – quando a sua profissão ou atividade exigir cuidados especiais com o transporte de passageiros ou de carga;
VI – utilizando veículo em que tenham sido adulterados equipamentos ou características que afetem a sua segurança ou o seu funcionamento de acordo com os limites de velocidade prescritos nas especificações do fabricante;
VII – sobre faixa de trânsito temporária ou permanentemente destinada a pedestres.

18.4. ACIDENTE COM VÍTIMA

Nos casos em que houver acidente de trânsito com **vítima**, informa o art. 301 do CTB que **não** se imporá a **prisão em flagrante, nem se exigirá fiança** se o condutor do veículo **prestar pronto e integral socorro àquela.**

▸ Como esse assunto foi cobrado em concurso?

(Prefeitura do Rio de Janeiro - 2016) Após um acidente de trânsito, o condutor do veículo prestou pronto e integral socorro à vítima. Neste caso, **NÃO** pode ser aplicada a este condutor a:

a) imposição de prisão em flagrante, mas é permitida a exigência de fiança e a apreensão do veículo

b) imposição de prisão em flagrante e apreensão do veículo, mas é permitida a exigência de fiança

c) imposição de prisão em flagrante, bem como a exigência de fiança

d) exigência de fiança, bem como a apreensão de veículo

Gabarito: Alternativa C

18.5. CRIMES EM ESPÉCIE

São poucos os crimes em espécie presentes no CTB.

Assim, de modo a potencializar o seu entendimento e cercar todas as possíveis questões de prova, irei comentar cada artigo que trata dos referidos crimes.

Para começarmos, veja a lista de crimes presentes no CTB na tabela abaixo.

Lista de crimes de trânsito prevista no CTB – arts. 302 a 312
Art. 302. Praticar homicídio culposo na direção de veículo automotor;
Art. 303. Praticar lesão corporal culposa na direção de veículo automotor;
Art. 304. Deixar o condutor do veículo, na ocasião do acidente, de prestar imediato socorro à vítima, ou, não podendo fazê-lo diretamente, por justa causa, deixar de solicitar auxílio da autoridade pública;
Art. 305. Afastar-se o condutor do veículo do local do acidente, para fugir à responsabilidade penal ou civil que lhe possa ser atribuída;
Art. 306. Conduzir veículo automotor com capacidade psicomotora alterada em razão da influência de álcool ou de outra substância psicoativa que determine dependência;
Art. 307. Violar a suspensão ou a proibição de se obter a permissão ou a habilitação para dirigir veículo automotor imposta com fundamento neste Código;
Art. 308. Participar, na direção de veículo automotor, em via pública, de corrida, disputa ou competição automobilística ou ainda de exibição ou demonstração de perícia em manobra de veículo automotor, não autorizada pela autoridade competente, gerando situação de risco à incolumidade pública ou privada. (redação dada pela Lei nº 13.546/17)
Art. 309. Dirigir veículo automotor, em via pública, sem a devida Permissão para Dirigir ou Habilitação ou, ainda, se cassado o direito de dirigir, gerando perigo de dano;
Art. 310. Permitir, confiar ou entregar a direção de veículo automotor a pessoa não habilitada, com habilitação cassada ou com o direito de dirigir suspenso, ou, ainda, a quem, por seu estado de saúde, física ou mental, ou por embriaguez, não esteja em condições de conduzi-lo com segurança;

Lista de crimes de trânsito prevista no CTB – arts. 302 a 312
Art. 311. Trafegar em velocidade incompatível com a segurança nas proximidades de escolas, hospitais, estações de embarque e desembarque de passageiros, logradouros estreitos, ou onde haja grande movimentação ou concentração de pessoas, gerando perigo de dano;
Art. 312. Inovar artificiosamente, em caso de acidente automobilístico com vítima, na pendência do respectivo procedimento policial preparatório, inquérito policial ou processo penal, o estado de lugar, de coisa ou de pessoa, a fim de induzir a erro o agente policial, o perito, ou juiz;

▸ Como esse assunto foi cobrado em concurso?

(TRT 9ª Região - 2015) São crimes previstos no Código Brasileiro de Trânsito (Lei nº 9.503/1997), dentre outros,

a) praticar lesão corporal culposa na direção de veículo automotor; afastar-se o condutor do veículo do local do acidente, para fugir à responsabilidade penal ou civil que lhe possa ser atribuída; deixar o condutor do veículo, na ocasião do acidente, de prestar imediato socorro à vítima, ou, não podendo fazê-lo diretamente, por justa causa, deixar de solicitar auxílio da autoridade pública.

b) avançar o sinal vermelho do semáforo ou o de parada obrigatória; deixar de sinalizar qualquer obstáculo à livre circulação, à segurança de veículo e pedestres, tanto no leito da via terrestre como na calçada, ou obstaculizar a via indevidamente; trafegar em velocidade incompatível com a segurança nas proximidades de escolas, hospitais, estações de embarque e desembarque de passageiros, logradouros estreitos, ou onde haja grande movimentação ou concentração de pessoas, gerando perigo de dano.

c) praticar homicídio doloso na direção de veículo automotor; afastar-se o condutor do veículo do local do acidente, para fugir à responsabilidade penal ou civil que lhe possa ser atribuída; conduzir o veículo com dispositivo antirradar.

d) participar, na direção de veículo automotor, em via pública, de corrida, disputa ou competição automobilística não autorizada pela autoridade competente, gerando situação de risco à incolumidade pública ou privada; avançar o sinal vermelho do semáforo ou o de parada obrigatória; praticar homicídio culposo na direção de veículo automotor.

e) praticar homicídio culposo na direção de veículo automotor; usar no veículo equipamento com som em volume ou frequência que não sejam autorizados pelo CONTRAN; participar, na direção de veículo automotor, em via pública, de corrida, disputa ou competição automobilística não autorizada pela autoridade competente, gerando situação de risco à incolumidade pública ou privada.

Gabarito: Alternativa A. De acordo com os artigos 302 a 312 do CTB

*Art. 302. Praticar **homicídio culposo** na direção de veículo automotor:*

*Penas – **detenção, de dois a quatro anos, e suspensão ou proibição de se obter a permissão ou a habilitação para dirigir veículo automotor.***

*§ 1º No homicídio culposo cometido na direção de veículo automotor, **a pena é aumentada de 1/3 (um terço) à metade, se o agente:***

I – não possuir Permissão para Dirigir ou Carteira de Habilitação;

II – praticá-lo em faixa de pedestres ou na calçada;

III – deixar de prestar socorro, quando possível fazê-lo sem risco pessoal, à vítima do acidente;

IV – no exercício de sua profissão ou atividade, estiver conduzindo veículo de transporte de passageiros.

§ 3º Se o agente conduz veículo automotor sob a influência de álcool ou de qualquer outra substância psicoativa que determine dependência:

Penas – reclusão, de cinco a oito anos, e suspensão ou proibição do direito de se obter a permissão ou a habilitação para dirigir veículo automotor."

▸ Como esse assunto foi cobrado em concurso?

(FCC – Defensor Público – DPE - AM/2018) O homicídio culposo na direção de veículo automotor

a) depende da ausência de ingestão de bebida alcoólica, caso em que se verifica o dolo eventual.

b) a pena é aumentada de um terço até a metade se praticado na calçada.

c) tem como consequência facultativa da condenação a suspensão da habilitação para dirigir veículo automotor.

d) tem a mesma pena do homicídio culposo do Código Penal, mas tem causas de aumento de pena específicas.

e) na modalidade tentada permite a aplicação de pena restritiva de direitos.

Gabarito: Alternativa B

Em primeiro lugar, considere que a conduta prevista no *caput* é "Praticar homicídio **culposo** na direção de veículo automotor"

Veja que o crime em questão apenas existirá quando o condutor cometer o crime por imprudência, negligência ou imperícia.

De outro modo, caso o autor cometa o ato delituoso com intenção (dolo), **será crime, mas não de trânsito.**

Como esse assunto foi cobrado em concurso?

(Vunesp – Juiz de Direito – TJ – MT/2018) Se o agente conduzir veículo automotor sob a influência de álcool ou de qualquer outra substância psicoativa que determine dependência, e, por conta dessa condição, matar alguém, responderá pelo crime previsto

a) no Art. 306 do CTB: "Conduzir veículo automotor com capacidade psicomotora alterada em razão da influência de álcool ou de outra substância psicoativa que determine dependência" em concurso com o crime previsto no Art. 302 do CTB: "Praticar homicídio culposo na direção de veículo automotor".

b) no Art. 306 do CTB: "Conduzir veículo automotor com capacidade psicomotora alterada em razão da influência de álcool ou de outra substância psicoativa que determine dependência" em concurso com o crime previsto no Art. 121 do CP: "Matar alguém", tendo em vista que o CTB não previu a modalidade dolosa do homicídio.

c) no Art. 302 do CTB: "Praticar homicídio culposo na direção de veículo automotor" qualificado pelo "agente conduzir veículo automotor sob a influência de álcool ou de qualquer outra substância psicoativa que determine dependência".

d) no Art. 306 do CTB: "Conduzir veículo automotor com capacidade psicomotora alterada em razão da influência de álcool ou de outra substância psicoativa que determine dependência" em concurso com o crime previsto no Art. 121, parágrafo terceiro do CP: "Matar alguém" de forma culposa.

e) no Art. 121, parágrafo segundo, inciso III do CP: "Matar alguém" com "emprego de veneno, fogo, explosivo, asfixia, tortura ou outro meio insidioso ou cruel, ou de que possa resultar perigo comum".

Gabarito: Alternativa C

Outro ponto muito importante para a sua prova é o que toca às causas de **aumento de pena,** presentes no parágrafo 1º do artigo em estudo.

Como esse assunto foi cobrado em concurso?

(MPE – PR – Promotor de Justiça – MPE – PR/2019) Assinale das alternativas abaixo a única que não é considerada causa de aumento de pena para o autor do crime de homicídio culposo na direção de veículo automotor:

a) Não possuir Carteira de Habilitação.

b) Praticar o crime em faixa de pedestres.

c) Deixar de prestar socorro, quando possível fazê-lo sem risco pessoal, à vítima do acidente.

d) Estar com sua Carteira de Habilitação suspensa.

e) No exercício de sua profissão ou atividade, estiver conduzindo veículo de transporte de passageiros.

Gabarito: Alternativa D

Causas de aumento de pena não devem ser confundidas com as hipóteses de **agravamento** previstas no art. 298 (veja quadro do tópico 18.3).

▸ Como esse assunto foi cobrado em concurso?

(DETRAN/MT – 2015) Joana estava indo ao supermercado dirigindo seu automóvel, quando atropelou Ivanilda, que atravessava a rua na faixa de trânsito destinada a pedestres. Devido à gravidade dos ferimentos, Ivanilda morreu na hora.

Diante desse quadro, é correto afirmar:

a) Joana praticou o crime de lesão corporal gravíssima na direção de veículo automotor.

b) Joana praticou o crime de homicídio doloso, uma vez que o atropelamento ocorreu na faixa de pedestre.

c) Tendo em vista que Joana não tinha intenção de matar Ivanilda, não houve crime, mas a autoridade de trânsito poderá aplicar, cumulativamente, todas as medidas administrativas previstas no Código de Trânsito Brasileiro (CTB).

d) Joana praticou o crime de homicídio culposo na direção de veículo automotor e sua pena poderá ser aumentada de um terço à metade.

Gabarito: Alternativa D

▸ Como esse assunto foi cobrado em concurso?

(DPE/RO – 2015) Joaquim é motorista e dirigia seu veículo sob forte chuva. Ao se deparar com um pedestre desavisado, atropelou-o, causando sua morte. Considere as situações a seguir:

I. pedestre estar na faixa de pedestres ou calçada;

II. motorista ter prestado socorro à vítima;

III. motorista não possuir Carteira de Habilitação;

IV. pedestre ter atravessado a rua fora da faixa;

V. motorista ter como profissão a condução de veículo de transporte de passageiros.

A pena aplicável seria aumentada em um terço nos seguintes contextos apresentados:

a) I, II e III;

b) I, III e V;

c) II, III e IV;

d) II, III e V;

e) III, IV, V.

Gabarito: Alternativa B

Em dezembro de 2017 o artigo em questão sofreu importante alteração.

A Lei nº 13.546/17 incluiu no art. 302 o §3º, e aumentou a pena para o condutor que praticar o homicídio culposo na direção de veículo automotor e esteja sob a influência de álcool ou de qualquer outra substância psicoativa que determine dependência.

Nesta hipótese, o agente terá a penalidade de 5 a 8 anos de reclusão, além da suspensão ou proibição do direito de se obter a permissão ou a habilitação para dirigir veículo automotor.

> *Art. 303. Praticar* ***lesão corporal culposa*** *na direção de veículo automotor:*
>
> *Penas –* ***detenção, de seis meses a dois anos e suspensão ou proibição de se obter a permissão ou a habilitação para dirigir veículo automotor.***
>
> *§1º. Aumenta-se a pena de 1/3 (um terço) à metade, se ocorrer qualquer das hipóteses do § 1º do art. 302. (Redação dada pela Lei nº 13.546/17)*
>
> *§ 2º A pena privativa de liberdade é de reclusão de* ***dois a cinco anos****, sem prejuízo das outras penas previstas neste artigo,* ***se o agente conduz o veículo com capacidade psicomotora alterada em razão da influência de álcool ou de outra substância psicoativa que determine dependência, e se do crime resultar lesão corporal de natureza grave ou gravíssima.*** *" (Redação dada pela Lei nº 13.546/17)*

Perceba que o crime da prática de lesão corporal efetuado na direção de veículo automotor também só é admitido na modalidade **culposa**, o que, a bem da verdade é a regra no CTB.

Com o advento da Lei nº 13.546/17, agora também temos a previsão expressa de uma **pena mais pesada** para o condutor que cometer este crime com a capacidade psicomotora alterada em razão da influência de álcool ou outra substância psicoativa que determine a dependência.

Registre-se que a tipificação desta hipótese exige a existência de lesão corporal de natureza grave ou gravíssima.

Outro ponto digno de nota para provas e concursos, é que **as mesmas causas de agravamento de pena previstas para o crime do homicídio também se aplicam aqui.**

▸ Como esse assunto foi cobrado em concurso?

(DETRAN/SP – 2013) Os crimes de homicídio e lesão corporal previstos no CTB são

a) eventualmente culposos.

b) eventualmente dolosos.

c) culposos.

d) dolosos.

e) culposos e dolosos.

Gabarito: Alternativa C.

> **Como esse assunto foi cobrado em concurso?**
>
> **(Prefeitura do Rio de Janeiro – 2016)** As penas para aquele que praticar lesão corporal culposa na direção de veículo automotor são detenção de seis meses a dois anos e suspensão ou proibição de se obter a permissão ou a habilitação para dirigir veículo automotor. Contudo, caso o infrator, no exercício de sua profissão ou atividade, esteja conduzindo veículo de transporte de passageiros, a pena tem aumento:
>
> a) de 1/4 (um quarto) à 1/2 (metade)
>
> b) de 1/3 (um terço) à 1/2 (metade)
>
> c) de 1/4 (um quarto) ao dobro
>
> d) de 1/3 (um terço) ao dobro
>
> **Gabarito:** Alternativa B

Art. 304. ***Deixar o condutor do veículo, na ocasião do acidente, de prestar imediato socorro à vítima, ou, não podendo fazê-lo diretamente, por justa causa, deixar de solicitar auxílio da autoridade pública:***

Penas – ***detenção, de seis meses a um ano, ou multa, se o fato não constituir elemento de crime mais grave.***

Parágrafo único. ***Incide nas penas previstas neste artigo o condutor do veículo, ainda que a sua omissão seja suprida por terceiros ou que se trate de vítima com morte instantânea ou com ferimentos leves.***

Atenção para uma distinção importante.

O sujeito ativo deste crime é o **condutor que NÃO deu causa ao acidente!**

O condutor que deu causa ao evento estaria enquadrado no art. 303 (lesão corporal culposa) e não responderia pelo art. 304.

Ou seja, o sujeito ativo deste crime é o condutor do veículo que não deu causa ao acidente mas nele estava envolvido.

No tema em questão o tópico mais cobrado em prova é a informação presente no parágrafo único do art. 304, e sua cobrança é literal.

> **Como esse assunto foi cobrado em concurso?**
>
> **(DETRAN/MT – 2015)** No que se refere aos crimes de trânsito, analise as afirmativas.
>
> I – É circunstância que sempre agrava as penalidades dos crimes de trânsito ter o condutor do veículo cometido a infração utilizando o veículo sem placas, com placas falsas ou adulteradas.
>
> II – João atropelou Maria e fugiu. José passava pelo local do acidente, parou seu carro e socorreu Maria, que havia quebrado a perna. Tendo em vista que a omissão de João foi suprida por José, pode-se dizer que João não praticou nenhum crime previsto no Código de Trânsito Brasileiro (CTB).

III – Constitui crime deixar o condutor do veículo, na ocasião do acidente, de prestar imediato socorro à vítima, ou, não podendo fazê-lo diretamente, por justa causa, deixar de solicitar auxílio da autoridade pública.

IV – Ao condutor de veículo, nos casos de acidentes de trânsito de que resulte vítima, se imporá a prisão em flagrante, mesmo se prestar pronto e integral socorro à vítima.

Estão corretas as afirmativas

a) I e III.

b) II e IV.

c) II e III.

d) I e IV.

Gabarito: Alternativa A.

A hipótese I está de acordo com o art. 298, inciso II do CTB.

As hipóteses II e III encontram suas respostas no art. 304, lembrando que o erro da hipótese II está em dizer que como a omissão fora suprida não haveria crime.

A hipótese IV está incorreta de acordo com o art. 301 do CTB.

(CESPE 2019 – PRF) No item a seguir, é apresentada uma situação hipotética de crime de trânsito, seguida de uma assertiva a ser julgada, com base no disposto no Código de Trânsito Brasileiro.

Dirigindo seu veículo automotor, Luciano atropelou um transeunte, causando-lhe ferimentos leves. Luciano não prestou socorro à vítima nem solicitou auxílio da autoridade pública. Nessa situação, a conduta de Luciano será considerada atípica caso um terceiro tenha prestado apoio à vítima em seu lugar.

( ) Certo ( ) Errado

GABARITO: Errado. Vide artigo 304, § único.

Art. 305. ***Afastar-se o condutor do veículo do local do acidente, para fugir à responsabilidade penal ou civil que lhe possa ser atribuída:***

Penas – ***detenção, de seis meses a um ano, ou multa.***

O crime constante no artigo acima não se confunde com o crime previsto no art. 304 (omissão de socorro), uma vez que **naquele, o sujeito ativo ao não socorrer a vítima ou envidar ações para tanto, está causando danos diretos à vítima do acidente.**

▸ **Como esse assunto foi cobrado em concurso?**

(Cespe – Delegado de Polícia – PC – SE/2018) Julgue o item seguinte, referente a crimes de trânsito e a posse e porte de armas de fogo, de acordo com a jurisprudência e legislação pertinentes.

Situação hipotética: Após grave colisão de veículos, pessoas que transitavam pelo local — condutores de outros veículos e pedestres alheios ao evento — deixaram, sem justificativa, de prestar imediato socorro às vítimas. Assertiva: Nessa situação, os terceiros não envolvidos no acidente não responderão pelo crime de omissão de socorro previsto no Código de Trânsito Brasileiro.

( ) Certo ( ) Errado

Gabarito: Certo

Já no crime do art. 305, o ato não está ligado diretamente à vítima, mas sim ao intuito de ocultar sua culpa pela responsabilidade penal e civil (pecuniária) que porventura lhe possa ser atribuído.

Agora iremos tratar de um dos crimes mais importantes do CTB e de alta relevância social.

> *Art. 306.* ***Conduzir veículo automotor com capacidade psicomotora alterada em razão da influência de álcool ou de outra substância psicoativa que determine dependência:***
>
> *Penas –* ***detenção, de seis meses a três anos, multa e suspensão ou proibição de se obter a permissão ou a habilitação para dirigir veículo automotor.***
>
> *§ 1º As condutas previstas no caput serão* ***constatadas*** *por:*
>
> *I –* ***concentração igual ou superior a 6 decigramas de álcool por litro de sangue ou igual ou superior a 0,3 miligrama de álcool por litro de ar alveolar; ou***
>
> *II –* ***sinais que indiquem, na forma disciplinada pelo Contran, alteração da capacidade psicomotora.***
>
> *§ 2º* ***A verificação do disposto neste artigo poderá ser obtida mediante teste de alcoolemia ou toxicológico, exame clínico, perícia, vídeo, prova testemunhal ou outros meios de prova em direito admitidos, observado o direito à contraprova.***
>
> *§ 3º O Contran disporá sobre a equivalência entre os distintos testes de alcoolemia ou toxicológicos para efeito de caracterização do crime tipificado neste artigo.*
>
> *§ 4º Poderá ser empregado qualquer aparelho homologado pelo Instituto Nacional de Metrologia, Qualidade e Tecnologia - INMETRO – para se determinar o previsto no caput.* (Incluído pela Lei nº 13.840, de 2019)

Como esse assunto foi cobrado em concurso?

(Cespe – Perito Criminal – PF/2018) Dois motoristas, Pedro e José, foram levados à central de flagrantes da polícia civil após terem sido parados em uma blitz no trânsito. Segundo a polícia civil, Pedro, de trinta e dois anos de idade, foi submetido ao teste do bafômetro, durante a blitz, e o resultado mostrou 0,68 miligramas de álcool por litro de ar expelido. Ele pagou fiança e deverá responder em liberdade por crime de trânsito. Conforme os policiais, José, de vinte e dois anos de idade, se recusou a submeter-se ao teste do bafômetro, mas o médico legista do Instituto Médico Legal (IML) que o examinou comprovou alteração da capacidade psicomotora em razão do consumo de substância psicoativa que determina dependência. José também pagou fiança para ser liberado.

Com relação a essa situação hipotética, julgue o item a seguir.

A conduta de conduzir veículo automotor com capacidade psicomotora alterada em razão da influência de substância psicoativa que não seja bebida alcóolica não está prevista como crime no Código de Trânsito Brasileiro.

( ) Certo ( ) Errado

Gabarito: Errado.

O crime de conduzir veículo automotor com capacidade psicomotora alterada em razão da influência de álcool ou de outra substância psicoativa que determine dependência, não pode ser confundido com as infrações administrativas previstas nos arts. 165 e 165-A do CTB.

Relembre os textos citados:

> ***Art. 165. Dirigir sob a influência de álcool ou de qualquer outra substância psicoativa que determine dependência:***
>
> *Infração – gravíssima;*
>
> *Penalidade – multa (dez vezes) e suspensão do direito de dirigir por 12 (doze) meses.*
>
> *Medida administrativa – recolhimento do documento de habilitação e retenção do veículo, observado o disposto no § 4º do art. 270 da Lei nº 9.503, de 23 de setembro de 1997 – do Código de Trânsito Brasileiro.*
>
> *Parágrafo único. Aplica-se em dobro a multa prevista no caput em caso de reincidência no período de até 12 (doze) meses.*
>
> ***Art. 165-A. Recusar-se a ser submetido a teste, exame clínico, perícia ou outro procedimento que permita certificar influência de álcool ou outra substância psicoativa, na forma estabelecida pelo art. 277:***
>
> *Infração – gravíssima;*
>
> *Penalidade – multa (dez vezes) e suspensão do direito de dirigir por 12 (doze) meses;*

Medida administrativa – recolhimento do documento de habilitação e retenção do veículo, observado o disposto no § 4º do art. 270.

Parágrafo único. Aplica-se em dobro a multa prevista no **caput** *em caso de reincidência no período de até 12 (doze) meses*

Para a configuração da infração do art. 165, basta que o condutor esteja dirigindo sob a influência de substância proibida, seja qual for o nível de concentração desta substância no organismo, por isso inclusive que se fala em "lei seca" e "tolerância zero".

Já a infração do art. 165-A é mais simples ainda de ser observada, uma vez que basta a mera **recusa** à submissão aos testes previstos na medida administrativa do art. 277 para que a infração aconteça.

O crime em estudo (art. 306) guarda diferenças, mínimas é verdade, com as infrações acima.

Em primeiro lugar, caso haja recusa ao teste do etilômetro, por exemplo**, se o agente de trânsito constatar um conjunto de sinais que relevem a direção sob a influência de alguma substância proibida, o crime estará caracterizado.**

Da mesma forma, de acordo com a Resolução nº 432/13 do CONTRAN, **prova em vídeo, testemunhas, fotos, etc, são capazes de demonstrar a ocorrência do crime.**

Claro que não podemos esquecer a concentração de álcool no sangue ou no ar alveolar.

▸ Como esse assunto foi cobrado em concurso?

(PC/SP – 2014) Dispõe o Código de Trânsito Brasileiro, em seu artigo 306: "Conduzir veículo automotor com capacidade psicomotora alterada em razão da influência de álcool ou de outra substância psicoativa que determine dependência". Caracteriza o crime mencionado a constatação de concentração igual ou superior a

a) 7 centigramas de álcool por litro de sangue ou igual ou superior a 0,04 miligramas de álcool por litro de ar alveolar.

b) 4 decigramas de álcool por litro de sangue ou igual ou superior a 0,1 miligrama de álcool por litro de ar alveolar.

c) 5 decigramas de álcool por litro de sangue ou igual ou superior a 0,2 miligramas de álcool por litro de ar alveolar.

d) 6 decigramas de álcool por litro de sangue ou igual ou superior a 0,3 miligramas de álcool por litro de ar alveolar.

e) 8 centigramas de álcool por litro de sangue ou igual ou superior a 0,05 miligramas de álcool por litro de ar alveolar.

Gabarito: Alternativa D

▸ **Como esse assunto foi cobrado em concurso?**

(PRF/2019) Situação hipotética:

Em uma operação de fiscalização, na abordagem de um veículo automotor, o policial rodoviário federal, ao notar que o condutor do veículo apresentava vermelhidão nos olhos, odor de álcool no hálito, desordem nas vestes e fala alterada, solicitou que o motorista se submetesse ao competente teste, mas o etilômetro apresentou súbita pane, tornando-se inservível para o teste. Nessa situação, diante da impossibilidade de confirmar alteração da capacidade psicomotora do condutor, o policial ficou impedido de lavrar o auto de infração pela conduta de direção sob a influência de álcool prevista no CTB.

( ) Certo ( ) Errado

Gabarito: Errado. Neste caso o PRF deveria ter lavrado o auto de infração referente à infração prevista no artigo 165 do CTB com base nos sinais de embriagues.

Outro aspecto importante neste crime é definir se ele se trata de crime de perigo de dano ou crime de perigo abstrato.

Atualmente a doutrina se divide. Uma corrente defende ser este um **crime de perigo abstrato presumido**, e outra defende ser este um **crime de perigo abstrato de perigosidade real**, onde seria necessário comprovar que efetivamente a capacidade psicomotora estaria alterada, como por exemplo: dirigir na contramão, em alta ou baixa velocidade, de forma desorientada, etc...

O **STJ** já firmou seu entendimento, e fixou ser este um **crime de perigo abstrato presumido.**

> PENAL E PROCESSO PENAL. AGRAVO REGIMENTAL EM RECURSO ESPECIAL. **EMBRIAGUEZ AO VOLANTE. DELITO DE TRÂNSITO PRATICADO APÓS A LEI N.º 12.760/12. CRIME DE PERIGO ABSTRATO. DEMONSTRAÇÃO DE POTENCIALIDADE LESIVA DISPENSABILIDADE. AFERIÇÃO POR ETILÔMETRO. CONCENTRAÇÃO DE ÁLCOOL MAIOR QUE A PERMITIDA POR LEI. TIPICIDADE.** AGRAVO REGIMENTAL NÃO PROVIDO.
>
> 1. A alteração da capacidade motora em razão da influência de álcool ou de outra substância psicoativa que determine dependência, consoante o § 2º do art. 306 do Código de Trânsito Brasileiro, com a redação dada pela Lei 12.760/2012, é regra de cunho relativo à prova, que poderá ser constatada por teste de alcoolemia, como na hipótese, **ou outros meios de prova em direito admitidos, sendo despicienda a demonstração de efetiva potencialidade lesiva da conduta.**
>
> 2. O exame clínico realizado pelo oficial médico perito não é suficiente para, nessa fase processual, afastar a tipicidade da conduta, até porque, mesmo tendo sido realizado horas depois, concluiu que o acusado apresentava hálito de odor etílico, com resultado positivo para a ingestão de bebida alcoólica, embora negativo para a embriaguez.

3. Agravo regimental improvido.

(AgRg no REsp 1638451/RJ, Rel. Ministra MARIA THEREZA DE ASSIS MOURA, SEXTA TURMA, julgado em 02/05/2017, DJe 11/05/2017)

Art. 307. ***Violar a suspensão ou a proibição de se obter a permissão ou a habilitação para dirigir veículo automotor imposta com fundamento neste Código:***

Penas – ***detenção, de seis meses a um ano e multa, com nova imposição adicional de idêntico prazo de suspensão ou de proibição.***

Parágrafo único. ***Nas mesmas penas incorre o condenado que deixa de entregar, no prazo estabelecido no § 1º do art. 293, a Permissão para Dirigir ou a Carteira de Habilitação.***

Uma vez aplicada a penalidade de suspensão ou de proibição de se obter a permissão ou a habilitação para dirigir veículo automotor, **a sua violação gera o crime expresso no art. 307 do CTB.**

▸ Como esse assunto foi cobrado em concurso?

(Vunesp – Analista Jurídico – MPE – SP/2018) Sobre os crimes de trânsito, previstos no Código Nacional de Trânsito, é correto afirmar:

a) prevê como crime a conduta de violar a suspensão ou a proibição de se obter a permissão ou a habilitação para dirigir veículo automotor imposta como penalidade à infração de trânsito.

b) a pena de suspensão ou proibição de se obter a permissão ou habilitação para dirigir veículo automotor não se aplicará isoladamente, sendo cumulada a outras penalidades.

c) a pena de suspensão ou proibição de se obter a permissão ou habilitação para dirigir veículo automotor, por expressa previsão legal, prescreve em 03 (três) anos.

d) é circunstância que sempre agrava as penalidades dos crimes de trânsito ter o condutor do veículo cometido a infração, sob influência do álcool.

e) prevê como crime deixar o condutor do veículo, na ocasião do acidente, de prestar imediato socorro à vítima, excepcionada a hipótese de morte instantânea.

Gabarito: Alternativa A

Veja que pela dicção do *caput*, o crime é cometido apenas quando a violação se dá com a suspensão imposta pelo **juízo penal**, eis que a suspensão ou proibição estão previstas no já estudado art. 293 referente aos crimes, e não à parte administrativa do código em seu artigo 261, uma vez que esta inclusive é imposta pela **autoridade de trânsito**.

O tema até hoje desperta controvérsia e mudança de posições, como ocorreu recentemente no estado do Rio Grande do Sul:

> APELAÇÃO-CRIME. **DELITO DE TRÂNSITO. ART. 307 DO CTB. DIRIGIR VEÍCULO COM HABILITAÇÃO SUSPENSA. MUDANÇA DE ORIENTAÇÃO. 1. *Para aperfeiçoar o tipo penal previsto no art. 307 do CTB, necessária a existência de decisão judicial. 2. A hipótese de suspensão administrativa, em decorrência de aplicação das normas do art. 261 da Lei n. 9. 503/97, não permite a integração da essentialia do tipo. 3. Atipicidade de conduta reconhecida.* RECURSO PROVIDO.** (Recurso *Crime Nº 71007121635, Turma Recursal Criminal, Turmas Recursais, Relator: Edson Jorge Cechet, Julgado em 25/09/2017)*

A conclusão do julgado acima ganha força quando é feita a **análise do parágrafo único do artigo 307**, uma vez que este faz referência ao **parágrafo 1º do artigo 293** que trata em seu *caput* exatamente da **penalidade de suspensão ou de proibição de se obter a permissão ou a habilitação, para dirigir veículo automotor.**

> *Art. 308. Participar, na direção de veículo automotor, em via pública, de corrida, disputa ou competição automobilística ou ainda de exibição ou demonstração de perícia em manobra de veículo automotor, não autorizada pela autoridade competente, gerando situação de risco à incolumidade pública ou privada: (Redação dada pela Lei nº 13.546/17)*
>
> *Penas – **detenção, de 6 (seis) meses a 3 (três) anos, multa e suspensão ou proibição de se obter a permissão ou a habilitação para dirigirveículo automotor.***
>
> *§ 1º **Se da prática do crime previsto no caput resultar lesão corporal de natureza grave, e as circunstâncias demonstrarem que o agente não quis o resultado nem assumiu o risco de produzi-lo, a pena privativa de liberdade é de reclusão, de 3 (três) a 6 (seis) anos, sem prejuízo das outras penas previstas neste artigo.***
>
> *§ 2º **Se da prática do crime previsto no caput resultar morte, e as circunstâncias demonstrarem que o agente não quis o resultado nem assumiu o risco de produzi-lo, a pena privativa de liberdade é de reclusão de 5 (cinco) a 10 (dez) anos, sem prejuízo das outras penas previstas neste artigo.***

O cometimento do crime previsto no art. 308 deve ser distinguido da infração presente no art. 174 do CTB, eis que sem a autorização para a realização de eventos de competição, a **mera participação** na direção do veículo automotor em via pública de qualquer dos atos inscritos no *caput* do art. 308, **desde que gere risco à incolumidade pública ou privada já enquadra o autor no tipo delituoso.**

> *Art. 309. **Dirigir veículo automotor, em via pública, sem a devida Permissão para Dirigir ou Habilitação ou, ainda, se cassado o direito de dirigir, gerando perigo de dano:***
>
> *Penas – **detenção, de seis meses a um ano, ou multa.***

Inicialmente você já deve analisar que o crime em questão é de **perigo concreto**. Ou seja, **não basta a simples condução de veículo automotor** em via pública sem PPD ou habilitação, ou estando com o direito de dirigir cassado **para que o**

crime seja praticado. É necessário demonstrar o real perigo a alguém ou à coletividade.

> **Como esse assunto foi cobrado em concurso?**
>
> **(CEBRASPE – PF - 2019)** Wellington, maior e capaz, sem habilitação ou permissão para dirigir veículo automotor, tomou emprestado de Sandro, também maior e capaz, seu veículo, para visitar a namorada em um bairro próximo àquele onde ambos residiam. Sandro, mesmo ciente da falta de habilitação de Wellington, emprestou o veículo.
>
> Considerando a situação hipotética apresentada, julgue o item que se segue, à luz do Código de Trânsito Brasileiro.
>
> Wellington responderá por crime de trânsito, independentemente de gerar perigo de dano ao conduzir o veículo.
>
> ( ) Certo ( ) Errado
>
> **Gabarito: Errado. De acordo com o artigo 309, trata-se de crime de crime de perigo de dano.**

Assim, alguém que NÃO é habilitado estará cometendo infração de trânsito (art. 162, I do CTB), **mas não crime**, caso esteja conduzindo o veículo obedecendo à sinalização, de forma correta e sem gerar risco à terceiros.

Importante lembrar que de acordo com a súmula 720 do STF "*O art. 309 do Código de Trânsito Brasileiro, que reclama decorra do fato* ***perigo de dano, derrogou*** *o art. 32 da Lei das Contravenções Penais no* ***tocante à direção sem habilitação em vias terrestres***."

Isto porque o referido artigo (32 da Lei de Contravenções Penais) pontua como contravenção o fato de simplesmente dirigir sem habilitação, **o que é enquadrado como crime de perigo abstrato.**

> *Art. 310.* ***Permitir, confiar ou entregar a direção de veículo automotor a pessoa não habilitada, com habilitação cassada ou com o direito de dirigir suspenso, ou, ainda, a quem, por seu estado de saúde, física ou mental, ou por embriaguez, não esteja em condições de conduzi-lo com segurança:***
>
> *Penas –* ***detenção, de seis meses a um ano, ou multa.***

O crime aqui previsto apresenta alguns pontos de extrema importância para o conhecimento geral e especialmente para provas de concursos.

O principal sem sombra de dúvidas **é a característica de crime de perigo abstrato.**

Neste particular irei citar o entendimento do **STJ publicado no informativo nº 563**, que trata profundamente de todos os aspectos relevantes:

DIREITO PENAL. CARACTERIZAÇÃO DO CRIME DE ENTREGA DE DIREÇÃO DE VEÍCULO AUTOMOTOR A PESSOA NÃO HABILITADA. RECURSO REPETITIVO (ART. 543-C DO CPC E RES. 8/2008-STJ). TEMA 901.

É de perigo abstrato o crime previsto no art. 310 do Código de Trânsito Brasileiro.

Assim, não é exigível, para o aperfeiçoamento do crime, a ocorrência de lesão ou de perigo de dano concreto na conduta de quem permite, confia ou entrega a direção de veículo automotor a pessoa não habilitada, com habilitação cassada ou com o direito de dirigir suspenso, ou ainda a quem, por seu estado de saúde, física ou mental, ou por embriaguez, não esteja em condições de conduzi-lo com segurança.

Ao contrário do que estabelece o crime imediatamente anterior (art. 309), ou mesmo o posterior (art. 311), nos quais o tipo exige que a ação se dê **"gerando perigo de dano", não há tal indicação na figura delitiva prevista no art. 310.**

Pode parecer uma incoerência que se exija a produção de perigo de dano para punir quem dirige veículo automotor, em via pública, sem a devida Permissão para Dirigir ou Habilitação (art. 309) e se dispense o risco concreto de dano para quem contribui para tal conduta, entregando o automóvel a quem sabe não habilitado ou, o que é pior, a quem notoriamente não se encontra em condições físicas ou psíquicas, pelas circunstâncias indicadas no tipo penal, de conduzir veículo automotor.

Duas considerações, porém, enfraquecem essa aparente contradição.

Em primeiro lugar, o legislador foi claro, com a redação dada aos arts. 309 e 311, em não exigir a geração concreta de risco na conduta positivada no art. 310. Poderia fazê-lo, mas preferiu contentar-se com a deliberada criação de um risco para um número indeterminado de pessoas por quem permite a outrem, nas situações indicadas, a condução de veículo automotor em via pública.

Em segundo lugar, não há total identidade das situações previstas nos arts. 309 e 310.

Naquela, cinge-se o tipo a punir quem dirige sem habilitação; nesta, pune-se quem permite, confia ou entrega a direção de veículo automotor tanto a pessoa não habilitada, com habilitação cassada ou com o direito de dirigir suspenso quanto a quem, por seu estado de saúde, física ou mental, ou por embriaguez, não esteja em condições de conduzi-lo com segurança.

Trata-se, na verdade, de uma visão que deve repousar mais corretamente no incremento do risco ocasionado com a entrega da direção de veículo para pessoa não habilitada ou em quaisquer das outras hipóteses legais.

Conforme entendimento doutrinário, em todas essas situações, a definição do risco permitido delimita, concretamente, o dever de cuidado para realizar a ação perigosa de dirigir veículo automotor em vias urbanas e rurais, explicando o atributo objetivo contido no dever de cuidado objetivo.

A violação da norma constitui a criação de um risco não permitido, culminando, com o desvalor da ação, na lesão ao dever de cuidado objetivo.

Por todo exposto, afigura-se razoável atribuir ao crime materializado no art. 310 a natureza de crime de perigo abstrato, ou, sob a ótica ex ante, de crime de perigo abstrato-concreto, em que, embora não baste a mera realização de uma conduta, não se exige, a seu turno, a criação de ameaça concreta a algum bem jurídico e muito menos lesão a ele.

Basta a produção de um ambiente de perigo em potencial, em abstrato, de modo que a atividade descrita no tipo penal crie condições para afetar os interesses juridicamente relevantes, não condicionados, porém, à efetiva ameaça de um determinado bem jurídico.

Embora seja legítimo aspirar a um Direito Penal de mínima intervenção, não pode a dogmática penal descurar de seu objetivo de proteger bens jurídicos de reconhecido relevo, assim entendidos, na dicção de Claus Roxin, como "interesses humanos necessitados de proteção penal", qual a segurança do tráfego viário.

Não se pode, assim, esperar a concretização de danos ou exigir a demonstração de riscos concretos a terceiros para a punição de condutas que, a priori, representam potencial produção de danos a pessoas indeterminadas, que trafeguem ou caminhem no espaço público.

O subsistema social do tráfego viário exige o respeito a regras de observância generalizada, sem o qual se enfraquece o princípio da confiança (aqui entendido, conforme o pensamento de Roxin, como princípio de orientação capaz de indicar os limites do cuidado objetivo esperado ou do risco permitido), indispensável para o bom funcionamento do trânsito e a segurança de todos.

Não se exclui, por óbvio, a possibilidade de ocorrerem situações nas quais a total ausência de risco potencial à segurança viária afaste a incidência do direito penal, como se poderia concluir do exemplo de quem, desejando carregar uma caminhonete com areia, pede ao seu ajudante, não habilitado, que realize uma manobra de poucos metros, em área rural desabitada e sem movimento, para melhor posicionar a carroceria do automóvel. Faltaria tipicidade material a tal comportamento, absolutamente inidôneo para pôr em risco a segurança de terceiros.

Portanto, na linha de entendimento de autorizada doutrina, o art. 310, mais do que tipificar uma conduta idônea a lesionar, estabelece um dever de garante ao possuidor do veículo automotor. Neste caso, estabelece-se um dever de não permitir, confiar ou entregar a direção de um automóvel a determinadas pessoas, indicadas no tipo penal, com ou sem habilitação, com problemas psíquicos ou físicos, ou embriagadas, ante o perigo geral que encerra a condução de um veículo nessas condições.

> Precedentes citados: RHC 48.817-MG, Quinta Turma, DJe 28/11/2014; e AgRg no RHC 41.922-MG, Quinta Turma, DJe 15/4/2014. REsp 1.485.830-MG, Rel. Min. Sebastião Reis Júnior, Rel. para acórdão Min. Rogerio Schietti Cruz, Terceira Seção, julgado em 11/3/2015, DJe 29/5/2015.

Finalizando o tema, o mesmo STJ editou a súmula nº 575, com a seguinte redação: *"Constitui crime a conduta de permitir, confiar ou entregar a direção de veículo automotor a pessoa que não seja habilitada, ou que se encontre em qualquer das situações previstas no art. 310 do CTB, independentemente da ocorrência de lesão ou de perigo de dano concreto na condução do veículo".*

> Art. 311. **Trafegar em velocidade incompatível com a segurança nas proximidades de escolas, hospitais, estações de embarque e desembarque de passageiros, logradouros estreitos, ou onde haja grande movimentação ou concentração de pessoas, gerando perigo de dano:**
>
> Penas – **detenção, de seis meses a um ano, ou multa.**

Estamos diante de um **crime de perigo de dano.**

Trafegar em velocidade incompatível com a segurança nem sempre representa uma condução acima do limite de velocidade. Existem situações onde mesmo dentro dos parâmetros ordinários as circunstâncias presentes no momento do ato exigiriam uma condução mais cautelosa de modo a não expor a risco a integridade física de outrem, como é o caso do **grande fluxo de crianças nas proximidades de escolas, passeatas, etc.**

▸ Como esse assunto foi cobrado em concurso?

(PC/CE – 2015) O Sobre o Código de Trânsito Brasileiro, está correto afirmar que:

a) a punição da conduta de participação em racha (artigo 308), está condicionada à ocorrência de acidente.

b) o agente que deixa de prestar socorro à vítima em acidente de trânsito fica isento de pena, quando essa omissão for suprida por terceiros.

c) a conduta de violar ordem de suspensão para dirigir veículo automotor é punida, administrativamente, com nova suspensão.

d) o crime do artigo 311 exige perigo de dano para a conduta de trafegar em velocidade incompatível com a segurança nas proximidades de escolas.

e) a conduta de entregar a direção de veículo automotor à pessoa não habilitada é punida, administrativamente, com suspensão do direito de dirigir pelo prazo previsto em lei.

Gabarito: Alternativa D

> Art. 312. **Inovar artificiosamente, em caso de acidente automobilístico com vítima, na pendência do respectivo procedimento policial preparatório, inquérito policial ou processo penal, o estado de lugar, de coisa ou de pessoa, a fim de induzir a erro o agente policial, o perito, ou juiz:**

> Penas – **detenção, de seis meses a um ano, ou multa.**
>
> Parágrafo único. **Aplica-se o disposto neste artigo, ainda que não iniciados, quando da inovação, o procedimento preparatório, o inquérito ou o processo aos quais se refere.**

O último crime previsto na legislação de trânsito tem o condão de **inibir e punir a atitude do agente de alterar deliberadamente a cena de um acidente com o escopo de prejudicar a apuração de responsabilidades.**

Devemos lembrar ainda da informação prevista no art. 279 do CTB que trata do **tacógrafo**:

> Art. 279. ***Em caso de acidente com vítima, envolvendo veículo equipado com registrador instantâneo de velocidade e tempo, somente o perito oficial encarregado do levantamento pericial poderá retirar o disco ou unidade armazenadora do registro.***

Tal artigo é de suma importância neste momento, uma vez que a **retirada do tacógrafo na situação acima daria azo ao crime em estudo**, pois haveria a inovação artificiosa de coisa com o intuito de induzir a erro os agentes públicos.

Não haverá crime se houver alteração da cena **sem a vontade manifesta de levar a erro às autoridades, como por exemplo na hipótese de tirar os veículos da pista para evitar outro acidente ainda maior, uma vez que o crime em estudo admite apenas a modalidade dolosa**.

> Art. 312-A. **Para os crimes relacionados nos arts. 302 a 312 deste Código, nas situações em que o juiz aplicar a substituição de pena privativa de liberdade por pena restritiva de direitos, esta deverá ser de prestação de serviço à comunidade ou a entidades públicas, em uma das seguintes atividades:**
>
> **I – trabalho, aos fins de semana, em equipes de resgate dos corpos de bombeiros e em outras unidades móveis especializadas no atendimento a vítimas de trânsito;**
>
> **II – trabalho em unidades de pronto-socorro de hospitais da rede pública que recebem vítimas de acidente de trânsito e politraumatizados;**
>
> **III – trabalho em clínicas ou instituições especializadas na recuperação de acidentados de trânsito;**
>
> **IV – outras atividades relacionadas ao resgate, atendimento e recuperação de vítimas de acidentes de trânsito.**

Como os crimes de trânsito admitem a substituição da pena privativa de liberdade por restritiva de direitos, **a Lei nº 13.281/16 inovou e apresentou o rol de atividades que podem ser objeto de tal substituição. Sendo todas elas voltadas obviamente ao atendimento de vítimas de trânsito.**

Finalmente, a Lei nº 14.701/20, instituiu o artigo 312-B no CTB com o objetivo de impedir que nos crimes previstos no §3º do art. 302 e no §2º do art. 303 do CTB (crimes praticados com capacidade psicomotora alterada em razão da influência de álcool ou de outra substância psicoativa que determine dependência) se aplique a possibilidade de **pena restritivas de direitos em substituição às privativas de liberdade.**

Capítulo XIX

Anexos

19.1. ANEXO I DO CTB – DOS CONCEITOS E DEFINIÇÕES

ANEXO I DO CTB
DOS CONCEITOS E DEFINIÇÕES

Para efeito deste Código adotam-se as seguintes definições:

ACOSTAMENTO – parte da via diferenciada da pista de rolamento destinada à parada ou estacionamento de veículos, em caso de emergência, e à circulação de pedestres e bicicletas, quando não houver local apropriado para esse fim.

AGENTE DA AUTORIDADE DE TRÂNSITO – pessoa, civil ou policial militar, credenciada pela autoridade de trânsito para o exercício das atividades de fiscalização, operação, policiamento ostensivo de trânsito ou patrulhamento.

AR ALVEOLAR – ar expirado pela boca de um indivíduo, originário dos alvéolos pulmonares. (Incluído pela Lei nº 12.760, de 2012)

ÁREA DE ESPERA - área delimitada por 2 (duas) linhas de retenção, destinada exclusivamente à espera de motocicletas, motonetas e ciclomotores, junto à aproximação semafórica, imediatamente à frente da linha de retenção dos demais veículos.

AUTOMÓVEL – veículo automotor destinado ao transporte de passageiros, com capacidade para até oito pessoas, exclusive o condutor.

AUTORIDADE DE TRÂNSITO – dirigente máximo de órgão ou entidade executivo integrante do Sistema Nacional de Trânsito ou pessoa por ele expressamente credenciada.

BALANÇO TRASEIRO – distância entre o plano vertical passando pelos centros das rodas traseiras extremas e o ponto mais recuado do veículo, considerando-se todos os elementos rigidamente fixados ao mesmo.

BICICLETA – veículo de propulsão humana, dotado de duas rodas, não sendo, para efeito deste Código, similar à motocicleta, motoneta e ciclomotor.

BICICLETÁRIO – local, na via ou fora dela, destinado ao estacionamento de bicicletas.

BONDE – veículo de propulsão elétrica que se move sobre trilhos.

BORDO DA PISTA – margem da pista, podendo ser demarcada por linhas longitudinais de bordo que delineiam a parte da via destinada à circulação de veículos.

CALÇADA – parte da via, normalmente segregada e em nível diferente, não destinada à circulação de veículos, reservada ao trânsito de pedestres e, quando possível, à implantação de mobiliário urbano, sinalização, vegetação e outros fins.

CAMINHÃO-TRATOR – veículo automotor destinado a tracionar ou arrastar outro.

CAMINHONETE – veículo destinado ao transporte de carga com peso bruto total de até três mil e quinhentos quilogramas.

CAMIONETA – veículo misto destinado ao transporte de passageiros e carga no mesmo compartimento.

CANTEIRO CENTRAL – obstáculo físico construído como separador de duas pistas de rolamento, eventualmente substituído por marcas viárias (canteiro fictício).

CAPACIDADE MÁXIMA DE TRAÇÃO – máximo peso que a unidade de tração é capaz de tracionar, indicado pelo fabricante, baseado em condições sobre suas limitações de geração e multiplicação de momento de força e resistência dos elementos que compõem a transmissão.

CARREATA – deslocamento em fila na via de veículos automotores em sinal de regozijo, de reivindicação, de protesto cívico ou de uma classe.

CARRO DE MÃO – veículo de propulsão humana utilizado no transporte de pequenas cargas.

CARROÇA – veículo de tração animal destinado ao transporte de carga.

CATADIÓPTRICO – dispositivo de reflexão e refração da luz utilizado na sinalização de vias e veículos (olho-de-gato).

CHARRETE – veículo de tração animal destinado ao transporte de pessoas.

CICLO – veículo de pelo menos duas rodas a propulsão humana.

CICLOFAIXA – parte da pista de rolamento destinada à circulação exclusiva de ciclos, delimitada por sinalização específica.

CICLOMOTOR - veículo de 2 (duas) ou 3 (três) rodas, provido de motor de combustão interna, cuja cilindrada não exceda a 50 cm3 (cinquenta centímetros cúbicos), equivalente a 3,05 pol3 (três polegadas cúbicas e cinco centésimos), ou de motor de propulsão elétrica com potência máxima de 4 kW (quatro quilowatts), e cuja velocidade máxima de fabricação não exceda a 50 Km/h (cinquenta quilômetros por hora).

CICLOVIA – pista própria destinada à circulação de ciclos, separada fisicamente do tráfego comum.

CONVERSÃO – movimento em ângulo, à esquerda ou à direita, de mudança da direção original do veículo.

CRUZAMENTO – interseção de duas vias em nível.

DISPOSITIVO DE SEGURANÇA – qualquer elemento que tenha a função específica de proporcionar maior segurança ao usuário da via, alertando-o sobre situações de perigo que possam colocar em risco sua integridade física e dos demais usuários da via, ou danificar seriamente o veículo.

ESTACIONAMENTO – imobilização de veículos por tempo superior ao necessário para embarque ou desembarque de passageiros.

ESTRADA – via rural não pavimentada.

ETILÔMETRO – aparelho destinado à medição do teor alcoólico no ar alveolar. (Incluído pela Lei nº 12.760, de 2012)

FAIXAS DE DOMÍNIO – superfície lindeira às vias rurais, delimitada por lei específica e sob responsabilidade do órgão ou entidade de trânsito competente com circunscrição sobre a via.

FAIXAS DE TRÂNSITO – qualquer uma das áreas longitudinais em que a pista pode ser subdividida, sinalizada ou não por marcas viárias longitudinais, que tenham uma largura suficiente para permitir a circulação de veículos automotores.

FISCALIZAÇÃO – ato de controlar o cumprimento das normas estabelecidas na legislação de trânsito, por meio do poder de polícia administrativa de trânsito, no âmbito de circunscrição dos órgãos e entidades executivos de trânsito e de acordo com as competências definidas neste Código.

FOCO DE PEDESTRES – indicação luminosa de permissão ou impedimento de locomoção na faixa apropriada.

FREIO DE ESTACIONAMENTO – dispositivo destinado a manter o veículo imóvel na ausência do condutor ou, no caso de um reboque, se este se encontra desengatado.

FREIO DE SEGURANÇA OU MOTOR – dispositivo destinado a diminuir a marcha do veículo no caso de falha do freio de serviço.

FREIO DE SERVIÇO – dispositivo destinado a provocar a diminuição da marcha do veículo ou pará-lo.

GESTOS DE AGENTES – movimentos convencionais de braço, adotados exclusivamente pelos agentes de autoridades de trânsito nas vias, para orientar, indicar o direito de passagem dos veículos ou pedestres ou emitir ordens, sobrepondo-se ou completando outra sinalização ou norma constante deste Código.

GESTOS DE CONDUTORES – movimentos convencionais de braço, adotados exclusivamente pelos condutores, para orientar ou indicar que vão efetuar uma manobra de mudança de direção, redução brusca de velocidade ou parada.

ILHA – obstáculo físico, colocado na pista de rolamento, destinado à ordenação dos fluxos de trânsito em uma interseção.

INFRAÇÃO – inobservância a qualquer preceito da legislação de trânsito, às normas emanadas do Código de Trânsito, do Conselho Nacional de Trânsito e a regulamentação estabelecida pelo órgão ou entidade executiva do trânsito.

INTERSEÇÃO – todo cruzamento em nível, entroncamento ou bifurcação, incluindo as áreas formadas por tais cruzamentos, entroncamentos ou bifurcações.

INTERRUPÇÃO DE MARCHA – imobilização do veículo para atender circunstância momentânea do trânsito.

LICENCIAMENTO – procedimento anual, relativo a obrigações do proprietário de veículo, comprovado por meio de documento específico (Certificado de Licenciamento Anual).

LOGRADOURO PÚBLICO – espaço livre destinado pela municipalidade à circulação, parada ou estacionamento de veículos, ou à circulação de pedestres, tais como calçada, parques, áreas de lazer, calçadões.

LOTAÇÃO – carga útil máxima, incluindo condutor e passageiros, que o veículo transporta, expressa em quilogramas para os veículos de carga, ou número de pessoas, para os veículos de passageiros.

LOTE LINDEIRO – aquele situado ao longo das vias urbanas ou rurais e que com elas se limita.

LUZ ALTA – facho de luz do veículo destinado a iluminar a via até uma grande distância do veículo.

LUZ BAIXA – facho de luz do veículo destinada a iluminar a via diante do veículo, sem ocasionar ofuscamento ou incômodo injustificáveis aos condutores e outros usuários da via que venham em sentido contrário.

LUZ DE FREIO – luz do veículo destinada a indicar aos demais usuários da via, que se encontram atrás do veículo, que o condutor está aplicando o freio de serviço.

LUZ INDICADORA DE DIREÇÃO (pisca-pisca) – luz do veículo destinada a indicar aos demais usuários da via que o condutor tem o propósito de mudar de direção para a direita ou para a esquerda.

LUZ DE MARCHA À RÉ – luz do veículo destinada a iluminar atrás do veículo e advertir aos demais usuários da via que o veículo está efetuando ou a ponto de efetuar uma manobra de marcha à ré.

LUZ DE NEBLINA – luz do veículo destinada a aumentar a iluminação da via em caso de neblina, chuva forte ou nuvens de pó.

LUZ DE POSIÇÃO (lanterna) – luz do veículo destinada a indicar a presença e a largura do veículo.

MANOBRA – movimento executado pelo condutor para alterar a posição em que o veículo está no momento em relação à via.

MARCAS VIÁRIAS – conjunto de sinais constituídos de linhas, marcações, símbolos ou legendas, em tipos e cores diversas, apostos ao pavimento da via.

MICROÔNIBUS – veículo automotor de transporte coletivo com capacidade para até vinte passageiros.

MOTOCICLETA – veículo automotor de duas rodas, com ou sem *side-car*, dirigido por condutor em posição montada.

MOTONETA – veículo automotor de duas rodas, dirigido por condutor em posição sentada.

MOTOR-CASA (MOTOR-HOME) – veículo automotor cuja carroçaria seja fechada e destinada a alojamento, escritório, comércio ou finalidades análogas.

NOITE – período do dia compreendido entre o pôr-do-sol e o nascer do sol.

ÔNIBUS – veículo automotor de transporte coletivo com capacidade para mais de vinte passageiros, ainda que, em virtude de adaptações com vista à maior comodidade destes, transporte número menor.

OPERAÇÃO DE CARGA E DESCARGA – imobilização do veículo, pelo tempo estritamente necessário ao carregamento ou descarregamento de animais ou carga, na forma disciplinada pelo órgão ou entidade executivo de trânsito competente com circunscrição sobre a via.

OPERAÇÃO DE TRÂNSITO – monitoramento técnico baseado nos conceitos de Engenharia de Tráfego, das condições de fluidez, de estacionamento e parada na via, de forma a reduzir as interferências tais como veículos quebrados, acidentados, estacionados irregularmente atrapalhando o trânsito, prestando socorros imediatos e informações aos pedestres e condutores.

PARADA – imobilização do veículo com a finalidade e pelo tempo estritamente necessário para efetuar embarque ou desembarque de passageiros.

PASSAGEM DE NÍVEL – todo cruzamento de nível entre uma via e uma linha férrea ou trilho de bonde com pista própria.

PASSAGEM POR OUTRO VEÍCULO – movimento de passagem à frente de outro veículo que se desloca no mesmo sentido, em menor velocidade, mas em faixas distintas da via.

PASSAGEM SUBTERRÂNEA - obra de arte destinada à transposição de vias, em desnível subterrâneo, e ao uso de pedestres ou veículos.

PASSARELA - obra de arte destinada à transposição de vias, em desnível aéreo, e ao uso de pedestres.

PASSEIO - parte da calçada ou da pista de rolamento, neste último caso, separada por pintura ou elemento físico separador, livre de interferências, destinada à circulação exclusiva de pedestres e, excepcionalmente, de ciclistas.

PATRULHAMENTO - função exercida pela Polícia Rodoviária Federal com o objetivo de garantir obediência às normas de trânsito, assegurando a livre circulação e evitando acidentes.

PERÍMETRO URBANO - limite entre área urbana e área rural.

PESO BRUTO TOTAL - peso máximo que o veículo transmite ao pavimento, constituído da soma da tara mais a lotação.

PESO BRUTO TOTAL COMBINADO - peso máximo transmitido ao pavimento pela combinação de um caminhão-trator mais seu semi-reboque ou do caminhão mais o seu reboque ou reboques.

PISCA-ALERTA - luz intermitente do veículo, utilizada em caráter de advertência, destinada a indicar aos demais usuários da via que o veículo está imobilizado ou em situação de emergência.

PISTA - parte da via normalmente utilizada para a circulação de veículos, identificada por elementos separadores ou por diferença de nível em relação às calçadas, ilhas ou aos canteiros centrais.

PLACAS - elementos colocados na posição vertical, fixados ao lado ou suspensos sobre a pista, transmitindo mensagens de caráter permanente e, eventualmente, variáveis, mediante símbolo ou legendas pré-reconhecidas e legalmente instituídas como sinais de trânsito.

POLICIAMENTO OSTENSIVO DE TRÂNSITO - função exercida pelas Polícias Militares com o objetivo de prevenir e reprimir atos relacionados com a segurança pública e de garantir obediência às normas relativas à segurança de trânsito, assegurando a livre circulação e evitando acidentes.

PONTE - obra de construção civil destinada a ligar margens opostas de uma superfície líquida qualquer.

REBOQUE - veículo destinado a ser engatado atrás de um veículo automotor.

REGULAMENTAÇÃO DA VIA - implantação de sinalização de regulamentação pelo órgão ou entidade competente com circunscrição sobre a via, definindo, entre outros, sentido de direção, tipo de estacionamento, horários e dias.

REFÚGIO – parte da via, devidamente sinalizada e protegida, destinada ao uso de pedestres durante a travessia da mesma.

RENACH – Registro Nacional de Condutores Habilitados.

RENAVAM – Registro Nacional de Veículos Automotores.

RETORNO – movimento de inversão total de sentido da direção original de veículos.

RODOVIA – via rural pavimentada.

SEMI-REBOQUE – veículo de um ou mais eixos que se apóia na sua unidade tratora ou é a ela ligado por meio de articulação.

SINAIS DE TRÂNSITO – elementos de sinalização viária que se utilizam de placas, marcas viárias, equipamentos de controle luminosos, dispositivos auxiliares, apitos e gestos, destinados exclusivamente a ordenar ou dirigir o trânsito dos veículos e pedestres.

SINALIZAÇÃO – conjunto de sinais de trânsito e dispositivos de segurança colocados na via pública com o objetivo de garantir sua utilização adequada, possibilitando melhor fluidez no trânsito e maior segurança dos veículos e pedestres que nela circulam.

SONS POR APITO – sinais sonoros, emitidos exclusivamente pelos agentes da autoridade de trânsito nas vias, para orientar ou indicar o direito de passagem dos veículos ou pedestres, sobrepondo-se ou completando sinalização existente no local ou norma estabelecida neste Código.

TARA – peso próprio do veículo, acrescido dos pesos da carroçaria e equipamento, do combustível, das ferramentas e acessórios, da roda sobressalente, do extintor de incêndio e do fluido de arrefecimento, expresso em quilogramas.

TRAILER – reboque ou semi-reboque tipo casa, com duas, quatro, ou seis rodas, acoplado ou adaptado à traseira de automóvel ou camionete, utilizado em geral em atividades turísticas como alojamento, ou para atividades comerciais.

TRÂNSITO – movimentação e imobilização de veículos, pessoas e animais nas vias terrestres.

TRANSPOSIÇÃO DE FAIXAS – passagem de um veículo de uma faixa demarcada para outra.

TRATOR – veículo automotor construído para realizar trabalho agrícola, de construção e pavimentação e tracionar outros veículos e equipamentos.

ULTRAPASSAGEM – movimento de passar à frente de outro veículo que se desloca no mesmo sentido, em menor velocidade e na mesma faixa de tráfego, necessitando sair e retornar à faixa de origem.

UTILITÁRIO – veículo misto caracterizado pela versatilidade do seu uso, inclusive fora de estrada.

VEÍCULO ARTICULADO – combinação de veículos acoplados, sendo um deles automotor.

VEÍCULO AUTOMOTOR – todo veículo a motor de propulsão que circule por seus próprios meios, e que serve normalmente para o transporte viário de pessoas e coisas, ou para a tração viária de veículos utilizados para o transporte de pessoas e coisas. O termo compreende os veículos conectados a uma linha elétrica e que não circulam sobre trilhos (ônibus elétrico).

VEÍCULO DE CARGA – veículo destinado ao transporte de carga, podendo transportar dois passageiros, exclusive o condutor.

VEÍCULO DE COLEÇÃO - veículo fabricado há mais de 30 (trinta) anos, original ou modificado, que possui valor histórico próprio.

VEÍCULO CONJUGADO – combinação de veículos, sendo o primeiro um veículo automotor e os demais reboques ou equipamentos de trabalho agrícola, construção, terraplenagem ou pavimentação.

VEÍCULO DE GRANDE PORTE – veículo automotor destinado ao transporte de carga com peso bruto total máximo superior a dez mil quilogramas e de passageiros, superior a vinte passageiros.

VEÍCULO DE PASSAGEIROS – veículo destinado ao transporte de pessoas e suas bagagens.

VEÍCULO MISTO – veículo automotor destinado ao transporte simultâneo de carga e passageiro.

VIA – superfície por onde transitam veículos, pessoas e animais, compreendendo a pista, a calçada, o acostamento, ilha e canteiro central.

VIA DE TRÂNSITO RÁPIDO – aquela caracterizada por acessos especiais com trânsito livre, sem interseções em nível, sem acessibilidade direta aos lotes lindeiros e sem travessia de pedestres em nível.

VIA ARTERIAL – aquela caracterizada por interseções em nível, geralmente controlada por semáforo, com acessibilidade aos lotes lindeiros e às vias secundárias e locais, possibilitando o trânsito entre as regiões da cidade.

VIA COLETORA – aquela destinada a coletar e distribuir o trânsito que tenha necessidade de entrar ou sair das vias de trânsito rápido ou arteriais, possibilitando o trânsito dentro das regiões da cidade.

VIA LOCAL – aquela caracterizada por interseções em nível não semaforizadas, destinada apenas ao acesso local ou a áreas restritas.

VIA RURAL – estradas e rodovias.

VIA URBANA – ruas, avenidas, vielas, ou caminhos e similares abertos à circulação pública, situados na área urbana, caracterizados principalmente por possuírem imóveis edificados ao longo de sua extensão.

VIAS E ÁREAS DE PEDESTRES – vias ou conjunto de vias destinadas à circulação prioritária de pedestres.

VIADUTO – obra de construção civil destinada a transpor uma depressão de terreno ou servir de passagem superior.

19.2. ANEXO II DO CTB

* Consta como Material Complementar no site da editora.

<http://www.denatran.gov.br/download/Resolucoes/RESOLUCAO_CONTRAN_160.pdf>

EDITORA JusPODIVM
www.editorajuspodivm.com.br

Impressão e Acabamento
PlenaPrint
Indústria Gráfica